英語授業改善への提言

「使える英語」力を育成する授業実践

[編著]
樋口忠彦（代表）
並松善秋・泉惠美子

教育出版

はしがき

　新学習指導要領における小・中・高に一貫する外国語の目標は,「コミュニケーション能力の育成」である。すなわち, 小学校では「コミュニケーション能力の素地」, 中学校では「コミュニケーション能力の基礎」, 高等学校では「コミュニケーション能力」を養うことが目標である。

　ところで, 我が国の英語教育においてコミュニケーション能力育成の必要性と重要性については, 長年, 繰り返し指摘されてきたことである。例えば, 4半世紀前の臨教審答申（1986）は, 次のように指摘している。

　これからの国際化の進展を考えると日本にとってこれまでの受信専用ではなく, 自らの立場をはっきり主張し, 意見を伝達し, 相互理解を深める必要性が一層強まってくる。そしてその手段としての外国語, 特に英語教育の重要性がますます高まってくるものと考えられる。しかし, 現在の外国語教育については, 長時間かつ相当な精力を費やしているにもかかわらず, 多くの学習者にとって身に付いたものにはなっていないなど種々の問題がある。

　この答申以降も, コミュニケーション能力育成の重要性と緊急性について, 中教審や文科省の英語教育に関する懇談会などによって繰り返し提言され, 学習指導要領が改訂されてきた。しかし, 文科省や民間の研究所などの調査結果から明らかなように, コミュニケーション能力の向上にある程度の成果が見られるものの, 期待される成果からほど遠いのが実情である。

　科学・技術の進歩によって, グローバル化は経済や社会をはじめさまざまな分野において, 広く, 深く, かつ急速に進展している。すなわち, 人, 文化, 情報, 物などの国境を越える移動が日に日に増大し, 異言語, 異文化を持つ人々との相互理解の重要性が一段と高まっている。このようなグローバル化の進展に対応するために, ヨーロッパやアジアをはじめ世界の国々では外国語教育や異文化理解教育の改革・改善が, 前世紀末から今世紀にかけて急ピッチで進められている。わが国は, これ以上, 諸外国に遅れをとることは許されない。今回の学習指導要領の改訂はこのような状況を反映したものであり, グローバル

化時代を逞しく生きていくための基礎力として，子どもたちにコミュニケーション能力を育成するという視点に立って，英語授業の改善に取り組むことが求められているのである。

本書は，以上のような考えに基づき，中・高校生の発達段階にふさわしい話題，場面で「英語が使える，英語でコミュニケーションができる」能力を育成するための授業の在り方や進め方について考える。また，中・高等学校におけるすぐれた実践例を紹介することによって，授業改善のためのヒントを提案し，授業改善に役立てていただくことを目的にしている。

本書は，英語授業においてすでに一定の成果をあげておられるがさらにレベルアップをめざす先生，授業に日々真摯に取り組んでおられるが，いわゆる「壁」にぶちあたり足踏み中の先生，教壇に立って日は浅いが納得のいく授業をめざす先生，およびこれから英語教師をめざす学生のみなさんのために刊行しました。本書を通して，各執筆者の英語授業に取り組む姿勢や英語授業改善への新たな視点も学んでいただけるでしょう。

本書の内容構成は，編者代表の樋口が並松善秋，泉惠美子の両氏の協力を得て作成した。また各章の内容調整や用語の統一などの作業は，編者三名と加賀田哲也氏が下記の担当章について分担して行った。

樋口：1章，2章，3章，5章，7章　　並松：6章，9章，12章
泉：4章，10章，11章　　　　　　　加賀田：8章

なお，樋口は上記担当章に加え，すべての原稿に目を通し，本書全体の内容調整と用語の統一を図った。ただし，本書は16名の執筆者の共著であるため，執筆者によって見解が異なる点が若干存在する。これらの点については，いずれの見解が妥当であるかを読者の判断に委ねることにし，意図的に調整を控えたことを記しておきたい。

最後に本書の刊行にあたり，種々のご配慮を賜った教育出版(株)社長　小林一光氏，関西支社長　廣瀬智久氏にお礼を申し上げたい。また，編集の実務を担当していただいた青木佳之氏および舟本朝子氏にもお礼を申し上げておきたい。

2012年8月1日

編者代表　樋口　忠彦

目　　次

はしがき

1章　これからの外国語教育と授業改善の視点 …………………… 1

2章　小・中・高校生のための Can-do リスト試案 …………… 7
　1節　諸外国における Can-do リスト　8
　2節　日本における Can-do リスト設定の試み　18
　3節　Can-do リスト作成の留意点と小・中・高一貫の Can-do リスト試案　22

3章　コミュニケーション能力の育成につなげる基礎・基本の指導 ……… 38
　1節　発音・音読指導—こうすれば英語が話せるようになる　39
　2節　語彙指導—語彙力をいかに向上させるか　45
　3節　コミュニケーションにつなげる文法指導　51

4章　コミュニケーション能力を育成する4技能の指導 ……………… 62
　1節　リスニング指導　62
　2節　リーディング指導　70
　3節　スピーキング指導　80
　　①　中学校におけるスピーキング指導　80
　　②　高等学校におけるスピーキング指導　87
　4節　ライティング指導　93
　　①　中学校におけるライティング指導　93
　　②　高等学校におけるライティング指導　102

5章　コミュニケーション能力を育成する統合的授業—中学校 ……… 109
　1節　体験学習に対する決意と経験を語る　112
　2節　野生動物の立場から環境問題を考える　128

6章　コミュニケーション能力を育成する内容中心の授業—高等学校 ……… 144
　1節　Good-bye, Junk Food—内容中心の授業実践　146
　2節　プロジェクト型授業—ポスターセッションをめざして　162

7章 授業改善のための指導技術 …… 180
- 1節 英語の授業は英語で―英語による授業の進め方 180
- 2節 学習意欲を高める発問，指名の工夫 187
- 3節 ペアワーク，グループワークの進め方 192
- 4節 ICT機器の活用 196
- 5節 学習者の自律を促す学習方法の指導 202
    - 1 自律した学習者とは―自律した学習者を育てるために 202
    - 2 中学校における学習者の自律を促す学習方法の指導 207
    - 3 高等学校における学習者の自律を促す学習方法の指導 212

8章 学力不振生徒の意欲を高める授業 …… 219
- 1節 学力不振者の実態 219
- 2節 中学校でのつまずきの原因と対処法 225
- 3節 高校での学力不振生徒の意欲を高める授業 232

9章 コミュニケーション能力の育成と受験指導 …… 238

10章 より良いテストと評価の在り方 …… 245
- 1節 観点別評価と評価の方法 246
- 2節 中学校における評価の進め方 251
- 3節 高校における評価の具体例 257

11章 教師の内省を深め，自律を促すクラスルームリサーチ …… 264
- 1節 教師の内省を深めるクラスルームリサーチの方法と内省の重要性 265
- 2節 授業改善をめざしたクラスルームリサーチの実践 268

12章 研修のススメ―優れた英語教師をめざして …… 275

執筆者一覧 …… 284

1章

これからの外国語教育と授業改善の視点

　イギリスの名門大学に，全国共通試験で外国語を選択しなくとも入学できる。しかし，ロンドン大学は，2012年度から外国語を入学試験に復活するようだ。
　朝日新聞ロンドン支局の大野（2009）は「英語が母語　幸運か不運か」というタイトルのエッセイの中で，外国語を入学試験に復活させるロンドン大学の二人の関係者のコメントを紹介している。

- 英語が母語というのはもろ刃の剣。スウェーデン人でもイタリア人でも英語が流暢でしかも自国語など他言語ができれば，その方が就職に有利になる。
- グローバル化時代に国際舞台で活躍するべき卒業生が，外国語を学ばず文化の違いを理解しないとしたらやはりおかしい。

　これに続けて大野は「自分と他者の二つの言葉を知ることは他者への理解を深めるにとどまらない。自分たちの社会や文化をより広い視野の中において相対化するうえで重要なかぎになる。一つの言葉の空間だけにとどまっていては見えない自分の姿に気づかせてくれる」と述べ，単にコミュニケーションの手段としてだけではなく，グローバル化時代の教養としての外国語教育の重要性を説いている。三者のコメントは，それぞれ外国語教育の意義を的確に示している。
　さて，前世紀末から今世紀初頭にかけて世界の多くの国々で外国語教育の改革・改善が推進されているが，その理念は次の二つに大別できるだろう。

- グローバル化社会では，異言語，異文化を持つ人々と相互に理解，尊重し合い，協力し合うことが不可欠であり，そのために外国語のコミュニケーション能力を高めることが重要である。
- グローバル化社会では，国家としての競争力を高め，個人のキャリアを高める必要性がある。そのために外国語のコミュニケーション能力を高めることが重要である。

　いずれの国においても，両者を外国語教育の理念としているが，前者は，異言語，異文化を持つ人々の日常的な接触が比較的多い欧米の国々において，後者は，異言語，異文化を持つ人々との日常的な接触が比較的少ないアジアでの

国々において，より大きな比重を置いているように思われる（樋口，2010）。

いずれにせよ，世界の多くの国々における外国語教育のキーワードは，「異文化理解」と「コミュニケーション能力の育成」である。

1 我が国の外国語教育の方向

では，我が国の外国語教育は何を目指し，どのような方向に進むのだろうか。文科省関係の審議会と懇談会の答申などを概観する。

① 外国語教育の役割

● 英語教育改革に関する懇談会

上記懇談会は小・中・高等学校の前学習指導要領（1998,1999）の円滑な実施と英語教育改革に必要な施策を，「『英語が使える日本人』の育成のための戦略構想」（2002. 2003 年に施策化のために「行動計画」と名称変更）にまとめた。その基本理念は次の通りである。

国際的な相互依存関係が深まり国際的な競争が激化している。また人類が直面する地球規模の課題の解決に向けて世界の人々の協力が必要である。このようなグローバル化が進展する 21 世紀の国際社会を子どもたちが生き抜くためには，国際共通語となっている英語のコミュニケーション能力を身につけることが必要である。

この「行動計画」において，英語教育改善策のひとつとして「日本人に求められる英語力」と「英語教員に求められる英語力」の目安が「英検」などのスコアによって示されている。賛否は別にして，注目すべき提言であろう。

● 中教審教育課程部会

上記部会の「審議経過報告」（2006）では，人材育成，国際競争，国家戦略といった表現に見られるように，この面で「行動計画」を一歩進め，次のような基本理念を示している。

科学技術の発展の中で，社会や経済のグローバル化が急速に進展し，異なる文化・文明の共有や持続可能な発展に向けての国際協力が求められるとともに，人材育成面での国際競争が加速していることから，学校教育において国家戦略として取り組むべき課題として，外国語教育が挙げられている。

新学習指導要領における小学校外国語活動の必修化や中学校外国語科の時間増，高等学校における活動重視の授業への転換を目的とする科目名の変更をは

じめとする改訂は，上記の審議の結果を反映したものであり，小・中・高等学校を通して「コミュニケーション能力の育成」が重要な柱となっている。

② 中・高校生に求められる英語力

では，中・高校生が目指すべき英語能力はどの程度のものであろうか。1①であげた「行動計画」は，日本人に求められる英語力として，以下のような到達目標を示している。

● 国民全体に求められる英語力

「中学校，高等学校を卒業したら英語でコミュニケーションができる」

● 中学校卒業段階：挨拶や応対，身近な暮らしに関わる話題などについて平易なコミュニケーションができる（卒業者の平均が英検3級程度）

● 高等学校卒業段階：日常的な話題について通常のコミュニケーションができる（卒業者の平均が英検準2級～2級程度）

● 専門分野に必要な英語力や国際社会に活躍する人材などに求められる英語力

「大学を卒業したら英語が使える」

・各大学が，仕事で英語を使える人材を育成する観点から，到達目標を設定

参考までに，文科省の平成19年度の調査結果では，これらの到達目標の達成状況は十分なものではない。

さて，この「行動計画」の改訂などを目的のひとつとしてスタートした「外国語能力の向上に関する検討会」は，「概要」において，「求められる外国語能力」を次のように示している（2011）。

グローバル社会で求められる外国語能力とは，異なる国や文化の人々と外国語をツールとして円滑にコミュニケーションを図ることができる能力と言える。円滑にコミュニケーションを図ることができる能力とは，例えば異なる国や文化の人々と臆せず積極的にコミュニケーションを図ろうとする態度や，相手の文化的・社会的背景を踏まえたうえで，相手の意図や考えを的確に理解し，自らの考えに理由や根拠を付け加えて，論理的に説明したり，議論の中で反論したり相手を説得したりできる能力などがあげられる。

そして，英語力向上のために，中・高等学校では，学習指導要領に基づき，生徒に求められる英語力を達成するための学習到達目標を「CAN-Doリスト」の形で具体的に設定することを促している。

③ 学習指導要領とこれからの授業

これからの授業のあり方や進め方を考えるにあたり，学習指導要領外国語科「改訂の基本方針」をしっかり押さえておくことが大切である。「改訂の基本方針」は，中・高とも概ね同じ内容であり，ポイントは次の通りである。

1) 「聞くこと」「読むこと」「話すこと」「書くこと」の4技能を総合的に育成する。
2) 教材の題材や内容は，4技能を総合的に育成するための活動に資するものにする。
3) 4技能を統合的に活用できるコミュニケーション能力を育成する。
4) 文法をコミュニケーションを支えるものとしてとらえ，文法指導と言語活動を一体的に行う。また指導すべき語彙数を充実する。
5) 中学校では四つの領域をバランスよく指導する。高等学校では「聞くこと」や「読むこと」と，「話すこと」や「書くこと」と結び付け，四つの領域の言語活動の統合を図る。

上記1)～5)に加え，高等学校では「改訂の要点」において，「生徒が英語に触れる機会を充実するとともに，授業を実際のコミュニケーションの場面とするため，授業は英語で行うことを基本とする」とし，教師と生徒，生徒同士で英語で意味のあるやりとりを頻繁に行うことを求めている点にも留意したい。

2　英語授業改善のための視点

1で概観したこれからの外国語教育の方向や学習指導要領を踏まえながら，英語授業改善のための視点について考えたい。

①　学習意欲を高める工夫

ベネッセ教育研究開発センターの中学2年生を対象にした調査報告書(2009)は，次の事柄を明らかにしているように思われる。

・好きな教科の順位は，英語は9教科中8位であり，英語が好きな生徒は約26％である。
・約60％の生徒が英語の授業をあまりわかっていない。
・約62％の生徒が英語が苦手と感じている。（中学入学以前に苦手と感じるようになった生徒，約12％を含む）

さて，指導・学習の成果をあげるうえで，生徒の興味・関心，意欲が大きな役割を果たすことは自明であり，上記の数字は英語教育が危機的な状況にある

ことを示しているように思われる。

　生徒の学習意欲が高まるのは，授業がよくわかった，これだけ伸びた，進歩した，こんなことができた，次はこんなこともできるようになりたいと感じるときである。言い換えれば，進歩感，達成感，満足感が味わえる授業である。このような視点から，授業や家庭学習，テストなどさまざまな場面で，さまざまな工夫が必要である。

② 到達目標の設定

　まず，3年間を見通した中学／高等学校卒業時の到達目標を設定し，次に卒業時の到達目標の達成につなげる各学年の到達目標を設定することである。到達目標は，「何ができるようになるか」をできるだけ具体的に設定することによって，各段階で，何を，どのように指導するかが明確になるだろう。

③ 基礎・基本の指導の工夫と徹底

　コミュニケーション能力を育成するには，コミュニケーション能力を支える発音，語彙，文法のストックが必要である。そのためには，例えば文法であれば，まず意味のある文脈で形と意味を理解させ，次に多量の練習をさせ，さらに実際に使用させることが大切である。また一度学習したからといって身につくものではないので，繰り返しスパイラルに触れさせ，使用させることである。発音，語彙についても，文法指導と同様，いろいろな工夫が必要である。

④ コミュニケーション能力育成のステップ

　コミュニケーション能力を育成するには，生徒に発表する機会をどんどん与え，発表することに慣れさせること，意味のあるやりとりを通して英語を使うことの意味や楽しさを味わわせることが第一歩である。次に，段階的に発展する生徒の発達段階や学習段階にふさわしい活動に取り組ませ，活動をやり遂げる達成感や満足感を体験させたい。また，よりレベルの高い発信力を身につけさせるために，伝達目的や伝達場面を考えて話したり，書いたりする指導を計画的に行うことが大切である。

⑤ 統合的な活動，授業の展開

　教室において意味を伴ったコミュニケーション場面を設定するひとつの方法は，例えば「聞くこと」の活動の後にどのような活動をさせるのかを考えて，活動や授業を計画することである。すなわち，聞いたり読んだりしたら話させたり書かせる活動に発展させるのである。学習者の発達段階にふさわしい題材

や内容について，複数の技能を有機的に結びつけた統合的な活動，授業を通して，ターゲットの言語材料に繰り返し触れ使用させることとともに，内容のある充実したコミュニケーション活動に取り組ませることが大切である。

⑥　コミュニケーション能力を測定する評価，テストの実施

　いくらコミュニケーション中心の授業を展開しても，テストの内容が英語の知識を見るものが偏重されていれば，生徒は授業を大切にしなくなり，成果が期待できなくなる。「テストをコミュニュカティブにすることで，『テストへ向けた学習』が『コミュニケーション能力を高める学習』につながるようにすること」（根岸，2010）が必要である。そのためには，評定の際に「何が，どの程度できるようになったか」を見るパフォーマンスの評価を一定の割合で含めたり，中間・期末テストなどにもコミュニケーション能力を測る問題を一定の割合で含めることが不可欠である。

⑦　自ら学ぶ力を育成する学習方法の指導

　英語という教科の性格上，学習の成果を高めるには家庭学習など生徒自身の学習が必須である。また学校卒業後も英語学習を続ける必要性が，今後一段と強くなるだろう。このような視点から，自ら学ぶ力を育てる学習方法の指導が重要となる。授業中の教師による発問やペアやグループによる話し合い，授業中に使用するハンドアウト，予習・復習用プリントなどを通して，また生徒自身による自己評価を活用して，学習方法を身につけさせる工夫が必要であろう。

　スペースの関係で取り上げなかったが，上記 7 項目に加え，生徒理解や教師と生徒の人間関係の構築，小・中，中・高の連携といった問題も，授業改善を図る重要な視点である。また授業改善を進めるにあたり，11 章で紹介する教師の内省に基づくクラスルーム・リサーチも有効な手立てとなろう。

（樋口忠彦）

[参考文献]
英語教育改革に関する懇談会（2003）「『英語が使える日本人』の育成のための行動計画」.
大野博人（2009）「英語が母語　幸運か不運か」『朝日新聞』3 月 29 日.
外国語能力の向上に関する検討会（2011）「国際共通語としての英語力向上のための 5 つの提言と具体的施策」.
中教審教育課程部会（2006）「審議経過報告」.
根岸稚史（2010）「生徒の『英語』，教師の『英語』」『第 1 回中学校英語に関する基本調査報告書』Benesse 教育研究開発センター，pp.24-29.
樋口忠彦他（2010）『小学校英語教育の展開』東京：研究社.

2 章

小・中・高校生のための Can-do リスト試案

　ヨーロッパ評議会（Council of Europe）によって 2001 年に刊行された『外国語の学習，教授，評価のためのヨーロッパ共通参照枠』（*Common European Framework of Reference for Languages : Learning, teaching, assessment*, 以下，CEFR）の冒頭に，CEFR の目的が示されている。

　CEFR の目的はヨーロッパの言語教育のシラバス，カリキュラムのガイドライン，試験，教科書，等々の向上のために一般的基盤を与えることである。言語学習者が言語をコミュニケーションのために使用するためには何を学ぶ必要があるのか，どんな知識と技能を身に付ければよいのかを総合的に記述するものである（吉島他訳・編，2004）。

　CEFR は，タイトルが示すように，ヨーロッパにおける言語の学習，教授，評価のための共通の枠組みとして開発されたものである。しかし，今日では，ヨーロッパはもちろんのこと世界の多くの国々でこの共通枠に基づいた，あるいは共通枠の理念を参考にした外国語教育のシラバス，教材，テストなどが開発されている。日本でも，最近，共通参照レベルの全体的尺度や自己評価表を参考にして can-do リストを作成して授業に取り組み，一定の成果をあげている中学，高校，大学が増加の傾向にある。

　前章で取り上げた「外国語能力の向上に関する検討会」は，「国際共通語としての英語力向上のための 5 つの提言と具体的施策」（2011）において，can-do リストを設定し，活用することのメリットについて次のように言及している。

　中・高等学校では，各学校が，学習指導要領に基づき，生徒に求められる英語力を達成するための到達目標を「CAN-DO リスト」の形で具体的に設定することにより，学習指導要領を踏まえた指導方法や評価方法の工夫・改善が容易になる。また各学校が，学習指導要領の目的を地域の実態や生徒の能力に応じて具体的な目標に設定し直すことにより，すべての子どもたちの英語力の水準向上に資するだけでなく，グローバル社会に通用する高度な英語力の習得を目指すことも可能になる。さらに，小・中・高等学校での一貫性のある学習到

達目標を作成することにより，小・中・高が連携した英語教育の実現も可能になる。

　以上のように，今後，学習者の英語力のレベルアップと英語授業改善のために，各学校で生徒の実態に合ったcan-doリストの作成と，そのcan-doリストを活用した指導と評価が期待されることになるだろう。

　この章では，諸外国と国内のcan-doリストをめぐる動向について概観し，筆者たちが作成した小・中・高一貫の英語教育を目指すcan-doリストの試案を紹介する。
　　　　　　　　　　　　　　　　　　　　　　　　　　　（樋口忠彦）

1節　諸外国におけるCan-doリスト

　本節では，諸外国のcan-doリストを概観する。まず，2001年にヨーロッパ評議会の言語政策部局によって発表されたCEFRを紹介し，次にEU圏からCEFRをもとに体系的な言語教育を実施しているスペイン，そしてアジア圏からは中国，韓国の小・中・高等学校の到達目標を取り上げてみたい。なお，これらの国を取り上げる理由は，外国語教育の改革，改善に意欲的に取り組み，これからの日本の言語政策を論じるにあたり参考とすべきところが多いと考えるからである。

1　CEFRのCan-doリスト

　現在，ヨーロッパにおける言語教育は「複言語主義」（plurilingualism），「複文化主義」（pluriculturalism）をキーコンセプトとし，EU諸国は上述のCEFRを指針としながら言語教育カリキュラムの作成を試みている。そして，EU諸国では言語教育を通して，①EU諸国における言語の多様性を認めそれらを保護，発展させること，②複数の言語を習得することによって，EU間の移動，相互理解，相互協力を促進し偏見や差別をなくすこと，③生涯学習としての言語学習・教育を推奨すること，を目指しながら，異文化理解や異文化交流を深め，EU諸国の民主的市民性や社会的結束性の促進を図ろうとしている。

　このような言語政策のもと，一般市民にとっても言語学習は必須の課題となっている。EU諸国では，ほとんどの国が小学校段階から母語以外にEUの公用語を二つ学習しているが，デンマーク，ポルトガル，ノルウェー，オランダ

表1　共通参照レベル：全体的な尺度

熟達した言語使用者	C2	聞いたり，読んだりしたほぼ全てのものを容易に理解することができる。いろいろな話し言葉や書き言葉から得た情報をまとめ，根拠も論点も一貫した方法で再構成できる。自然に，流暢かつ正確に自己表現ができ，非常に複雑な状況でも細かい意味の違い，区別を表現できる。
	C1	いろいろな種類の高度な内容のかなり長いテクストを理解することができ，含意を把握できる。言葉を探しているという印象を与えずに，流暢に，また自然に自己表現ができる。社会的，学問的，職業上の目的に応じた，柔軟な，しかも効果的な言葉遣いができる。複雑な話題について明確で，しっかりとした構成の，詳細なテクストを作ることができる。その際テクストを構成する字句や接続表現，結束表現の用法をマスターしていることがうかがえる。
自立した言語使用者	B2	自分の専門分野の技術的な議論も含めて，抽象的かつ具体的な話題の複雑なテクストの主要な内容を理解できる。お互いに緊張しないで母語話者とやり取りができるくらい流暢かつ自然である。かなり広汎な範囲の話題について，明確で詳細なテクストを作ることができ，さまざまな選択肢について長所や短所を示しながら自己の視点を説明できる。
	B1	仕事，学校，娯楽で普段出会うような身近な話題について，標準的な話し方であれば主要点を理解できる。その言葉が話されている地域を旅行しているときに起こりそうな，たいていの事態に対処することができる。身近で個人的にも関心のある話題について，単純な方法で結びつけられた，脈絡のあるテクストを作ることができる。経験，出来事，夢，希望，野心を説明し，意見や計画の理由，説明を短く述べることができる。
基礎段階の言語使用者	A2	ごく基本的な個人的情報や家族情報，買い物，近所，仕事など，直接的関係がある領域に関する，よく使われる文や表現が理解できる。簡単で日常的な範囲なら，身近で日常の事柄についての情報交換に応ずることができる。自分の背景や身の回りの状況や，直接的な必要性のある領域の事柄を簡単な言葉で説明できる。
	A1	具体的な欲求を満足させるための，よく使われる日常的表現と基本的な言い回しは理解し，用いることもできる。自分や他人を紹介することができ，どこに住んでいるか，誰と知り合いか，持ち物などの個人的情報について，質問をしたり，答えたりできる。もし，相手がゆっくり，はっきりと話して，助け船を出してくれるなら簡単なやり取りをすることができる。

などのように，第1外国語は小学校段階で，第2外国語は遅くとも中学校段階から学習している国も多い。

　CEFRでは言語学習・教育の目標，言語教育における課題，カリキュラム作成，評価などに関する包括的事項が提起されているが，本節ではCEFR共通参照レベルから，学習者の言語熟達度が基礎段階レベル（A1，A2）の言語

表2 共通参照レベル：自己評価表（「聞くこと」と「話すこと（表現）」）

熟達した言語使用者	C2	聞くこと	生であれ，放送されたものであれ，母語話者の速いスピードで話されても，その話し方の癖に慣れる時間の余裕があれば，どんな種類の話し言葉も難無く理解できる。
		話すこと（表現）	状況にあった文体で，はっきりとすらすらと流暢に記述や論述ができる。効果的な論理構成によって聞き手に重要点を把握させ，記憶にとどめさせることができる。
	C1	聞くこと	たとえ構成がはっきりしなくて，関係性が暗示されているにすぎず，明示的でない場合でも，長い話が理解できる。特別な努力なしにテレビ番組や映画を理解できる。
		話すこと（表現）	複雑な話題を，派生的問題にも立ち入って，詳しく論ずることができ，一定の観点を展開しながら，適切な結論でまとめ上げることができる。
自立した言語使用者	B2	聞くこと	長い会話や講義を理解することができる。また，もし話題がある程度身近な範囲であれば，議論の流れが複雑であっても理解できる。たいていのテレビのニュースや時事問題の番組もわかる。標準語の映画なら大多数は理解できる。
		話すこと（表現）	自分の興味・関心のある分野に関連する限り，幅広い話題について，明瞭で詳細な説明をすることができる。 時事問題について，いろいろな可能性の長所，短所を示して自己の見方を説明できる。
	B1	聞くこと	仕事，学校，娯楽で普段出会うような身近な話題について，明瞭で標準的な話し方の会話なら要点を理解することができる。 個人もしくは仕事上の話題についても，ラジオやテレビ番組の要点を理解することができる。
		話すこと（表現）	簡単な方法で語句をつないで，自分の経験や出来事，夢や希望，野心を語ることができる。 意見や計画に対する理由や説明を簡潔に示すことができる。 物語を語ったり，本や映画のあらすじを話し，またそれに対する感想・考えを表現できる。
基礎段階の言語使用者	A2	聞くこと	（ごく基本的な個人や家族の情報，買い物，近所，仕事などの）直接自分に関連した領域で最も頻繁に使われる語彙や表現を理解することができる。 短い，はっきりとした簡単なメッセージやアナウンスの要点を聞き取れる。
		話すこと（表現）	家族，周囲の人々，居住条件，学歴，職歴を簡単な言葉で一連の語句や文を使って説明できる。
	A1	聞くこと	はっきりとゆっくりと話してもらえれば，自分，家族，すぐ周りの具体的なものに関する聞き慣れた語やごく基本的な表現を聞き取れる。
		話すこと（表現）	どこに住んでいるか，また，知っている人たちについて，簡単な語句や文を使って表現できる。

使用者，自立した学習者レベル（B1, B2）の言語使用者，熟達したレベル（C1, C2）の言語使用者ごとに，身に付けるべき知識と技能を示す全体的尺度（表1），および自己評価表（表2）について紹介する。なお，表1，表2は前掲の吉島他（2004）に基づいている。

　表1は，共通参照レベルの全体的な尺度を示したものであるが，日本の高等学校修了時の平均的なレベルはA2からB1の間に相当すると捉えてよいだろう。

　表2は，can-doという形で示された具体的な到達目標をどの程度達成できる（ようになった）かを評価する共通参照レベルの自己評価表である。これは，言語学習・教育に包括的に活用するものであるが，学習者が現時点での自己の知識や能力を評価したり，今後の目標を設定したり，学習の方向性を考えるのに役立てたりといった，自律的な学習者の育成にも寄与するものである。CEFRでは，各レベルにおいて，「理解すること（聞くこと／読むこと）」，「話すこと（やり取り／表現）」，「書くこと」の4技能5分野について評価することになっているが，ここでは，スペースの関係上，「聞くこと」と「話すこと（表現）」をあげておく。

2　諸外国の Can-do リスト

　スペインでは指導目標，中国では内容標準，韓国では成就基準という名称であるが，いずれもCEFRを指針あるいは参考にしたcan-doリストと考えられるので，can-doリストとして紹介する。

① スペイン

　スペインでは，各自治州によって外国語教育の実情が異なっているため，ここでは平均的な情報を示しておきたい。スペインは多言語・多文化国家であることから，公用語（スペイン語），準公用語（カタルーニャ語，バスク語など），それに少なくともひとつの外国語を学習することになっている。スペインの外国語教育の指導目標は，異言語や異文化に対する理解を深めることや多言語運用能力を高めることである。外国語学習は，ほとんどの州で6歳ごろから始められ，第1外国語は英語学習者が圧倒的に多く，授業時間数は小・中・高とも平均週3〜4時間である。また，10歳ごろから第2外国語としてフランス語やドイツ語などを学習している。なお，表3の指導目標は，小・中学校についてはEuropean Commission（2001）で報告されている指導目標，高等学校に

表3　スペイン：4技能の指導目標

	聞く	話す	読む	書く
小学校修了時	①多様な情報源から発せられた異なるメッセージを理解できる。②馴染みのあるテーマに関するメッセージ（口頭，または録音）を理解できる。③簡潔で的を絞ったメッセージ（口頭，または録音）を文脈の中で詳細に理解できる。	①簡単なコミュニケーションを取るための日常表現を使うことができる。②挨拶表現など既習事項を使ったり，特定のコミュニケーション場面に応用したりできる。③教室内や日常生活において，急を要する用件を表現できる。④ロールプレイを演じることができる。⑤発話に対し反応できる。	①さまざまなテクストを理解できる。②直接的なコミュニケーションや個人的な興味に関する短いメッセージの概要を理解できる。③具体的で日常的な話題に関する資料の概要を理解できる。	①読み手や状況に合わせて文章を書くことができる。②口頭または文面のメッセージに対し，返事を書くことができる。③聞いた情報，または見た情報を書き留めることができる。
中学校修了時	①話者，またはマスメディアから発せられた，日常会話に関連したメッセージの概要と詳細を理解できる。②さまざまな情報源から必要な情報を取り出すことができる。③会話（口頭，または録音）を理解できる。	①聞き手の理解度を意識して，日常場面に関連したことを話すことができる。②意見を交換したり，好き・嫌いや賛成・反対意見を述べたりして，会話に積極的に参加できる。③聞き返したり，会話を始めたり終わらせたりする方略を使うことができる。	①自分から進んでテクストを読むことができる。②娯楽情報の収集や異文化に触れる手段として，目的を持って読むことができる。③未知語の意味を文脈から推測できる。④テクストにおいて事実描写と意見を区別できる。	①個人的なことがらに関する文章を書くことができる。②口頭または文面のメッセージに対し，的確に返事を書くことができる。③文章の形式や場面に応じて，論理的に構成されたわかりやすい文章を書くことができる。
高校修了時	①話者，またはマスメディアから発せられたさまざまなメッセージの大意や詳細を聞き取ることができる。②話者，またはマスメディアから発せられたさまざまなメッセージを批判的に聞くことができる。③さまざまなテクストのメッセージを予測したり推測したりできる。	①言語の機能に関する知識を実際のコミュニケーション場面に反映させることができる。②会話や議論において，事前にメッセージの内容を練り，一貫性や適切な形式を意識したうえで，正しく言語を使うことができる。③個人的な経験を描写したり語ったりできる。	①時事問題に関するさまざまなテクストの要点を理解できる。②マスメディアによって書かれたテクストを批判的に読むことができる。③文学作品を読み，文学に対する感性を磨き，文学的表現を知り，言語の基本要素，機能，会話の構成を理解できる。	①さまざまな目的と場面にあわせて，一貫性のある文章を書くことができる。②適切な接続語を用いて，論理的な文章や段落で一貫性のある文章を書くことができる。③私信，または形式的な手紙を書くことができる。

ついてはバレンシア州におけるカリキュラムを参照している[1]。

② 中国

中国ではここ 10 数年間，国民経済と社会の発展のために，英語教育を国民の基礎教育の重要課題と位置づけた抜本的な改革が行われ，児童，生徒の英語運用能力の育成に力を注いでいる。2005 年には，小学 3 年生から高等学校修了時の 12 年生までを見据えた小・中・高一貫カリキュラムが作成された。指導目標として，英語の総合的な能力を育成するとともに，異文化理解の促進，生涯教育への土台を築くことがあげられている。英語は必修外国語であり[2]，小学校の授業時間数は週 4 回以上で，中学年では 30 分授業が中心，高学年では 30 分授業と 40 分授業の組み合わせで行われている。中学・高等学校では 50 分授業が週 4 回以上である。しかし，中国では地域間格差が大きく，統一した教育水準を維持することが大きな課題となっている。

なお，次頁の表 4 の内容標準において，小学校の「聞く」は，「聞く」と「遊んで演じる，視聴」の 2 項目で構成されているが，スペースの関係で以下に「遊んで演じる，視聴」の項目を示す。

① 簡単なゲームができる。
② 教師の助けのもとでスキットや童話の劇を演じることができる。
③ 30 ～ 40 曲の歌や簡単な詩に合わせて演じることができる。
④ 英語の歌 30 ～ 40 曲を歌うことができる。
⑤ 簡単な英語アニメなどの教育番組を見て理解できる。小学校全学年で少なくとも 10 時間（週平均 20 ～ 25 分間）は視聴する。

---

1 表 3 ～表 5 の情報については，樋口，泉，衣笠，加賀田他（2005），樋口他（2005）を参考にしている。
2 中・高等学校では選択科目として，日本語，フランス語，ドイツ語，ロシア語，スペイン語などが履修できる。

表4 中国：4技能の内容標準

	聞く	話す	読む	書く
小学校修了時	①絵，画像，ジェスチャーなどを頼りに，簡単な単語あるいは内容を理解できる。②簡単な短い物語の内容を理解できる。③教室の活動の中で簡単な質問を理解できる。④指示された内容を理解し適切に反応できる。	①発音やアクセントが適切である。②身近な人や家庭状況について短い対話ができる。③日常生活の決まり文句を使うことができる。(挨拶，送別，お礼を言う，謝るなど)④教師の手助けのもとで簡単なスキットを行うことができる。	①学習した単語を読むことができる。②綴りの規則に従って，簡単な単語を読むことができる。③テキストの簡単な内容と指示を読んで理解できる。④お祝いカードなどに書いてある簡単な情報を読んで理解できる。⑤絵を参考にして簡単な話や文を読み，意味を理解できる。⑥学習した話または短い文を音読できる。	①例文を参考にして文を書くことができる。②簡単な挨拶文を書くことができる。③与えられた絵や実物に関して簡単な見出しや文を書くことができる。④アルファベットの大文字，小文字，句読点を正確に使うことができる。
中学校・前期中等学校修了時	①イントネーションやアクセントによって話者の意図を理解できる。②関係のある話題の談話を理解し，情報と要点をつかむことができる。③文脈の助けを借りて新しい単語を推測し要点を理解できる。④自然な速さの物語や叙述文を聞き，因果関係を理解できる。⑤聞きながら適切に反応できる。⑥文章の内容を聞きながら簡単な情報を記録できる。	①簡単な話題について，情報を提供したり，自分の意見を表現したり，討論に参加できる。②人とコミュニケーションを行い，協力して課題を達成できる。③口頭表現において，適切に自己修正できる。④情報を的確に聞き，わからないと聞き返すことができる。⑤話題や場面に応じて対話を行うことができる。⑥英語でスキットを演じることができる。⑦上記の活動の中で，自然な発音，アクセント，イントネーションを用いることができる。	①文の前後関係や語の形態に基づき，未知語の意味を推測して理解できる。②文と文の論理関係を理解できる。③文章の主題を見つけ，話の内容を理解し，物語の進展と結末を予測できる。④一般的な題材を読むことができる。⑤目的に応じて，基本的な読解ストラテジーを利用し，情報を得ることができる。⑥辞書や参考書などを利用して学習できる。⑦教科書を除いて，課外で多読を行い，読解語彙数は累計で15万語以上に達する。	①作文の必要性に応じて素材を収集し，準備できる。②独力で短い文章やメッセージを書くことができ，教師の指導で修正できる。③よく使用される接続詞を用いて，順序や論理関係を表現できる。④人物や出来事について簡単に述べることができる。⑤与えられたグラフや表に基づき，簡単な文または説明を書くことができる。

| 高校・後期中等学校修了時 | ①イントネーションの違いで態度の違いが理解できる。②身近な話題に関する討論や会話を聞き取り要点を理解できる。③簡単な文章の論点を理解できる。④ラジオやテレビの英語ニュースの主題や概要をほぼ理解できる。⑤多少婉曲的な意見や誘いを理解できる。 | ①適切なイントネーションとリズムで話すことができる。②学習課題に基づき，計画を作成できる。③実験や調査研究の過程や結果を報告できる。④一般的な話題に関して，準備して3分間のスピーチを発表できる。⑤日常のコミュニケーションの中で，言語を適切に用いて表現できる。例えば，意見を述べる，判断を行う，叱る，抗議するなど。⑥日常生活の翻訳ができる。例えば外国人とのショッピング，観光案内など。 | ①読み物の中の異なる論点や態度を理解できる。②異なる題材の文章の特徴を区別できる。③文の構成を分析して，長文や難しい文を理解できる。④教師の指導で簡単な文学作品を鑑賞できる。⑤学習課題の指示に従い，インターネットで情報を収集して処理できる。⑥教科書を除いて，読解語彙数は累計で36万語に達する。 | ①全体的な構成を考え，ある程度まとまった文章をその場で書き，物事を記述したり，自分の考えや態度を表現できる。②教科書の本文の要約を書くことができる。③流暢に文章を書くことができる。④文字や図で提供された情報に基づき，短文やレポートを書くことができる。 |

③ 韓国

　韓国では，1997年度の第7次教育課程により小学3年生から英語を教科として導入し，高校1年生までは小・中・高一貫カリキュラムのもと英語教育が実施されている。指導目標は，英語による運用能力の向上と自国文化の発信能力の育成である。なお，高校2・3年生は英語を含む外国語は全て選択科目となっている[3]。現在は小学校中学年では週2時間，高学年では週3時間，中学校では週4時間，高校1年生は週4時間，高校2・3年生は週3時間以上実施されているが，1単位時間の長さは，小学校40分，中学校45分，高等学校50分である。また，「英語村」を建設したり，韓国教育放送公社が数多くの英語教育番組を制作，放映したり，学校によっては校内に「English Center」，「英語体験学習センター」といった施設を設置したりと，英語教育への力の入れようは他のアジア諸国と比較にならないほどである。

　表5は，韓国の小学校，中学校，高等学校1年修了時の成就基準である。

3　英語以外の外国語にはドイツ語，フランス語，中国語，スペイン語，日本語など8つの外国語があるが，これらは選択科目として中学校でも学習できる。

表5　韓国：4技能の成就基準

	聞く	話す	読む	書く
初等学校6年	①日常生活に関するごく簡単な内容の話を聞き，意図や目的を理解する。②簡単な対話を聞いて，主題を理解する。③簡単な話を聞いて，細部事項を理解する。④これから起こる出来事に関する簡単な話を聞いて，理解する。⑤理由を尋ねて答える平易な対話を聞いて，理解する。⑥対象を比較する平易な話を聞いて，理解する。⑦簡単な電話での対話を理解する。	①日常生活に関するごく簡単な話を聞いて，その内容について尋ねたり答えたりする。②日常的な話題について自分の意見を簡単に述べる。③簡単な対話を聞いて主題を話す。④簡単な話を聞いて細部事項を話す。⑤過去の出来事，これからすることなどについて簡単に尋ねたり答えたりする。⑥事実に関して簡単に理由を尋ねたり，答えたりする。⑦簡単な電話での対話をする。	①ごく簡単な話や語句を読み，意味を理解する。②口頭で慣れた語句や文章を読む。③平易で簡単な文章を，正しく区切って声に出して読む。④日常生活に関する平易な短い文章を読み，理解する。	①ごく簡単な単語を書く。②口頭で慣れた語句や文・文章を書く。③アルファベットのブロック体の大文字・小文字と句読点，疑問符などを正しく書く。
中学3年後期修了時	一般的な主題に関する話を聞き，①大意及び細部事項を把握する。②原因と結果を理解し，その根拠を探す。③状況と雰囲気を理解する。④登場人物の気持ち，感情，見解などを理解する。	①一般的な主題に関して対象や状況，目的に合わせて適切に対話をする。②一般的な主題に関する話を聞き，要旨と細部事項を話す。③自分の考えや気持ちを想像したり，仮定して話す。④一般的な主題に関する話を聞き，大意及び細部事項を話す。	一般的な主題に関する文章を読み，①要旨と結論を推論する。②原因と結果を理解してその根拠を探す。③著者の意図と文の雰囲気を理解する。④文の展開順序，論理的構造などを理解する。⑤次に起こる内容を推測する。	①学習した文章を聞き，意味を捉えて自分の言葉で書き直す。②一般的な主題に関して平易な文章を書く。③平易な文章を読み，大意を短く書く。

ここで高等学校1年修了時としたのは，先述のように，韓国では外国語教育は高校1年生までが，小・中・高一貫カリキュラムに基づいて実施されているからである。なお,第7次改訂教育課程に基づく「英語科教育課程」(2011)では，小・中・高等学校において，複数学年ごとあるいは校種ごとに成就基準が示されているが，ここでは他の国や日本のcan-doリストを比較・検討するために，第7次教育課程における成就基準を紹介する。

　以上，本節では，EUではスペイン，東南アジアでは中国，韓国について概

高等学校1年後期修了時	①一般的な主題に関するあまり身近でない内容の話を聞き，要旨を推論する。②一般的な主題に関する身近な内容の話を聞き，話者の主観的見解と，客観的事実を区別する。③一般的な主題に関するあまり身近でない内容の話を聞き，内容を要約する。④簡単な討論を聞き，中心的な内容を理解する。⑤一般的な主題に関する話を聞き，状況と主人公の性格を理解する。	①一般的な主題に関し，比較的正確につかえずに対話する。②一般的な主題に関する話を聞いたり文章を読んで，自分の主張を話す。③特定の話題に関して必要な情報を交換する。④言わんとすることを状況に合わせていろいろな方法で表現する。⑤身近な主題に関して討論する。	①平易な文学作品を読んで，主題，人物，構成，背景などを理解する。②一般的な主題に関するあまり身近でない内容の文章を読み，文章の展開，論理的な構造を理解する。③一般的な主題に関する文章を読み，意見と事実を区別する。④一般的な主題に関する文章を読み，後に出て来る内容を推測する。	①一般的な主題に関する自分の考えを論理的に展開しながら書く。②簡単な質問，メモ，電話の伝言などを記録する。③自分の過去の経験と，未来の計画を文章で書く。④簡単な履歴書を書く。

観したが，いずれの国も小・中・高に一貫するカリキュラムが作成されており，各技能における到達目標，すなわちcan-doの具体が明示されている。また，日本と異なり小学校段階から体系的なリタラシー指導も行われている。紙面の関係上，本節では取り上げなかったが，フィンランド，フランス，台湾，タイなど多くの国々においても同じような傾向がみられる。いずれの国も小学校低・中学年から外国語学習を開始しているため，日本と比べると小・中・高での到達目標は高く設定されている。たとえば，学習語彙を例にとっても，高等学校修了時には，中国，韓国，台湾では6,000語前後の語数が扱われており，日本の3,000語とは大きな差が生じている。

　今後，日本の英語教育が喫緊に取り組まなければならない課題は，外国語教育の改革・改善を推進する諸外国の事例も参考しながら，小学校から高等学校まで「一貫性」のある外国語・英語教育を構築し，実施することである。つまり，小・中・高を1本の大きな柱として捉えたうえで，各段階での到達目標と役割を明確にし，日本の現状に即した到達目標の具体，can-doを明示し，カリキュラムを作成することが不可欠である。

（加賀田哲也，樋口忠彦）

2節　日本における Can-do リスト設定の試み

　前節で紹介したように，グローバル時代に対応する外国語教育の実現を目指して，長期的な視点から一貫性のある can-do リストを設定し，外国語教育を展開する国が多いが，日本ではどうなっているのだろうか．以下，我が国のcan-do リストをめぐる状況を概観する．

1　各種検定試験と Can-do リスト

　英検，GTEC for STUDENTS などの検定試験を運営する機関では，各級の合格者や一定のスコアの獲得者が，4技能について，どのようなことをどの程度できるかを，can-do リストあるいは can-do statements として示している．
　例えば「英検の Can-do リスト」は，5級から1級までの7つの級の合格者を対象とするアンケートに基づき，4技能について実際の英語使用に対する自信の度合いの高いものを，can-do の項目としてあげている．英検の can-do リストの特徴は，各級の can-do の項目の幅が広く，具体的であることである．
　「GTEC for STUDENTS」の can-do statements も高校生を対象とするアンケートに基づき，GTEC のスコアによって設定された7つのグレードについて can-do の項目を示している．GTEC の can-do statements の特徴は，リーディング，リスニング，ライティングは各技能のスコアによって，スピーキングはトータルスコアによって can-do 項目を示していることと，「教室内」と「教室外（実生活）」の2種類の can-do 項目を示していることである．

2　中学校，高等学校における Can-do リスト

　到達目標や can-do リストを設定し，先導的な英語授業を展開する中・高等学校は増加の傾向にある．これらの中・高等学校の can-do リストの特徴は，教室内の活動と密接に関係していることと，日々の授業実践に基づき年度ごとに改訂されていることである．以下，特色のある2校の can-do リストを紹介する．
　ひとつは，東京都千代田区立九段中等教育学校の「KUDAN CAN-DO リスト」である．この can-do リストは，4技能について，第1学年から第6学年までの6年間の can-do 項目が示されている．参考にしたい点は，各技能はそれぞ

れ5つの項目で構成されており，それぞれの項目について6年間を通して段階的に発展するcan-doが示されていることである。例えばリーディングでは，①音読，②概要に関すること，③詳細の理解に関すること，④行事やKudan Methodに関すること，⑤テストとの関連である。なお，Kudan Methodとは同校で英語授業以外に実施されている英語関係のプログラム，テストは英検のことである。

　もうひとつは，神戸市立葺合高等学校の「プレゼンテーションに必要な技能およびレベル別尺度（CFF, Common Fukiai Framework）」である。同校では，グループによるプロジェクト型の学習に基づくプレゼンテーション能力の育成を重点目標としている。参考にしたい点は，このプレゼンテーションのレベルをA～Fの6レベルに分け，それぞれのレベルのプレゼンテーションを行うのに必要な4技能と「やりとりすること（話すこと）」と「やりとりすること（書くこと）」の2分野について相互に関連性のあるcan-do項目が示されていることである。なお，多くの学習者が該当するA～Dの4レベルについてはさらに2レベルに分けられており，合計10レベルの4技能2分野についてcan-do項目が示されている。

3　CEFR-J　β版

　科研研究グループ（代表：投野由紀夫，研究課題番号 20242011）は，「小・中・高・大の一貫する英語コミュニケーション能力の到達基準の策定とその検証」において，CEFRの「共通参照レベル：自己評価表」の日本版という位置づけでCEFR-J β版を発表している（2012）。

　CEFR-Jの設定レベルは，CEFRではA1, A2, B1, B2, C1, C2の6レベルであるが，日本の学習者の英語力をCEFRのレベルで判断すると「大半がAレベルであり，Cレベルはごくわずかである」（根岸，2010）と考えられることから，Aレベルを三つのレベルに，B1, B2レベルをそれぞれ二つのレベルに分けるとともに，小学校で外国語活動が実施されていることや，「日本における英語学習では，まず文字の習得に絡んだ学習段階」（根岸，2010）にあたるレベルが必要であるという理由でPre-A1レベルが設定され，合計12段階に細分化されている。また技能についてはCEFRと同様に，「聞くこと」「読むこと」「やりとり」「発表」「書くこと」について，各2項目ずつcan-doが示さ

表6 CFER-J β版（日本語）

	聞くこと	読むこと	やりとり	発表	書くこと
Pre-A1	・ゆっくりはっきりと話されれば、日常の身の回りの単語を聞き取ることができる。絵の中のものを指すことができる。・英語のほしい音の文字が発音されるのを聞いて、指し示すことができる。	・口頭活動で既に慣れ親しんだ絵の中の単語を理解して、絵の中でそれを指すことができる。・ブロック体で書かれた大文字・小文字を識別し、音読することができる。	・基礎的な語句を使って、必要性に迫られる領域で、自分の願望を要求として伝えることができる。最低限、自分の意志を指さしと、自分の意志を伝えることができる。・一般的な季節の日常の挨拶をそうした挨拶に応答したりすることができる。	・簡単な語や基礎的な句を用いて、自分についての限られた情報（名前、年齢など）を伝えることができる。・前もって発音することをとおり、基礎的な定型表現を用いて、簡単なshow and tellをすることができる。	・アルファベットの大文字・小文字のつづりをブロック体で書くことができる。・単語のつづりを聞いて、その発音されるとおりにただしく書くことができる。
A1.3	・繰り返し言い換えてゆっくり話されれば、自分になじみのない文化にも関する学習行事習慣などに関する説明の概要を理解することができる。・繰り返し言い換えてゆっくり話されれば、作業（料理、工作など）の指示を、視覚で確認しながら聞いて理解できる。	・簡単な語を用いて書かれたスポーツや個人的な興味に関するピクトや写真を参考にしながらイラストや写真を参考にする文章を理解することができる。・簡単な語を用いて書かれた物語を、イラストや写真を参考にしながら理解することができる。	・限られた範囲の表現を用いて、誘ったり、誘いを受けたり、断ったりすることができる。・ごく身近なトピック（趣味、スポーツ、部活動など）に関して相手が繰り返し言い換えてくれれば、簡単な質疑応答ができる。	・簡単な語や基礎的な句を用いた構文を使い、複数の文で、身近なトピックについて自己紹介をすることができる。・簡単な語や基礎的な句を用いた構文を使い、複数の文で、日常生活に関する簡単な事実を描写することができる。	・自分の経験について、短い文章を書くことができる。・趣味や好き嫌いについて、簡単な表現を使って、基礎的な文を書くことができる。
A2.1	・ゆっくりはっきりと話されれば、公共の乗り物やマナー、駅や空港の短いアナウンスを理解することができる。・ゆっくりはっきりと話されれば、自分自身や地域に関連した家族・学校・地域の身の回りの事柄に関する語句や簡単な表現を聞いて理解することができる。	・簡単な語を用いて書かれた人物描写、場所の紹介など、日常生活や文化の説明文を理解することができる。・簡単な語や表記などを用いて書かれた物語や伝記などを理解することができる。	・first や then, next といった簡単なつなぎ言葉を使って、道案内をすることができる。・絵やものなどの基本的な情報を伝えることができれば、それについて簡単な意見交換をすることができる。	・前もって用意した上で、メモなどを使って、一連の簡単な語句を使って、短い自己紹介をすることができる。・前もって用意した上で、写真や絵、地図などの視覚的補助を利用しながら、一連の簡単な語句を使って、ピクトや（学校や地域など）身近な場所について短い話をすることができる。	・日常的・個人的な内容であれば、手紙、招待状、メッセージなどの簡単な英語を書くことができる。・文と文をandやbutなどの簡単な接続詞でつなげるような書き方であれば、具体的な語彙、基礎的な英語を使った簡単な説明文や日記などのまとまりのある文章を書くことができる。

2節　日本における Can-do リスト設定の試み　　21

B1.1	B1.2
・はっきりとなじみのある発音で話されれば、(学校の宿題、旅行の日程など)明確に事実を伝えるメッセージの要点を理解することができる。 ・はっきりとなじみのある発音で話されれば、自分の周りで話されている長い議論の要点を理解することができる。	・自分に直接関わりのある環境(学校、職場、地域など)での出来事を、身近で使われている語彙・文法を用いて、ある程度のまとまりのあるかたちで、描写することができる。 ・身近な状況で使われている語彙・文法を用いれば、筋道を立てて、作業の手順などを示す説明文を書くことができる。
・標準的な速さの録音や放送(天気予報や空港のアナウンスなど)を聞いて、自分にとって関心のある具体的な情報の大部分を聞きとることができる。 ・はっきりとなじみのある発音で話されるラジオのニュースなどを聞いて、身近なトピックに関連する短いニュースなどの短い話の要点を理解することができる。	・新聞記事や映画などについて、専門的でない語彙や複雑でない文法構造を含めて、自分の意見をまとめたり、あらすじをまとめたり、基本的な内容を報告することができる。 ・物事の順序や自分史、旅行記など自分、身近などのエピソードなどの物語文を、いくつかのパラグラフを書くことができる。また、近況を詳しく伝える個人的な手紙を書くことができる。
・学習を目的として書かれた新聞や雑誌の記事の要点を理解することができる。簡単なやり方、申込書の記入のしかた、ものの組み立て方など、簡潔に書かれた手順を理解することができる。	・インターネットや参考図書などを調べて、文章の構成を意識しながら、学業や仕事に関係のある、必要な情報を手に入れることができる。 ・簡単な英語で辞書を用いて、語注や辞書があれば物語の筋を理解することができる。
・身近なトピック(学校・趣味・将来の希望)について、簡単な英語を幅広く使って意見を表明し、情報を交換することができる。個人的なトピックや関心のある具体的な英語を多様に用いて、簡単な社交的な会話を続けることができる。	・病院や市役所といった場所において、詳細にまた自信を持って、問題を説明することができる。関連する詳細な情報を提供することができ、必要であれば辞書と関連づけて正しい処置を受けることができる。 ・駅などや店などとの一般的な場所、関連したサービスなどといった切符やサービスなどの問題に関する物などの購入の問題について、自信を持って詳しく説明することができる。間違った誤りを持って、相手が協力を依頼することができる。丁寧にお礼を言ったり、ものやサービスを受けることができる。
・使える語句や表現を繋いで、自分の経験や夢、希望などを幅広く、話を続けながら順序だて、ある程度詳しく語ることができる。 ・自分の考えを事前に準備して、メモを手元に混乱させないよう、聞き手を混乱させないように、馴染みのあるトピックや関心のある事柄について語ることができる。	・短い読み物か短い新聞記事であれば、ある程度の流暢さをもって、自分の感想や意見を加えながら、あらすじや要点を順序だてて伝えることができる。 ・自分の関心の状況(ただし自分の関心事)について、身近などのあるある程度について、聴衆に発表し、聴衆から質問があれば相手に理解できるように答えることができる。
・自分に直接関わりのある環境(学校、職場、地域など)での出来事を、身近で使われている語彙・文法を用いて、ある程度のまとまりのあるかたちで、描写することができる。 ・身近な状況で使われている語彙・文法を用いれば、筋道を立てて、作業の手順などを示す説明文を書くことができる。	・新聞記事や映画などについて、専門的でない語彙や複雑でない文法構造を含めて、自分の意見をまとめたり、あらすじをまとめたり、基本的な内容を報告することができる。 ・物事の順序や自分史、旅行記などの身近なエピソードなどの物語文を、いくつかのパラグラフを書くことができる。また、近況を詳しく伝える個人的な手紙を書くことができる。

れている。この科研グループのメンバーである根岸は，CEFR-J は，「先行するGTEC for Students，英検，SELHi 校の can-do statements を参照しつつ，英語教育現場の活動や教科書などの教材を考慮して作成してきている」(2010) としている。今後，各学校で can-do リストあるいは can-do statements を作成する際に，参考資料のひとつとして活用すると非常に有益であろう。

　表6（20-21頁）に，12レベルのうち，小学校修了段階と考えられるPre-A1，中学，高校の修了段階で期待されるレベルは地域や学校によって異なると考えられるので，中学校修了段階は A1.3 あるいは A2.1 レベル，高等学校修了段階は B1.1 あるいは B1.2 レベルと考え，それぞれ 2 つのレベルの can-do 項目を紹介する。

　なお，この CEFR-J を参考にして自校の can-do リストを作成する際には，例えば中学 3 年生の場合，「聞くこと」は A1.3 レベル，「読むこと」は A2.1 レベル，「話すこと」は A1.3 レベルというように，技能によって異なるレベルを参考にすることを考えてもよいだろう。

（樋口忠彦）

3節　Can-do リスト作成の留意点と小・中・高一貫の Can-do リスト試案

　本章の冒頭で，各学校で学校や地域の実態に合った can-do リストを作成し，それを活用した授業が期待されていること，また 1 節，2 節では国内外における can-do リストをめぐる動向を概観した。本節では，各学校で先生方が can-do リストを作成する際に留意すべき事柄と筆者たちが作成した小・中・高一貫の英語教育をめざす can-do リストの試案を提案する。

1　Can-do リスト作成にあたっての留意事項
①　基本的に「教室内」の can-do リストとする
　EU 加盟国が外国語教育を強化する理由のひとつは，より活発な移動，より効果的な国際間コミュニケーションという観点である。それゆえ，CEFR は，成人学習者向けの教室外（実生活）の can-do に重点を置いているように考えられる。しかし，日本の小・中・高校生は EFL の環境で日々生活し，学習していることを考えると，生徒に到達目標を示したり，生徒の到達度を把握した

りするうえで，教室外にもある程度配慮しながら，教室内 can-do リストを作成するほうが賢明であろう。この方が生徒にとってより身近で，より具体的な記述が可能であり，利用しやすいものになるからである。

② 各段階において各技能の一貫性と発展性に配慮する

小・中・高，特に中・高の段階では，各技能の構成要素（項目）を基本的に共通のものにし，各段階，各レベルで一貫性を保ちながら段階的に発展する can-do を設定するようにする。ただし，レベルが高くなるにつれ，習得すべき知識や技能の質が高度化し，量も増加するので，項目を統合したり，新設したりする必要性が当然生じるであろう。（各段階の各技能の項目については，本節2②参照。）

③ Can-do はできるだけ具体的に記述する

CEFR など，can-do リストによっては抽象的で理解しにくい項目が少なくない。Can-do リストは同僚と共有する英語授業の枠組みであり，生徒に到達目標や評価内容を理解させる"マニュアル"の役割を果たすものである。それゆえ，授業での学習内容と関連させ，できるだけ具体的に記述することが望ましい。

④ Can-do 項目の記述内容

Can-do の各項目の記述にあたっては，どの程度のレベルの英語で（英語の質），どのようなことについて（話題や活動），どの程度できるか（達成の度合い）を示したい。なお，話題や活動については，多種多様なものを示すことは困難であるから，代表的なもの，典型的なものをあげておくとよい。

⑤ 学習指導要領の言語材料を中心にする

教室内 can-do リストの作成を目指す場合は，語彙，文法事項，機能などの言語材料は，基本的には学習指導要領，使用教科書や使用教材に準ずることである。ただし，授業のさまざまな活動で使用する言語材料，特に語彙については必要に応じてプラスしても問題はないだろう。

2 小・中・高一貫の Can-do リスト試案

Can-do リスト試案を示す前に，まず can-do を構成する技能と分野について説明しておきたい。CEFR は，次のように技能と分野を分けている。

・理解すること：聞くこと，読むこと

・話すこと：やりとり，表現
・書くこと：書くこと

　他方，CEFR-J は，上の左側は示さず，「聞くこと」「読むこと」「やりとり」「発表」「書くこと」としている。本節 2 で示す can-do リスト試案は，CEFR-J と基本的に同じであるが，学習指導要領等との関係を考え，「発表」は「話すこと」にしてある。

　次に，小・中・高におけるレベル分けは，小学校では外国語の活動が 5，6 年生で必修であるので 2 レベル，中学校は 3 レベル，高等学校は英語科や国際教養科などの高い習熟度を目指す学習者向けのレベルを設け，4 レベルとした。また各段階の各レベルの表記については，以下の通りである。

・小学校：JE1, JE2
・中学校：JJ1, JJ2, JJ3
・高等学校：JS1, JS2, JS3, JS4

　なお，小学校の外国語活動の教育課程における位置づけは，現在のところ，教科でなく領域であるので，can-do の項目は到達目標というより達成したい努力目標として示している。

　以下に示す試案は，JASTEC プロジェクトチーム（代表，樋口忠彦）による「小・中・高一貫のナショナルシラバス試案－日本の英語教育変革のために」（樋口，田邉，衣笠他，2005）で示した到達目標に，学習指導要領の改訂やその後の研究・実践に基づき加筆・修正をしたものである。

① Can-do リスト：全体的尺度

　小・中・高等学校段階における各レベルの can-do の全体的な尺度を示す。

表7　小学校：JE1, JE2

JE1	ごく身近な個人的な話題について，絵や実物，ジェスチャーなどをヒントに理解したり，指導者の支援があれば表現したりすることができる。また，これらの話題について，指導者の支援があれば質問したり，短い答え（Yes, Noや単語）で答えたりすることができる。
JE2	ごく身近な個人的な話題や日常生活，学校生活に関わる話題について，絵や実物，ジェスチャーなどをヒントに理解したり，ある程度表現したりすることができる。また，これらの話題について，ある程度質問したり，答えたりすることができる。

表8　中学校：JJ1, JJ2, JJ3

JJ1	自己紹介，家族紹介，趣味，スポーツなどの身近な個人的な話題や日常生活に関わる話題について理解したり，表現したりすることができる。また，これらの話題について，指導者の支援があればある程度コミュニケーションを維持することができる。
JJ2	ゴールデンウィーク中の出来事，夏休みの計画，職場体験などの身近な話題について，理解したり，ある程度表現したりすることができる。また，これらの話題について，必要に応じて，相づちをうったり，確認したりするなどのストラテジーを使って，ある程度コミュニケーションを維持することができる。
JJ3	修学旅行，ボランティア活動，ゴミ問題やリサイクル活動などの話題について，理解したり，ある程度表現したりすることができる。また，これらの話題について，必要に応じて意味を尋ねたり，意見を尋ねたりするなどのストラテジーを使って，ある程度コミュニケーションを維持することができる。

表9　高等学校：JS1, JS2, JS3, JS4

JS1	学校，地域，家庭など，自分に関係のある身近な内容であれば，理解したり表現したりすることができる。語彙や表現内容，表現方法はかなり単純化され限界がみられるが，ある程度コミュニケーションを維持することができる。
JS2	社会，環境，人文など日常的な話題について理解したり表現したりすることができる。表現内容に限界があるが，ある程度コミュニケーションを維持することができる。
JS3	比較的抽象度の高い話題に関する情報のやりとりやコミュニケーションを行うことができる。社会問題や時事問題などについて理解したり，語彙や表現には限界があるが，自分の意見を述べることができる。
JS4	幅広い内容について，情報のやりとりやコミュニケーションをかなり流暢に行うことができる。社会問題や国際問題などについて表現には限界があるが，自分の意見をはっきりと述べることができる。

② Can-do リスト：技能別尺度

　小・中・高等学校段階における各技能の can-do の構成要素（項目）は，以下の通りである。

1）小学校：JE1, JE2

- 聞くこと　　①音声　②定型会話　③教室英語　④身近な個人的な話題
　　　　　　　⑤絵本や内容的にまとまりのある話
- 読むこと　　①アルファベット　②名前　③（JE1）略語，（JE2）単語
- やりとり　　①定型会話　②教室英語　③身近な個人的な話題
- 話すこと　　①発音　②定型会話　③教室英語　④身近な個人的な話題
　　　　　　　⑤絵本や内容的にまとまりのある話
- 書くこと　　①アルファベット　②名前　③（JE1）略語，（JE2）単語

2）中学校：JJ1, JJ2, JJ3

- 聞くこと　　①音声　②会話　③まとまりのある話　④機能表現
　　　　　　　⑤場面別会話
- 読むこと　　①音読　②会話文，叙述文，物語文などの内容理解
　　　　　　　③情報収集（インターネット，パンフレットなど）
　　　　　　　④リーディングストラテジー　⑤辞書利用
- やりとり　　①個人的な話題や社会的な話題など
　　　　　　　②コミュニケーションストラテジー
- 話すこと　　①発音　②事実情報　③考えや気持ち，意見　④機能表現
　　　　　　　⑤場面別会話
- 書くこと　　①事実情報　②考えや気持ち，意見　③説明，描写
　　　　　　　④書式・形式（伝言，手紙，メール文など）
　　　　　　　⑤書き方のルール

3）高等学校：JS1, JS2, JS3, JS4

- 聞くこと　　①音声　②会話　③まとまりのある話　④機能表現
　　　　　　　⑤メディア（電話，ラジオ，TV など）
- 読むこと　　①音読　②内容理解　③多読
　　　　　　　④情報収集（インターネット，英字新聞など）

⑤リーディングストラテジー　⑥辞書利用
- やりとり　①身近な話題から社会的な話題など
　　　　　　②コミュニケーションストラテジー
- 話すこと　①発音　②事実情報　③考えや気持ち，意見，主張
　　　　　　④機能表現　⑤メディア（電話，ラジオ，TV など）
- 書くこと　①事実情報　②考えや気持ち，意見，主張
　　　　　　③パラグラフの構成
　　　　　　④説明，描写，報告
　　　　　　⑤書式・形式（伝言・手紙・メール文など）
　　　　　　⑥（JS1）書き方のルール

　次頁以降に，小・中・高等学校の can-do リスト試案を示す。なお，この試案を参考に自校の can-do リストを作成する際，2 節 3 でも述べたように，学校や生徒の実態に応じ，例えば高校 1 年生の場合，「聞くこと」は JS1，「話すこと」は JJ3，「読むこと」は JS1 といったように異なるレベルの can-do の項目を参考にしてもよいだろう。

（樋口忠彦，加賀田哲也，泉惠美子）

表10 小学校 Can-doリスト：技能別尺度

	聞くこと	読むこと	やりとり	話すこと	書くこと
JE1	①歌、ライム、チャンツなどゆっくり、はっきりと話される標準的な発話を繰り返し聞けば、話に関わる音声的特徴（母音、子音、リズム、イントネーション）をある程度正確に聞き取ることができる。②ゆっくり、はっきりと話されれば、朝、昼、夜のあいさつ、曜日など、身体の調子、天候、あいさつ、曜日など日常生活に関わる定型的な会話の表現を理解することができる。③ゆっくり、はっきりと話されれば、ごく簡単な指示、依頼、提案などの教室英語を理解することができる。④ゆっくり、はっきりと繰り返し話されれば、食べ物、文具、色、動物、嫌い、欲求、所有に関わる会話の表現を、ジェスチャーなどをヒントに理解することができる。⑤絵本や絵などを見ながら、ゆっくり、はっきりと繰り返し話される内容的に簡単な話を聞いて、ある程度の概要を理解することができる。	①アルファベット（ブロック体）の大文字を読むことができる。②ヘボン式ローマ字で書かれた自分の名前や友だちの名前を読むことができる。③ブロック体の大文字で書かれたTV、CD、MVPといった略語を読むことができる。	①朝、昼、夜のあいさつ、身体の調子、天候、曜日などの日常生活に関わる定型的な会話においてなんとかやりとりをすることができる。②ごく簡単な指示、依頼、提案などの教室英語を使って、なんとかやりとりをすることができる。③食べ物、文具、色、動物などに対する好き、嫌い、欲求、所有について、なんとかやりとりをすることができる。	①簡単な歌、ライム、チャンツを歌ったり、言ったりすることができる。また、簡単な語句や表現を理解可能な英語で発音することができる。②朝、昼、夜のあいさつ、身体の調子、天候、曜日などの日常生活の定型的な会話において、応答することができる。③ごく簡単な教室英語による指示、依頼、提案などに対して、応答することができる。④食べ物、文具、色、動物などに対する好き、嫌い、欲求、所有について、なんとか伝えることができる。⑤内容的に簡単なまとまりのある絵本などの絵を指して繰り返し質問されれば、Yes、Noや単語でなんと答えることができる。	①アルファベット（ブロック体）の大文字を書くことができる。②ヘボン式のローマ字をブロック体の大文字で自分や友だちの名前を書くことができる。③ブロック体の大文字を使って身の回りの略語を書くことができる。

3節　Can-doリスト作成の留意点と小・中・高一貫のCan-doリスト試案

聞くこと	話すこと[やり取り]	話すこと[発表]	読むこと	書くこと
①歌、ライム、チャンツやゆっくり、はっきり話される英語の標準的な発音を繰り返し聞けば、英語の音声的な特徴をある程度正確に聞きとることができる。	①季節、誕生日、感情や気持ち、心身の状態、住所などの日常生活に関わる定型的な会話表現を理解する程度やりとりをすることができる。	①歌、ライム、チャンツやゆっくり、はっきり話される英語の標準的な発音を繰り返し聞きながら音声的な特徴に注意しながら発音することができる。	①アルファベット（ブロック体）の大文字、小文字を読むことができる。	①アルファベット（ブロック体）の大文字、小文字を書くことができる。
②ゆっくり、はっきり話されれば、季節、誕生日、感情や気持ち、心身の状態、住所などの日常生活に関わる定型的な会話表現を理解することができる。	②簡単な指示、提案、依頼などの教室英語を使って、理解可能な英語でやりとりをする程度ができる。	②季節、誕生日、感情や気持ち、心身の状態、住所などの日常生活に関わる定型的な英会話で応答することができる。	②ヘボン式ローマ字で書かれた自分の名前や友だちの名前を読むことができる。	②ヘボン式ローマ字、ブロック体の大文字、ブロック体を使って自分や友だちの名前を書くことができる。
③ゆっくり、はっきり話されれば、簡単な指示、提案、依頼などの教室英語を理解することができる。	③簡単な指示、依頼、運動やスポーツの能力、理解可能な英語でやりとりをする程度ができる。	③簡単な指示、依頼、提案などの教室英語を聞いて、適切に応答することができる。	③絵カードに書かれた慣れ親しんだ基本的な単語のつづりを、指導者の後に続いて読むことができる。	③慣れ親しんだ基本的な単語のつづりを写し、書くことができる。
④ゆっくり、はっきり話されれば、日課、時間割、運動やスポーツなどの能力に関わる身近な将来の夢などの表現を、絵や図表、ジェスチャーなどをヒントに理解することができる。		④日課、時間割、運動やスポーツの能力、将来の夢などについて、理解可能な英語で正確に伝えることができる。		
⑤絵本などの絵を見ながら、ゆっくり、はっきり話されれば、まとまりのある内容について概要をある程度理解することができる。		⑤内容的にまとまりのある簡単な絵本などの絵を指して繰り返し質問されれば、一語文で短い文である程度正確に答えることができる。		

JE2

30　2章　小・中・高校生のためのCan-doリスト試案

表11　中学校　Can-doリスト：技能別尺度

聞くこと	読むこと	やりとり	話すこと	書くこと
①基本的な英語の音節的特徴（母音・子音、音素、リズム、イントネーション）に慣れ、繰り返し聞き取ることに、ほぼ正確に聞き取ることができる。②基本的な語彙や表現を使って、自己紹介、家族紹介、趣味、スポーツなどの身近な個人的な話題や日常生活や日課、海外の学校生活などに関するまとまりのある話を聞いて大体理解することができる。③基本的な語彙や表現を使って、ゆっくり、はっきり話されれば、自己紹介、家族紹介、趣味、スポーツなどの個人的な話題や日常生活に関する会話を聞いて、状況やジェスチャー、イラストなどをヒントに理解することができる。④挨拶、感謝、依頼、提案、指示などの機能表現を活用してまとまりのある話を聞いて理解することができる。⑤電話、レストラン、買い物などの会話を聞いて理解することができる。	①身近な個人的な話題や日常生活に関する短い文章を英語の音声的特徴や注意を払いながら、ある程度の音読能力で音読することができる。②基本的な語彙や表現を使って、自己紹介、家族紹介、趣味、スポーツなどの個人的な話題、日課、海外の学校生活などについて、短い会話文や叙述文などの概要を理解することができる。③インターネットで初歩的な情報検索をすることができる。④主として基本的な語彙や表現からなる数文の英語で表示された文章を見て、イラストや図表を手掛かりにある程度理解し、イラストやタイトルなどをヒントに文章の内容を推測することができる。⑤辞書を引くことを習慣的に持ち、基本的な単語の意味を調べることができる。	①基本的な語彙や表現を使って、自己紹介する程度の身近な個人的な話題、日常生活について支援があれば、やりとりをすることがある程度できる。②必要に応じて、大きな声で繰り返すことを求めたり、繰り返しを求められたりして、簡単なストラテジーを使って、ある程度のやりとりをすることができる。	①基本的な語彙や表現の英語の音声の理解に注意しながら、特徴的な発音や語彙を使って、自己紹介、趣味、スポーツなどの身近な個人的な話題や家族の話題について、答えたり尋ねたりすることができる。②基本的な語彙や表現を使って、自己紹介、趣味、スポーツなどの身近な話題や自分の気持ちを伝えたり、考えを述べたりすることができる。③基本的な語彙や表現を使って、自己紹介や家族紹介、日課、学校生活、海外の地域の行事、まざまな話題について、情報を伝えたり、自分の考えや気持ちを述べたりすることができる。④挨拶、感謝、提案、指示などの機能表現を活用することができる。⑤電話、レストラン、買い物などのロールプレイをすることができる。	①自己紹介や家族紹介、趣味、スポーツなどの身近な個人などの話題に関して、日常生活に関する文章や数文からなる文章を書くことができる。②自己紹介や家族紹介、趣味、日課、地域の行事、海外の学校生活などの話題について、数文からなる文章で自分の考えや気持ちを書くことができる。③与えられた絵、写真、実物、グラフ、表などを、文や数文からなる文章を描写したり、説明したりできる。④伝言、カード、手紙、e-mailなどにおいて、簡単な書式を参考にして自分の意向が伝わるように書くことができる。⑤ピリオド、句読点、疑問符、感嘆符、コンマなどの常用の書き方のルールを理解し、正確に使うことができる。

3節　Can-doリスト作成の留意点と小・中・高一貫のCan-doリスト試案　31

①基本的な英語の音声的特徴や音変化などを理解し、ほぼ正確に聞き取ることができる。②基本的な語彙や表現を使った、はっきりとした話され方であれば、ゴールデンウィーク中の出来事、夏休みの計画、職場体験などに関する会話を聞いて、理解することができる。③基本的な語彙や表現を使った、はっきりとした話され方であれば、ゴールデンウィーク中の出来事、夏休みの計画、日本や世界の生活文化や行事、世界の伝統文化などに関するまとまりのある会話を聞いて、理解することができる。④例示や順序などの理由を表すことばや示したりするなどの談話を尋ねたり示したりする機能表現を聞いて理解することができる。⑤道案内、学校、病院などの会話を聞いて理解することができる。	①さまざまな話題に関するある程度まとまりのある文章を、音で感情を込めて音読することができる。②ゴールデンウィーク中の出来事、夏休みの計画、日本や世界の生活文化や行事、世界の伝統文化などに関するまとまりのある会話文、叙述文、物語文、伝記、随筆文などの概要を理解することができる。③検索したホームページの主旨・内容を推測することができる。④図表などで提供された情報の概要を与えられて、ヒントを利用して、理解することができる。⑤辞書の使用に親しみ、単語や熟語を調べることができる。	①基本的な英語の音声や表現を使って、ゴールデンウィーク中の出来事、夏休みなどについて、ある程度まとまりのある文章をうつすことができる。②必要に応じて、確認したりするなどのストラテジーを使って、ある程度のやりとりをすることができる。	①基本的な英語の音声的特徴を理解し、理解可能な発音ができる。②ゴールデンウィーク中の出来事、夏休みの計画、職場体験などに関する話題について、日本や世界の生活文化や行事、世界の伝統文化に関する簡単な問答をしたり、情報を伝えたりすることができる。③ゴールデンウィーク中の出来事、夏休みの計画、職場体験などに関する話題について、自分の考えや気持ちなどを数文でのべたり、意見などを述べたりすることができる。④例示や順序などの理由を表すことばや示したりするなどの機能表現を使用することができる。⑤道案内、学校、病院などのロールプレイや友だちと短いチャットができる。	①ゴールデンウィーク中の出来事、夏休みの計画、職場体験などの話題について、数文からなるある程度から10文程度まとまりのある文章を書くことができる。②ゴールデンウィーク中の出来事、夏休みの計画、日本や世界の生活文化や行事、世界の伝統文化などのさまざまな話題に関する会話文、叙述文、物語文、伝記、随筆文などからなるまとまりのある文章で自分の考えや気持ちなどを述べたり、意見を書くことができる。③与えられた絵、写真、実物、グラフ、表などについて、数文からなるまとまりのある文章でほぼ正確に描写したり、説明したりすることができる。④伝言、カードや招待状、手紙、e-mailなどを参考にしながら、数文からなるまとまりのある文章で自分の意向がある程度伝わるように書くことができる。⑤引用符、字下げなどの書き方のルールを理解し、正確に使うことができる。

JJ2

2章　小・中・高校生のための Can-do リスト試案

聞くこと	読むこと	やりとり	話すこと	書くこと
①英語の音声的特徴や音声変化などを理解し、ほぼ正確に聞き取ることができる。②基本的な語彙や表現を使って、まとまりのあるディベート、ボランティア活動、ゴミ問題やリサイクル活動などに関する会話を聞いて理解することができる。③基本的な語彙や表現を使って、まとまりのある話を聞いて、環境問題、将来の夢、ボランティア活動、ゴミ問題などに関する人権問題を表現された随筆文、感想文、物語文、手紙文、e-mailの文体などを理解することができる。④報告を述べたり、同意や反対の意見を述べたり、求めたりする内容や要点を整理し記録したりする会話を聞いて理解することができる。⑤国際交流会でのアナウンスや会話、修学旅行先での駅でのアナウンスなどを聞いて理解することができる。	①さまざまな話題に関するまとまりのある文章を、ほぼ正確に音読することができる。②修学旅行、ボランティア活動、ゴミ問題やリサイクル活動、TVなどのニュース、人権問題などに関して表現された環境問題、将来の夢、人権問題について、まとまりのある会話文、感想文、随筆文、物語文、手紙文、e-mailの文体などさまざまな文体の文章を細部までほぼ正確に理解することができる。③簡単な内容のインターネット上の情報などの簡単な観光案内などのパンフレットの概要・要点を理解することができる。④図表について提供された情報を、文脈の助けを借りて未知の単語からも、意味を推測しながら、ほぼ正確に理解することができる。⑤辞書を積極的に活用し、語形変化や用例を調べることができる。	①基本的な語彙や表現を使って、修学旅行、ボランティア活動、ゴミ問題やリサイクル活動などについて、あるテーマに関して三問題などやりとりする程度のやりとりをすることができる。②必要に応じて、意味を尋ねたり、意見を求めたりする程度のストラテジーを使ってやりとりをすることができる。	①英語の音声的特徴を理解した程度にある。通じる発音で話すことができる。②修学旅行、ボランティア活動、ゴミ問題やTVなどのニュース、人権問題などのさまざまな話題について、自分のさまざまな答えたりする会話をすることができる。③修学旅行、ボランティア活動、ゴミ問題などの話題に関して、自分の考えや気持ちを整理して大切にしたことを落とさないようディベートに参加し話したり、初歩的なディベートに参加することができる。④報告を述べる、同意や反対の意見などを使用する機能表現を使うことができる。⑤国際交流会での会話、修学旅行先での外国人との会話のロールプレイやスキットをすることができる。	①修学旅行、ボランティア活動、ゴミ問題やリサイクル活動に関して意識し、10文程度のまとまりのある文章を書くことができる。②修学旅行、ボランティア活動、ゴミ問題などの環境問題、将来の夢、人権問題などのさまざまな会話物語に関する随筆文、感想文、さまざまな文体の文章を10文程度からなるまとまり、自分の気持ち、意見を叙述、順序や構成を考え、10文程度のまとまりのある文章を書くことができる。③与えられた絵、写真、実物、グラフ、表などについて、10文程度からなるまとまりのある文章で、説明したりすることを書くことができる。④伝言、カード、日記、手紙、e-mailなどにおいて、10文程度の文章で、ほぼ正確に自分の意向が伝わるように書くことができる。⑤ダッシュ、コロン、イタリックなどの書き方のルールを理解し、正確に使うことができる。

JJ3

3節　Can-doリスト作成の留意点と小・中・高一貫のCan-doリスト試案　33

表12　高等学校　Can-doリスト：技能別尺度

聞くこと	読むこと	やりとり	話すこと	書くこと
①発音、リズム、イントネーション、音声変化など短い発話に慣れ、ほぼ正確に聞き取ることができる。②地域、家庭における身近な日常的な話題について、明瞭で標準的な会話なら、相手の意図や要点を理解することができる。③話し方が比較的ゆっくりはっきりとしていて個人的な興味や趣味など簡単な時事問題や身近なまとまりのある話題について、まとまりを理解することができる。④旅行、ショッピング、個人的なコミュニケーション場面で使用される機能表現（紹介、依頼、謝罪など）を聞いて、理解することができる。⑤友人などとの電話会話において、馴染みのある話題であれば、相手の意図をほぼ正確に理解することができる。	①頻繁に使われる英語表現や、身近な日常的な話題について書かれた文章や一般的な物語を、ほぼ正確に音読することができる。②ファッション、アルバイト、クラブ活動などの日常的な話題に関する文章や出来事、気持ち、考えなどが表現されているエッセイなどをほぼ正確に読み、概要や要点をとらえたり、事実と意見を区別したりすることができる。③1,200語レベル程度の語彙で書かれた物語文、随筆などを読み、内容を理解することができる。④インターネットの図表やパンフレット、図表などに関して提供される情報を読んで理解することができる。⑤主題文、支持文、結論など、文の構成を考えながら読むことができる。⑥辞書を活用して、品詞や派生語といった情報を理解することができる。	①家族や趣味など、最近の出来事など、日常生活に直接関係のある話題や個人的な関心事について明確で身近な内容であれば、会話の流れで相手の発話を理解してやりとりをすることができる。②学校、地域、家庭における身近な話題について、まとまりのある内容の会話に参加し、繰り返しを求めたり、確認しながら、ほぼ適切かつ正確に応答することができる。	①国際的にある程度通じる発音、リズム、イントネーションで伝えたいことを話すことができる。②学校、家庭における身近な話題について、基本的な表現を使って、自分の経験や身近な出来事、夢や希望について尋ねたり、伝えたりすることができる。③個人的な話題や時事問題について、自分の意見、気持ちや情報を整理し、筋道立てて伝えたり、理由や説明を簡潔に示したりすることができる。④旅行、買い物など個人的なコミュニケーション場面で必要な機能表現（紹介、依頼、謝罪など）を、ほぼ適切に使用することができる。⑤友人などとの電話会話において、馴染みのある話題であれば、相手に的確に伝えたいことをほぼ的確に言え、伝達目的を達成することができる。	①ファッション、アルバイト、クラブ活動など、日常的な話題に関する内容がらメモを取りながら、それをもとに概要や要点を書くことができる。②身近で個人的に関心のある話題について、自分の考えや気持ちを整理し、構成に意識しながら書く。③経験、出来事、夢、希望、意見を説明し、理由を短い文章で順序立てて述べることができる。④絵、写真、表、グラフに基づいて説明する文をパラグラフ単位で書くことができる。⑤伝言、FAX、e-mailなどにおいて、感謝や謝罪などを伝える文章や、例を参考にしながら、平易な文章で形式的な手紙を書くことができる。⑥書き方のルールを守って書くことができる。

JS1

聞くこと	読むこと	やりとり	話すこと	書くこと
①発音、リズム、イントネーション、音声変化など発話を理解し、まとまりのある発話をほぼ正確に聞き取ることができる。②身近な話題であれば、議論の流れがほぼ正確に理解できる。③社会、環境、人文など、幅広い話題に関するまとまりのある話や意見を聞いて、要点・論点を把握することができる。④スピーチ、プレゼンテーションなど、多くの人をコミュニケーション対象にした場面で使用される機能表現（例証、描写、説明、報告、提案など）を聞いて、理解することができる。⑤テレビ番組などの視覚メディアによる天気予報やニュースなどの概要や情報の概要をある程度把握することができる。	①幅広い話題について書かれた文章を多少複雑な物語を、ほぼ正確に音読することができる。②著者の姿勢や視点が出ている比較文化や異文化・異環境問題などの幅広い話題を読み、概要や要点を的確にとらえたり、因果関係や著者の意図を理解することができる。③1,600語レベル程度の語彙で書かれた物語文、随筆文などを読み、内容を理解することができる。④インターネットを利用して情報を手に入れ、必要な情報を日常生活に使われる生活用品の使用法や注意事項を読んで理解することができる。⑤未知の語の意味を推測したり、背景となる知識を活用しながら読むことができる。⑥辞書を活用して、接頭辞や接尾辞、語源などから情報を理解することができる。	①社会、環境など複雑な話題について、確認したり、意味を尋ねたりしながら、ある程度会話を続けることができる。②制服の是非などの身近な話題について、会話を円滑にする方略（会話の開始・修復・終了、言い換え、話題転換など）を用いて、ある程度流暢にやりとりをすることができる。	①国際的に通じる発音、リズム、イントネーションで、伝えたいことを言うことができる。②自分の興味・関心のある分野に関連する幅広い話題について、具体的に説明することができる。③社会、話題に関する幅広い内容の会話に参加し、適切に応答したり、自分の考えや気持ちを整理し、簡潔に説明することができる。④スピーチ、プレゼンテーションなど、多くの人をコミュニケーション対象にした場面で必要な機能表現（報告、描写、説明、提案など）を適切に使うことができる。⑤テレビ番組やニュースなどのメディアから得た天気予報や第三者の情報をほぼ正確に伝達することができる。	①自文化と異文化の比較や環境問題など、幅広い話題に関する内容を読んだり聞いたりしながらメモを取り、それをもとに概要や要点をまとめて書くことができる。②興味・関心のある分野の幅広い話題について、自分の考えや気持ちを整理し、構成や英語の意識をしながらまとまった英語を書くことができる。③エッセイやレポートを書く。一定の視点に対する支持や反対の理由を書くことができる。④絵、写真、グラフに基づく、ある程度詳細な説明文を書くことができる。⑤FAX、e-mailなどにおいて、経験する印象を事柄についてある程度詳細に書いたり、出来事や体験について自分の考えや気持ちを書くことができる。

3節　Can-doリスト作成の留意点と小・中・高一貫のCan-doリスト試案　35

①発音やリズム、イントネーションなど音声変化のある発話をほぼ自然な速さで理解することができる。②日常生活での情報や解説、まとまりのある会話を聞き取ったり、推測しながら聞き取ったり、批判しながら聞くことができる。③道徳・倫理、科学事問題など、比較的抽象度の高い話題に関するまとまりのある話や意見を聞いて、相手の話を理解することができる。④ディスカッション、ディベートなど、グループにおけるコミュニケーション場面で使用される機能表現（同意、反対、勧誘、推量、説得など）を理解することができる。⑤ラジオなどの天気予報やニュース、テレビ番組などを見聞き、概要を正確に把握することができる。	①比較的難易度の高い語句が含まれた文章や詩を、音声変化し、自然な速さである程度流暢に音読することができる。②クローンや臓器移植など科学生活での倫理の問題と比較的抽象度の高い話題について、概要や細部事項を取りまとめたり、著者の意図を正確に理解することができる。③2,300語レベル程度の語彙で書かれたやさしく小説や文学作品を読んで理解することができる。④インターネット、英字新聞などの簡単な情報源を入手利用して、必要な情報を入手したり、観光案内、広告などを読むことができる。⑤目的や状況に応じて、速読や精読などを使い分け、文章の中で主要となる語句や文、段落の構成などを展開し、主要語などに注意して読むことができる。⑥平易な英英辞典をほぼ用いることができる。	①健康や生活など身近な話題については、自分の考えや意見を流暢に正確に表現できる、自分の発言を上手に他の話し手の発言にあわせることができる。②発話場面、対人関係などによって変化する待遇表現（丁寧さに配慮する発言など）を使い、日常会話をすることができる。	①国際的に通じる発音、リズム、イントネーションで、伝えたいことをある程度流暢に話すことができる。十分な準備があれば、国際問題や人権問題といった複雑な問題でも、一定の観点から展開しながら適切な結論にまとめることができる。②比較的抽象度の高い時事問題な話題について、比較的抽象度の高い話題についてのまとまりのある話の会話に参加したり、相手の発言に応じて応答したり、自分の考えや意見を持つことができる。③科学技術、時事問題など比較的抽象度の高い話題について、反対の意見を意識しながら、構成を考えてパラグラフや文章を書くことができる。④ディスカッション、ディベートなどグループにおけるコミュニケーション場面で必要な機能表現（同意、反対、勧誘、推量、説得など）を適切に使うことができる。⑤ラジオなどの天気予報やニュースなどの情報を第三者に伝達することができる。正確に第三者に伝達することができる。	①人権や平和など、比較的抽象度の高い話題に関する抽象的な内容を聞いたり読んだりしながらメモを取り、それをもとに概要や要点を書くことができる。②興味・関心のある比較的抽象度の高い話題についての自分の主張や意見、理由などをあげることができる。③日常生活や社会性のある話題、抽象度の高い話題について、賛成や反対の理由を述べてパラグラフや文章を書くことができる。④絵、写真、表、グラフなどをつけて、描写や報告文などを作成することができる。⑤FAX、e-mailなどにおいて、出来事に対する感想のようなものや、重要な情報に経験の内容などが伝わるように書いたり、形式的な丁寧な表現を用いた適切な文章や手紙を書くことができる。

JS3

聞くこと	読むこと	やりとり	話すこと	書くこと
①発音、リズム、イントネーション、音声変化、音速などをよく理解し、標準的な速さの発話を理解することができる。②日常生活に関する幅広い内容についての標準的なスピーチであれば聞いて話し、要点をまとめることができる。③社会性の高い話題について、対人関係などにおける社会言語学的側面を理解することができる。④発話場面、対人関係などによって変化する表現（丁寧な表現、聞き手に配慮する表現など）を聞き取り、日常会話における社会言語学的側面を理解することができる。⑤テレビ・ラジオ番組や映画もある程度理解することができる。	①抽象的で複雑な文章や文学作品などの内容をある程度理解し、流暢に音読することができる。②専門的内容や概説書を時間をかければ概ね理解することができる。③3,000語レベル程度の語彙で書かれた小説や文学作品を読んで理解することができる。④インターネット、英語雑誌、英字新聞などの情報源を有効に利用して、必要な情報を入手したり活用したりすることができる。⑤目的や状況に応じて、読解方略を使い、状況を把握しながら読み進めることができる。⑥英英辞典やその他の辞書を活用することができる。	①慣用表現、口語表現の知識を豊富に持ち、さまざまな会話や議論に加わり、自分の意見や考えを細かいニュアンスも伝えることができる。②社会問題、国際問題であっても簡単な形式ややりとりのある会話を続け、表現上の困難に出合ってもうまく繕うことができる。	①発音、リズム、イントネーション、音声変化、音速などをよく理解し、かなり流暢に発話をすることができる。②日常生活に関する幅広い内容について、要点をまとめて話したり、効果的な論理構成をして、相手に重要点を把握させ、記憶にとどめさせることができる。③道徳・倫理、政治科学技術、時事問題など、比較的抽象度の高い話題に関するまとまりのある内容の会話に参加して発展的な発言をしたり、自分の意見や気持ちを整理して、効果的に伝えることができる。④発話場面、対人関係などによって変化する表現（丁寧な表現、聞き手に配慮する表現など）を用いて話すことができる。⑤テレビ・ラジオ番組や映画の概要を第三者に伝えることができる。	①クローンや臓器移植など科学と倫理の問題に関する抽象度の高い話題を聞いたり読んだりしながらメモを取り、それをもとに概要や要点を書くことができる。②社会性の高い話題について、自分の主張や意見を、抽象度の高い例をあげながら効果的に書くことができる。③抽象度の高いさまざまな話題について、まとまりのある文章構成を意識してパラグラフや文章を書くことができる。④絵、表、写真、グラフに基づいて、描写や説明文、報告書などを適切に作成することができる。⑤手紙やエッセイ、レポートの形式を理解し、自分が重要と思う点を意識し強調しつつ、相手を意識しながら書くことができる。

JS4

[参考文献]

大谷泰照他（2004）『世界の外国語教育政策』東京：東信堂.
大谷泰照（2011）「外交三流の国の国際感覚」日本児童英語教育学会（JASTEC）第31回秋季研究大会資料集, pp.39-42.
神戸市立葺合高等学校「プレゼンテーションに必要な技能およびレベル別尺度（Common Fukiai Framework）」.
大韓民国教育部（1997）『初・中等学校教育課程―国民共通基本教育課程』第1997-15号, 別冊1, 韓国：大韓教科書㈱.
大韓民国教育部（1999）「初・中等学校教育課程―国民共通基本教育課程―教育部, 修正版」『大韓民国教育部告示』第1997-15号, 別冊1（金京子, 小泉仁訳）.
中華人民共和国教育部（国家教育委員会）（編）（2001）『小学英語課程教学基本要求（試行）』日本語版（渡邉寛治, 田中信也他訳）.
中華人民共和国教育部（国家教育委員会）（編）（2002）『全日制義務教育普通中等学校英語課程標準』日本語版（渡邉寛治, 田中信也他訳）.
投野由紀夫（研究者代表）（2012）平成20年度～平成23年度科学研究費補助金（基盤研究A）研究成果報告書『小, 中, 高, 大の一貫する英語コミュニケーション能力の到達基準の策定とその検証』.
東京都千代田区立九段中等教育学校『KUDAN CAN-DOリスト』（平成22年度版）.
田尻悟郎監修（2010）『生徒の心に火をつける』東京：教育出版.
根岸雅史（2010）「CEFR-J開発の経緯」『ARCLE REVIEW』研究紀要第5号, pp.37-52.
樋口忠彦, 泉惠美子, 衣笠知子, 加賀田哲也, 田邉義隆他（2005）「諸外国の言語教育政策と日本の外国語教育への示唆」『語学教育部ジャーナル』創刊号, pp.1-61.
樋口忠彦, 田邉義隆, 衣笠智子, 泉惠美子, 大村吉弘, 加賀田哲也, 掛谷舞, 箱﨑雄子, 藤田直也他（2005）『小・中・高一貫のナショナル・シラバス試案―日本の英語教育変革のために』近畿大学語学教育部『紀要』第5巻第1号, pp.75-137.
樋口忠彦他（2005）『これからの小学校英語教育―理論と実践』東京：研究社.
樋口忠彦他（2010）『小学校英語教育の展開』東京：研究社.
吉島茂・大橋理枝他（訳・編）（2004）『外国語教育Ⅱ　外国語の学習, 教授, 評価のためのヨーロッパ共通参照枠』朝日出版社.（原典：Trim, J., North, B., & Coste, D. (2002). *Common European Framework of Reference for Languages: Learning, teaching, assessment (3rd printing)*. Cambridge University Press.
（財）日本英語検定協会『英検Can-doリスト』.
Benesse *GTEC for STUDENTS*, Benesse.
European Commission（2001）. *Foreign Language Teaching in School in Europe*. http://www.eurydice.org/Flt/En/FrameSet.htm

3 章

コミュニケーション能力の育成につなげる
基礎・基本の指導

　「英語力」についてさまざまな提案がなされているが，いずれの提案においても，発音，語彙，文法は英語力を構成する言語要素としてあげられている。このことから，発音，語彙，文法は英語学習の基礎・基本であるといってよいだろう。

　さて，本章で「コミュニケーションにつなげる基礎・基本の指導」について考えるにあたり，中・高の新学習指導要領における，発音，語彙，文法の指導に関する特に留意したい事項をあげておきたい。（なお，学習指導要領では発音ではなく音声となっている。）

　音声については，中学校では小学校外国語活動との関連を踏まえて，発音と綴りを関連づけて指導すること，高等学校では言語活動を効果的に行うために，リズムやイントネーションなどの英語の音声的な特徴，話す速度，声の大きさなどに注意しながら聞いたり話したりすること，が示されている。本書では音読指導に工夫を加えることによって，英語のプロソディ習得に効果があることや，コミュニケーションの基礎となる語彙や文法事項の定着，さらにコミュニケーション活動への橋渡し活動として効果的であることを踏まえ，音読指導についても取りあげる。

　語彙については，中学校では900語から1,200語に，高等学校では1,300語から1,800語に，中・高合計で2,200語から3,000語に語数が増加している。これに応じて，言語活動を充実させ，4技能をバランスよく伸長させることを求めている。ただし，中国，韓国，台湾の小・中・高等学校で学習する語彙数は6,000語前後であることを頭に入れておきたい。

　文法については，中・高等学校とも，文法はコミュニケーションを支えるものであることを踏まえ，言語活動を効果的に関連づけて指導すること，とされている。文法事項の導入や導入後の練習内容や方法の工夫が重要となる。

　以上の点を踏まえながら，コミュニケーション能力の育成につなげる発音・音読，語彙，文法指導について提案する。

（樋口忠彦）

1節　発音・音読指導―こうすれば英語が話せるようになる

1　入門期の発音指導

　グローバル化が急速に進展しつつある現代社会において，聞き手が理解できる程度に正確な発音やリズム，イントネーションを伴った英語で話すことは不可欠である。ここでは，いわゆる実践的なコミュニケーション能力を涵養するうえで，大切なベースとなる発音などの伸長を目的とした指導法を紹介する。

① フォニックスの指導

　文字と音の関係にはある一定のルールがあり，この「綴りと発音の関係」を教える「フォニックス指導」は，英語圏の子どもや外国人に英語を読めるようにするための指導法である。従来の中学校の英語教育においては，アルファベットの発音から単語の発音に直接入るため，無理やり単語を発音することになり，生徒

フォニックス一覧表
（かたかな表記は異なる場合がある）

a	b	c	d	e	f	g
ア	ブ	ク	ドゥ	エ	フッ	グ
h	i	j	k	l	m	n
ハ	イ	ジュ	ク	ル	ム	ン
o	p	q	r	s	t	u
オ	プ	クゥ	ゥル	ス	トゥ	ア
v	w	x	y	z		
ヴ	ゥワ	クス	ィヤ	ズ		

が正確な発音を習得するうえでの障害の一つとなっていた。「フォニックス指導」を英語の文字を本格的に学び始める中学1年で導入し，基本的な発音と綴りの関係を習得させることは，それ以降の音韻指導において重要であると考える。

　以下にフォニックスに関係する参考書籍や教材をいくつかあげておく。

・竹林滋（1988）『英語のフォニックス―綴り字と発音のルール』東京：ジャパンタイムズ社．
・ジュミック今井（2005）『フォニックス〈発音〉トレーニングBook』東京：明日香出版社．

② 基本的な発音の指導

　フォニックスの指導とともに大切なことは，英語学習開始初期における基本的な英語の発音に関する適切な指導である。英語には日本語にない音が数多くあり，その音を作り出す時に使う音声器官（口唇，舌など）の使い方も日本語

の場合と異なることが多い。指導が遅れれば遅れるほど、生徒は日本語にある類似音（fに対するフなど）を使ってその音を代用することになり、聞き手には通じにくい英語になってしまう危険性が強くなる。

1) 母音か子音か？

　発音を指導する際、私は子音の指導をまずしっかりと行うべきだと考える。その理由は、英語の意味を理解したり、伝えたりするうえで子音がより重要な役割を果たしているということと、子音の方が舌や唇など音声器官の場所、および呼気の流れ、有無などを具体的に示すことによって、発音方法を比較的説明しやすいこと、などがあげられる。

2) いかに指導するか？

　thやf, vのように元来日本語に同じ音がなく、日本人にとって非常に発音が難しい音や、lやrのように日本語のラ行の音で代用してしまいがちな音の指導は、下の例のようなミニマルペアにして舌の位置や唇の使い方などの違いを明確に生徒に示したり、音当てクイズや早口言葉競争などを用いたりすることにより、単調な練習にならないように工夫することが大切である。

　　［練習用ミニマルペア例］
　　　　thick - sick - シック　　　light - right - ライト
　　　　best - vest - ベスト　　　food - hood - フード
　　［早口言葉例］
　　　　・/ʃ/ と /s/：She sells seashells by/on the seashore.
　　　　・/r/ と /l/：The right switch is the light switch.
　　　　・/s/ と /th/：Six thick thistle sticks.（6本の太いアザミの枝木）
　　　　・一つの子音 /f/ に着目：For fine fresh fish phone Phil.

2　音読の指導

①　音読指導の意義

　近年、教育現場で広く取りいれられている音読であるが、その意義は次の3点であると考える。

　　1) 発音が磨かれ、コミュニケーションの基礎技能が伸びること。
　　2) 英文の読解力や読解スピードが向上するとともに音声データが構築されることで、リスニング力も同様に向上すること。

3）単語や文法・構文，語と語のつながり（コロケーション）が定着し，自己表現力・英作文力が向上すること。
② **音読指導の注意点**
　生徒の英語力向上に高い効果が期待できる音読であるが，その方法と順序を間違えるとその効果は半減する。音読指導で大切なことは次の2点である。
　1）必ず内容理解の後に行う。
　2）常に音読の重要性を説きながら，習慣化を図るため必ず定期的に行う。
③ **音読指導の順序と方法**
　1）<u>音読指導の第一段階</u>：発音やイントネーション，英語特有の音脱落や連結などの音声面の確認と，本文の意味の定着（インテイク）に重点を置いて行う。
　　ア　chorus reading（全体読み：CDや教師のモデルに続いて）
　　イ　repeating（個人読み：声が出やすいようにテキストを手に持ち，正しい姿勢でモデルに続けて読むことが大切）
　　ウ　buzz・pair reading（個人読み：モデルなしで生徒各自のペースで読む）
　　　＊ペアで行えば，一人が読み手，もう一人が聴き手となり，正確に読めているかなど互いにフィードバックを与え合いながら音読することができる。
　　エ　read and look up（英文テキストを黙読した後，顔を上げて再生（音読）する）
　　　＊記憶するチャンクの長さを長くしていくことで，暗唱へのステップとなる。
　2）<u>音読指導の第二段階</u>：音読の際のfluencyの向上に重点を置いて指導する。
　　ア　parallel reading（英文テキストを見ながら，CDなどのモデルに被せるように音読する）
　　　＊できるだけモデルに遅れないように，またリズムやイントネーションに気をつけて読むように指導する。
　　イ　speed reading（power pointのアニメーション設定を用いてfluencyと音読速度を上げる練習法）
　　　＊生徒が，文頭から消えていく英文を必死になって追いかけて読むことで，音読速度とfluencyの向上が期待でき，単調な練習になることを

防ぐ効果も期待できる。テキストが消える速度も調整が可能である。
　　ウ　shadowing　（モデルの音声を少し遅れてテキストを見ないで再生する）
　　　＊この指導は，本文の内容のインテイクが十分に行われ，音読のスピードも一定水準に達した後に行う方が効果が高い。この段階では，生徒にテキストの意味を考えながらシャドーイングするように指導する。
　なお，第一段階，第二段階で紹介した音読のさまざまな種類をすべて行う必要はもちろんなく，生徒のレベルや時間などに合わせて，少なくとも毎回継続的に read and look up や shadowing などを実施することが望ましい。
　3）音読指導の最終段階：一層の英文の定着をめざして指導する。
　　ア　recitation（暗唱）
　　　音読した英文の一層の定着と，定着した英文を用いて発話させるという次のステップにつなげる方法として有効なのが暗唱である。暗唱も段階を踏んで行うことで，生徒がより大きな達成感を感じることができる。
　　イ　虫食い暗唱（ヒントつき→ヒントなし，機能語→内容語へ，1語→複数の語や連語など段階的にレベルをあげる）
　　　［暗唱練習の一例］（キング牧師の"I have a dream"を使って）
　I have a (d 　) that my four little (c 　) will one day live in a (n 　) ....
　I have a (d 　) (　) my four little (c 　) will one day live (　) a (n 　) ....
　I have a (　) (　) my four (　) (　) will one day (　) (　) a (　) ....
　　ウ　キーワード暗唱（名詞，動詞などの内容語をキーワードとして提示する）
　　　［ have　dream　children　live　nation ］
　暗唱練習の最後に，次の段階であるスピーチにつながるように，生徒に暗唱した英文（パラグラフなど）を他の生徒の前で発表させる機会を作ることも大切である。その際，必ず聴き手を意識してアイコンタクトや声の大きさなどに注意して暗唱させることが望ましい。

3　レシテーション・スピーチの指導

　ここではコンテストにつながるレシテーション・スピーチの指導に焦点を当てて述べてみたい。
①　レシテーション・スピーチ指導の際の注意点

1) 発音（発音記号），アクセント，センテンスストレス，イントネーションの指導を集中的に行う

レシテーションなどの原稿に，発音記号などを書き込んだものを教師が用意し，生徒に常にそれを意識して練習させることも，生徒の発音を一層向上させる方法である。

I　have a　dream　that　my　four little　children will one　day　live　in　a....
ai　hæv　ə　driːm　ðæt　mai　fɔːr　litl　tʃildrən　wil　wʌn　dei　liv　in　ə....

2) 音の法則などについても説明する（以下，法則の一例）
　ア　同化（assimilation）：隣接する音の一方が，先行または後続する音に影響を受けて，同じ音や似た音に変わること。例：Where did you go?
　イ　連結（liaison）：前の語が子音で終わり，次の語が母音で始まっている場合，英語ではくっついて発音され，その結果，語境界がなくなってしまう。例：She works in an old office.
　ウ　脱落（elision）：first day, mostly　first や mostly の /t/ は自然な発音ではしばしば脱落する。
　エ　弱化（reduction）：強勢が置かれないために，where he lived の he /hiː/ がヒーではなく弱いイ /i/ になる。

レシテーションやスピーチの指導をする際には，モデルとなる音源を聞かせて，発音やイントネーション，リズムに注意をさせながら何度も練習させることが必要である。最終段階としては，アイコンタクトや過度になり過ぎない自然なジェスチャーなどについても指導を行うことが大切である。

4　Oral Interpretation ―ドラマの指導

コミュニケーションの中の大きな割合を占めていると言われている，非言語的な部分を伸ばすために最適な「ドラマ指導」について紹介する。

① ドラマ指導の利点
　ア　非言語的コミュニケーションの重要性を理解させることができる。
　イ　スクリプトの内容，質を変えることでさまざまな生徒へ応用できる。
　ウ　生徒に「演じる喜び」，「達成感」などを体感させることができる。

② ドラマの練習方法の例
　ア　発声練習　→　早口言葉などを使って

イ　台詞の言い回し練習　→　映画の一場面を使いアフレコをする要領で
ウ　スキット練習　→　アメリカやイギリスのTVドラマの一部を題材に
エ　ジェスチャー・視線・感情の出し方・役作りなどの練習　→シチュエーション練習，モノローグ練習

以下に，シチュエーション練習とモノローグ練習の進め方を紹介しておきたい。

［シチュエーション練習］
決まった英文を状況を変えて生徒に演じさせる。

A: Hi, how are you doing?　　　　B: I'm doing all right.
A: What did you do last weekend?　B: Nothing much, I watched a few films.
A: Good?　　　　　　　　　　　　B: Some good, some bad.
A: Hm.

＜状況1＞
Who?　　AはBの娘（50歳）。Bは老人ホームで生活する少し耳の遠い父親（85歳）。
Where?　老人ホームの面会室。
When?　 昼の15時
What?　 Aは半年ぶりに父親の様子を見に来た。Bは久しぶりに娘に会えて嬉しく思っている。

＜状況2＞
Who?　　Aは窃盗犯専門の刑事(40歳)。Bは空き巣容疑の容疑者。(55歳)
Where?　取り調べ室
When?　 夜8時
What?　 Aは○○市周辺で頻発している空き巣被害の容疑者を取り調べ白状させたい。BはAの追求を避けたい。

［モノローグ練習］
身振りや表情だけでどれだけ人に内容を伝えられるかに挑戦させる。
　例1．恐い先生の授業中に必死で眠気をこらえていた時に，急に本読みを当てられて読む場所がわからず困っている。
　例2．電車の中でおもいきり足を踏まれ怒ろうとしたが，足を踏んだ人がクラスのあこがれの人であったので，怒りをごまかしている。

5 おわりに

　この章で紹介した指導法は，生徒のレベルなどに合わせて適当に取捨選択し，組み合わせて使うことが望ましい。大切なのはできる限り早い段階で，継続的にしかも正確な方法と手順で指導を行うことである。コミュニケーションの大切なベースとなる正確な発音を，一人でも多くの生徒が身につけることを願ってやまない。

（東谷保裕）

2節　語彙指導―語彙力をいかに向上させるか

1　学習指導要領における文字，語彙の取扱いと指導上の留意点

　小・中・高等学校の学習指導要領における文字や単語の取扱いと指導に関わる留意点はおおむね以下の通りである。

- 小学校（外国語活動）（平成20年公示）

　　アルファベットなどの文字や単語の取扱いについては，児童の学習負担に配慮しつつ，音声によるコミュニケーションを補助するものとして用いること。

- 中学校（平成20年公示）
　　・文字や符号を識別し，正しく読むこと。
　　・文字や符号を識別し，語と語の区切りなどに注意して正しく書くこと。
　　・語，連語及び慣用表現については，1,200語程度の語とし，運用度の高いものを用い，活用することを通して定着を図るようにすること。

　　また，発音と綴りを関連づけて指導すること，音声指導の補助として，必要に応じて発音表記を用いて指導することもできること，文字指導に当たっては，生徒の学習負担に配慮し筆記体を指導することもできることや，辞書の使い方に慣れ，活用できるようにすることも示されている。

- 高等学校（平成21年公示）
　　a「コミュニケーション英語Ⅰ」にあっては，中学校で学習した語に400語程度の新語を加えた語。
　　b「コミュニケーション英語Ⅱ」にあっては，aに示す語に700語程度の新語を加えた語。
　　c「コミュニケーション英語Ⅲ」にあっては，bに示す語に700語程度の

新語を加えた語。

連語および慣用表現のうち，運用度の高いもの。

　以上のように学習指導要領に示された語彙のうち，中学校の教科書および高等学校の「コミュニケーション英語Ⅰ」までの語彙は，すべて「発表語彙」として身に付けさせる心構えで指導したい。また，学習指導要領は辞書の活用についても記述はあるが，実際にはほとんど指導が行われていないとすれば反省を促したい。語彙指導に当たっては，単に単語を教えること（含意を理解し発話すること）にとどまらず，語に関するさまざまな知識を身に付けさせることにより，英語への興味の喚起が期待される。英語は成立の歴史的な事情により，綴りと発音は大きく乖離している面が多く，ローマ字読みでは適正に発音したり綴ることが困難である。したがって，入門期の生徒には語彙を辞書（仮に音声が出ても）やCDを用いて家庭で独学自習させることには無理がある。入門期は音声と意味を教師の指導によって馴染ませることが重要となる。

2　音声と綴りの関係を定着させるフラッシュカードの活用

　ルールらしきものを細かく解説するよりも教師が「フラッシュカード」を用いて徹底した繰り返しにより音声と文字を感覚的に連動させる方がよい。適切に導入すれば，CDの活用でさらに効果があがる。フラッシュカードや教科書の新語欄で2，3回程度リピートさせるだけでは，インテイクには達しない。

　フラッシュカードの形式は，表に英語を大きくタイプする（手書きでアルファベットの大きさに差が出たり文字が不揃いなのは不適切で効果がない）。また，裏側には日本語の意味や絵・写真を付ける。決して同一面に英語と日本語を併記してはいけない。その理由は，どうしても生徒は日本語の字や絵・写真の方に視線が向き，英語の綴りに注目しないのが自然だからである。最近は，コンピュータソフトを用いて，単語をフラッシュさせてリズミカルに生徒に発音させたり，意味を確認したりすることも見受けられるようになったが，英語・日本語を同時には画面に出さずに，片方ずつ見せて何度も練習させることにより効果があがる。

　「フォニックス」により，文字と音の関係を法則的に身に付けさせようとする実践も効果をあげているようだが，上記のフラッシュカード指導法が入門期には有効な語彙定着の方法である。理屈よりも「オウム的な」練習を優先した

い。ただし、アクセントの位置を確認することやカタカナ発音を避けさせるための基本的な指導および個々の生徒に対する発音チェックは、教師が必ず行わねばならない。音声のインプットを誤るとリスニングの際に支障が出る。

3 単語ノートや単語カードを作らせる

以下のような昔ながらの単語カード（表に英語，適宜，発音記号，裏に日本語）や縦長小型ノート（左ページに英語，右ページに日本語）の継続的かつ間歇的活用を勧めたい。

効果的なカード例

表 ENGLISH 〔発音記号〕	裏 日本語

効果が少ないカード例

ENGLISH 日本語

漢字の場合には，視覚による認知が強く働くが，アルファベットを用いた文字の場合には，音声と認識，それに連動する記憶の関係が強い。したがって，音声を伴う発音練習による語彙定着が必須である。その練習に合わせて，次の例のように「接頭辞（prefix）・接尾辞（suffix）・語根（root）・語源（etymology）」について簡単に触れることで記憶の定着が促される。

port=carry　export, import, support, transport, portable, porter
tain=keep　contain, maintain, entertain, obtain, retain, sustain, detain
vent=come　event, prevent, convention, adventure, invent, venture

4 語彙の重要性と語彙の記憶

① 基本的な語彙を身に付けねば推測は困難

Nation（2001）によると，内容を理解しながら読むためには，未知語の割合は100語に2語以下（98％のカバー率）である必要があるという。背景知識の少ない生徒に文の前後関係で未知語を推測せよというのは無理難題のようである。この説を受け入れるならば，語彙指導を英語指導の中での中心的課題と捉えなければならない。語彙力の増強が欠かせない。

② リスニングに必要な語彙学習

日本人の生徒や大学生に共通する弱点は，単語をローマ字読みしたり，カタ

カナで日本語になっていることばをそのまま口に出すということである。この方法でも綴りは覚えられるが，聞いたり，話したりするときには使いものにならない。この責任は指導者にある場合が多い。生徒に，英語音声を日本語流に発音しても聞き手に理解してもらえないことを，認識させねばならない。そのためにはさまざまな方法で生徒を飽きさせないようにして，教師やCDの音声をリピートさせることが欠かせない。上述の通りフラッシュカードを効果的に用いて，目と口の両方を使って練習をさせるとともに，手も使って書く練習が必要である。また，一定の間隔で，既出の単語の発音を共通する母音別にまとめて機械的に反復させることにより，英語の綴りと音の間にみられる一定のルールも感得させたい。子音の発音と綴りの例外的な関係や母音の認識のためにもこの方法が有効である。

例) /k/　　chorus, echo, chemical, Christmas
　　/tʃ/　　chair, choose, chicken
　　/黙字/　high, thigh, sight, fight, weigh
　　/f/　　enough, tough, rough, laugh, cough
　　/ŋ/　　tongue, sink, anchor, singer, singing
　　/ŋg/　longer, longest, finger, angle
　　/au/　bow（おじぎをする），now　／　/ou/ bow（弓），know
　　/ai/　wind（巻き上げる），kind　／　/i/ wind（風），king
　　/ʌ/　　study, adult, love, won, son, company, country, young, touch
　　/æ/　　bag, bad, bat, ash, apple, glad, manage, staff, stand
　　/ɔːr/　short, force, order, award, court, war, board, warm
　　/ou/　roll, old, cold, gold, global, close, most, host, oppose, go, hope, note, approach, owner, road, boat, coast, show, snow, throw
　　/əːr/　girl, bird, thirty, work, word, worm, worth, heard
　　/ɑːr/　heart, market, card

5　語彙を知っていても読めない，聞き取れない
①　コロケーションで覚えさせる

　多くの学習者は，「一語一義」の語彙暗記を試みている。この現実的な対応をやめさせることはできない。しかし，近年，短いまとまりのある英文の「リ

スニング」を繰り返すことにより，適切な音声とコロケーションをインテイクさせようとする受験生用「単語集」が数多く出版されている。先ずは耳で聴いて，表現を「意味のまとまり」として取り込むこの方法は，理に適っている。

例えば，「薬を飲む」を英語で表現する場合＝medicine, drink を想起し，medicine には a が要ったか否かを自問するというような態度ではなく，耳で聞き覚えた take medicine(s) 等を即座に口にするような英語学習を強化していくのがよい。現在では迅速な処理スピードが求められることが多くなったため，このような指導で生徒に対し音声的残像（acoustic image）の定着を図りたい。

リーディング指導のためにはすばやく認知できる語彙である視認語彙（sight vocabulary）を増やすことが大切である（望月他．2003）。もちろん聞いて認識できる語彙も重要である。そのためには，伝統的に行われてきたフラッシュカードの本来的な活用をあらためて充実させるとともに，聞いて即座に語彙とその綴りを認識させる活動を行わせることが必要である。また，綴りを見て即座にその語の音声表記や含意を想起できるようにさせるための練習を促さねばならない。音声，綴り，意味の三つを関連づけるフラッシュカードやその趣旨を生かすパワーポイントなどの活用を今まで以上に行いたい。また，コロケーションの音響残像の重要性への配慮が大いに求められる。

② 体で覚える工夫

ストレスを明確にする，すなわち，生徒たちにすれば大げさすぎるのでないかと思うくらい力を入れさせることと，イントネーションを意識した音読や発話，すなわち，意味内容を十分伝えるために必要な情感を込めて声を出すことの重要性を学ばせる。私たちはこの点を見落としてきた傾向がある。

内容をきちんと伝えよう，意図を理解してもらおう，そのためにはどのように口頭で表現したらよいのかということに，教師はモデルリーディングの際には気を配っているに違いない。しかし問題は，生徒たちが英語を口にするときにそのような自覚をしているかということである。happy, glad を発する場合の音調と sad, sorry を言う場合の音調は同じであってはならない。同様のことは long, tall, big と short, small, little などの場合にも当てはまるだろう。形容詞や副詞などは，特にジェスチャーやストレスを伴う形で「暗記」させるように仕向けると，音と意味内容が連動するため長期の記憶としてとどまる。

③ 教師と生徒が音声を囲んで活動することが大切

　十分な音声指導を伴わない語彙学習は，結果的には「使える英語」の目標達成が遠のく。この点は，CD があっても単に家庭で何度もよく聞いておくようにという指示だけでは効果が期待できない。むしろ，音声面での定着は「教室内」で，教師が英語の音声を意識的に学習させて，その定着を図らねばならない。ペア学習を大いに活用し，その間，生徒の活動状況を的確に観察し，必要な助言を個々の生徒に教師が与えていくことが非常に重要である。

　既に触れたように，最近の語彙学習の本には必ず CD が添付されているが，中学生の場合は，教師が生徒と一緒にそれらの CD を聞く機会を持つことが絶対に必要である。音声重視による語彙増強法は英語学習者の発展を大いに促す。

④ 日本語の中に現れるカタカナ語の活用

　子どもは興味の持てる事柄については驚くべき記憶力を発揮する。例えば自動車のロゴである。幼児でも，行き交う自動車を見て瞬時にあれは何々というように自動車名を口にする。英語が不得手と思い込んでいる生徒にはぜひ次のようなロゴを英語らしい読み方で声に出させてやりたい。

　例）TOYOTA, HONDA, NISSAN, MITSUBISHI, SHARP, TOSHIBA, JR, JA……

　わが国は EFL の国であるというが，実にカタカナ語で溢れている。日本語と英語音の差異の認識を楽しみながら語彙増強を期待することは可能である。

　ちなみに，カタカナ語と British National Corpus（BNC）3,000 語ワードファミリーには，以下のような関係があるという。（相澤・望月. 2010）

　アビリティ，アバウト，アクセス，アクションなど，BNC の 1,000 語レベルの単語の 54.8％ をカバーしており，アクシデント，アクトレス，アカデミックなどの語は 2,000 語レベルに含まれ，アクセント，アドベンチャー，アグレッシブなどは 3,000 語レベルの 31.6％ をカバーしているという。アプローチ，エリア，コンセプト，ベネフィットなど，Academic Word List 570 語中，153 語（26.6％）はカタカナ語と共通している。

　この調査結果を考えても，もし，教師が日常目にしたり耳にしたりするカタカナの単語を，英語の語彙獲得にうまく活用していけば，大きな効果があがる。カタカナの単語を生徒たちに蒐集させることから始め，音声の定着と英語としての用例の学習を行いたい。

（並松善秋）

3節　コミュニケーションにつなげる文法指導

1　演繹的アプローチと帰納的アプローチ

　英語の学習とは，英語の音，文字，語彙，文法を学び，「聞く」「話す」「読む」「書く」の4技能を習得する過程である。とりわけ，文法指導は英語学習の中核をなすものであるが，多くの場合，教室内で大勢の生徒を対象に文法を指導することになる。文法指導は次のいずれかの方法が一般的である。

① **演繹的アプローチ**：指導者が文法規則や文構造，意味を生徒に「解説」することによって分析的に理解させた後，練習によって定着を図る。

② **帰納的アプローチ**：指導者が与える言語材料から生徒に文法規則や文構造，意味を気づかせる。また気づきを促す過程で生徒に話し合わせたり，指導者が補足説明によって理解させた後，練習によって定着を図る。

　例えば，いわゆる三単現の動詞の語尾変化を導入する場合，演繹的アプローチでは，指導者が主語が my brother などの単数形の名詞の場合や he, she などの3人称単数の代名詞の場合，動詞の語尾に -s や -es などが付くことを説明する。その後，確認や定着を促す練習を行う。一方，帰納的アプローチでは，例えば，指導者が口頭で This is my brother, Ryo. He likes soccer. He plays soccer on Sundays. He watches soccer games on TV on Saturdays. といった家族紹介を聞かせ，生徒に動詞の語尾の -s, -es に気づかせ，必要に応じて補足説明する。その後，定着を促す練習を行う。

　演繹的アプローチは，短時間で，しかも大人数でも指導できるメリットはあるが，文法や文構造が文脈から孤立した学習になる可能性がある。一方，帰納的アプローチでは，文脈の中で形や意味を学習者自身に気づかせることに加え，目標とする言語材料をコンテクストの中で提示する過程で，生徒に英語を聞いたり，話したりする機会を与えられるメリットがある。しかし時間がかかりすぎたり，上手に場面設定ができないと生徒に規則を発見させることが困難な場合がある。

　さて，中・高等学校の学習指導要領は「文法については，コミュニケーションを支えるものであることを踏まえ，言語活動と効果的に関連付けて指導すること」，「文法事項の取扱いについては，用語や用法の区別などの指導が中心とならないよう配慮し，実際に活用できるように指導すること」としている。文

法指導において，コンテクストから切り離された例文と規則の説明をそのまま暗記するのではなく，自らの考えや気持ちを伝えるコミュニケーションに役立つように指導することが大切である。

2 文法指導の進め方

　演繹的アプローチと帰納的アプローチの違いは，文法規則の導入の段階で指導者が学習者に規則を一方的に説明するのか，学習者に規則を気づかせるのかである。いずれのアプローチでも，以下に示すように，導入後に文法規則の定着を促す学習活動や実際に使用させる言語活動を行うことが重要である。

① 導入

　文法を習得するには，形と意味のつながりを理解するとともに，どのような場面でどのような目的で使用するのかという使い方（機能）を理解することが大切である。それゆえ，帰納的に指導する場合は，生徒が理解しやすい，意味のある文脈を設定するために，生徒の興味・関心に合った話題，場面で理解可能な英語を聞かせたり，読ませたりして生徒の気づきを促したい。演繹的に指導する場合は，目標とする文法項目や文構造だけでなく，文脈の中で形や意味，使い方もわかるような方法で提示することが大切であり，形や意味，使い方について簡潔な説明を与えるように留意したい。

② 理解の確認と口慣らし

　導入で，生徒が気づいた形や意味，使い方を明示的に簡潔に整理したり，補足したりする。その後，目標文の理解を深め，慣れ親しませるために反復模倣させる。

③ 学習活動：形式的な操作力を高める練習

　学習した文法項目の理解を深め，定着を促すために，操作練習を中心とする活動を行う。留意すべき点は，機械的なドリル練習ではなく，意味を伴った活動になるように工夫をすることである。

④ 言語活動：運用練習

　学習した文法項目を実際に使用する場面を教室内に作り，使用させる。そのために言語活動（自己表現，コミュニケーション活動）を計画する際に次のような条件を満たす活動を工夫したい。

　・活動，課題の内容が生徒の興味・関心・知的レベルに合っている。

・聞き手と話し手の間にインフォメーションギャップがあるなど，情報を伝え合う必然性がある。
・生徒は表現内容や表現形式をある程度選択することができる。

以下に，帰納的アプローチによる文法指導の例として関係代名詞（主格），現在完了，演繹的アプローチの例として仮定法過去（I wish....）の実践例を示す。

3　文法指導実践例

関係代名詞（主格）の指導

次の3点に留意して指導した。
- 関係代名詞は「二つの文をつなぐ表現」ではなく，「新しい情報を付け加える表現」として指導する。例えば，"My uncle is a man who is rich." は "My uncle is rich." と表すことが普通であり，関係代名詞を使う必然性がない。
- 主格の関係代名詞の後ろに動詞を置く。さらに関係代名詞を使うにふさわしい新たな情報を付け加えるようにさせる。
- 文脈の中で使わせる。

以上の留意点に配慮した指導手順は次の通りである。

① 導入

生徒に関係代名詞を使った文を聞かせる。最初に文字を見せると，文構造の複雑さに戸惑う。しかし，聞く活動では，聞いた順番に情報を処理すればよいため，多くの生徒が対応できる。次の実践例では，三つの文を聞かせて，それぞれの文がシンデレラ，かぐや姫，白雪姫の3人のうち，だれのことを話しているのか考えて当てるクイズである。

　ア　This is a beautiful girl who has two sisters.
　イ　This is a beautiful girl who was found in a bamboo by an old man.
　ウ　This is a beautiful girl who ate an apple from a witch.

この他に，スポーツ選手，歌手，歴史上の人物，学校の先生など，生徒が身近に感じる対象を選んで，十分に聞かせ，関係代名詞（主格）に慣れさせた。

② 学習活動①

生徒が新しい情報を付け加える表現と認識できても，すぐに創造的に文を作

ることは困難であるから，先行詞を説明する関係代名詞節を選択させる活動によって理解を深めさせた。導入では，聞く活動を行ったが，文字で確認させるためにプリントで学習をさせた。

主格の関係代名詞　指導プリント①

Please connect the sentences and complete.
① Mr. Obama is the president...
② Asa-shoryu is the *sumo* wrestler...
③ Johnny Depp is the handsome actor...
④ Nishioka Keiji is the man...

選択肢
ア　who appeared on the movie "Charlie and the Chocolate Factory."
イ　who is from Mongolia.
ウ　who worked for the people in Bhutan very hard and died there in 1992.
エ　who lives in the White House now.
オ　who said, "Government of the people, by the people, for the people shall not perish from the earth."

---

③　学習活動②

　関係代名詞を使う場合，それにふさわしい文を書かせることが大切である。そのために，関係代名詞の後に具体的な情報を加えるように指導した。例えば，次のように Mother Teresa is the person.... に付け加える関係代名詞節を考えさせた。

S: Mother Teresa is the person who helped poor people.
T: Mother Teresa is the person who helped poor people...where?
S: Mother Teresa is the person who helped poor people in India and all over the world.

　この他に，Mother Teresa is the person who built homes for the poorest people in India and all over the world. などの文ができる。生徒に答えは一つでなく，情報をどんどん付け加えてどんどん長くすることができることを伝えた。

④ 説明

生徒たちがある程度使いなれた時点で次のようなプリントを配布して，明示的な説明をして整理した。

> 主格の関係代名詞　who　指導プリント②
> A: Rachel Carson? Who is she?
> 「レイチェル カーソンですって？それはだれ？」
> ＊この who は疑問詞「だれ」。
> B: She is the scientist who wrote the famous book *Silent Spring*.
> 「カーソンとは，あの有名な本『沈黙の春』を書いた科学者です。」
> ＊「who＋動詞」の部分が，who のすぐ前の語 scientist を説明しています。このwhoを関係代名詞と呼びます。

⑤ 言語活動

コミュニケーションを支える文法は文脈から切り離して指導はできない。そこで，「3文作文」を課題として与えた。生徒に次のようなモデルを与え，自分の家族，親戚，友人の中から1名選んで，1文目に関係代名詞を使った3文程度の作文を作成させた。

教師のモデル文

I have a friend who lives in Hirosaki, Aomori. She sends me a lot of apples every year. I want to go to Aomori to see her.

生徒の提出した作文の添削のポイントは，前の文と次の文に意味や論理がつながっているかどうかである。例えば，I have a brother who played baseball in Miki Kita High School. I hope that he will give me a lot of money. といった文章はおかしい。2文目に，I hope he will be a professional baseball player. といった文が必要である。関係代名詞の指導となると，関係代名詞を含む文ばかり練習させがちであるが，関係代名詞を含む文が文脈の中でどのように使用すべきかを考えさせたい。

現在完了の指導

次の3点に留意して指導した。

- 過去時制と現在完了の違いを認識できるように，過去時制は「過去の特定の

時点，時期の出来事」，現在完了は「過去のある時点，時期から今までの時間枠での出来事である」という違いに気づかせる。
- 現在完了には「完了，継続，経験」という用法があるのではなく，時を表す副詞（句）や文脈によって，完了，継続，経験といった意味になることに気づかせる。
- 現在完了は会話の始まりに使われる表現であり，会話がより具体的な内容に進む場合，過去時制が用いられる。

以上の留意点に配慮した指導の手順は次の通りである。

① 導入

T:（単行本『坊ちゃん』を見せながら） This is "Botchan." It was written by Natsume Soseki.（指を折って数える仕草をしながら）I have read the story many times. Do you know the story?

S1: No.

T:（S1に向かって）Oh, you have never read the story before.（他の生徒に向かって）S1 has never read the story before. Repeat, class.

SS: S1 has never read the story before.

T: How about you, S2?

S2: Yes.

T: Oh, you have read it. When?

S2: Last summer.

T: Oh, you read the story last summer. I see. Where did "Botchan-sensei" work? In Osaka? In Tokyo?

S2: In Matsuyama.

T: Yes! He worked at school in Matsuyama in Shikoku.（S2の顔を見て）Have you ever been to Matsuyama? Repeat class. Have you ever been to Matsuyama?

SS: Have you ever been to Matsuyama?

T: Me? Yes, I have.（指で2回を示しながら）I have been there twice. I went there last summer. I went there with my family. I had a lot of fun there.

② 説明

現在完了と過去時制の違いを明確にするため，以下の対話文を板書し，簡単

に説明した。

> A: I have been to Matsuyama once.
> B: When?
> A: I went there last summer.

現在完了は「過去から今までの出来事」について伝え，過去時制は last summer のように過去の特定の時や時期を表す表現とともに使うこと，また，現在完了の形は，主語に合わせて have または has のあとに動詞の過去分詞がくることを確認する。その後，口慣らしのために目標文を数回リピートさせた。

③ 学習活動①

生徒に "Have you ever been to...?" の表現を定着させるために，都道府県の境界の入った日本地図を使って，ペアで，"Have you ever been to Kanazawa?" "Yes, I have./ No, I haven't." の練習を行った後，黒板に貼った日本地図を使って，全ペアが順次，英問英答を行い，生徒が "Yes, I have." と答えた都道府県に付箋を貼っていき，だれも行ったことのない都道府県を探す活動を行った。

④ 学習活動②

現在完了と過去時制の使い方の理解を深めるとともに，言語活動への橋渡しを兼ねて，ペアの一人が現在完了の文でたずね，もう一人が過去時制で具体的に行った時期を答える対話練習を行った。まず，以下のように活動の進め方を示す。

T:（写真を見せて）Have you ever been to Todaiji Temple, S1?
S1: Yes, I have.
T: Please ask me "How about you?"
S1: How about you?
T: Me? I went there last Sunday.

数人の生徒と上記のやり取りをした後，黒板に貼った名所旧跡等の写真に基づきペア活動を行った。

⑤ 言語活動

言語活動（コミュニケーション活動）では「自分たちのおすすめスポット」を紹介するということで，学習活動で練習した会話文に，次の要領で1～2往復

のやり取りを付け加えさせて，おすすめスポットを紹介，発表させた。

> （生徒へのモデル例）　＊下線部を自由に変えて会話をしよう！
> A: Have you ever been to <u>Koshien Stadium</u>?
> B: Yes. How about you?
> A: Me? I went there <u>to see baseball last summer.</u>
> B: <u>How was it?</u>
> A: <u>It was exciting. Hanshin tigers got the game.</u>
> B: <u>Wow, sounds great.</u>

　生徒は，現在完了から過去時制への文に会話を発展させることを，自然な流れとして理解し，野球部の数人が，兵庫県代表チームに選抜され東京に行ったという会話や，おじいさんが温泉めぐりが好きな男子生徒は，数か所の温泉について話すなど，活発な活動になった。次の作品例は，お母さんと一緒に紅白歌合戦を見に行った生徒の会話である。

S1: Have you ever been to Tokyo?
S2: No, I haven't. How about you?
S1: Me? I went there to watch Kohaku Utagassen two years ago.
S2: Really? Did you see SMAP?
S1: Yes, I did. You know, I like Arashi. They were cool on the stage.

仮定法過去（I wish….）の指導

　次の点に留意して指導した。

- 現実の事実を伝えるときに，そのまま事実を伝えるのが直説法，逆に現実の事実とは反対の内容を過去時制を使って，「いまはそうでないが，そうあって欲しい」という仮想の表現として使うのが仮定法過去である。
- 実現可能性のある願望は hope を使う。一方，現実の事実と異なることや実現可能性の低いこと，また起こりそうにないことについて残念な気持ちを表す場合に wish を使う。
- なお，この実践例では，仮定法 I wish…. を先行して指導したので，後日，If 節に置き換えられることを理解させる。

　以上の留意点に配慮した指導の手順は次の通りである。

① 導入

次のプリントを配布し，願望を表す表現について説明する。

「願望」を表す表現

① 実現可能性のある願望を述べる

You have been studying so hard these days. I hope you will pass your exams.「よく勉強しているね。試験に合格するといいね。」

② 実現可能性の低い，あるいは実現できない願望を述べる

次の2文（a, b）は同じことを伝えている。

1a: I'm sorry I don't have a car, so I can't drive you home.
「車がないので，家まで送れないよ。」
1b: I wish I had a car, I could drive you home.
「車があればいいのに，家まで送ってあげるのに。」
2a: I'm sorry this room is not big enough, so I can't have a party here.
2b: I wish this room were big enough. I could have a party here.

(以下，略)

まとめ

ア．1a, 2a の文は現実の事実を伝えています。時制は現在時制です。一方，1b, 2b は，現実の事実の反対のことを伝えていますが，伝えたい内容は 1a, 2a と同じ内容です。このような仮想の表現を仮定法と呼びます。

イ．上の仮定法の文の時制は（　　　　　　）です。過去の出来事は現実の事実と違うということから過去時制を使います。動詞が be 動詞の場合は（　　　　　）を使います。

---

② 口慣らし

説明で用いた例文を指導者の後に続いて繰り返させた後，ペアで音読練習させた。その後，ペアの一人が日本語でキューを与え，もう一人が英語で言えるように練習した。

③ 学習活動①

I wish.... の構文に慣れるため，現実の事実（現実の状況）とそれに関連する願望を書いた文をマッチングさせた。

(願望を伝える文)

① I wish I knew his address.

② I wish I had enough money to buy the bike.

③ My mother wishes you came earlier.

(現実の事実・状況)

(a) Mr. Kuroda is in hospital. I'd like to mail him, but I'm sorry I don't know his mail address.

(b) I've finally found a nice bike. I'm sorry it's too expensive.

(c) My mother has been waiting for you so long. I'm sorry she has already gone.

④ 学習活動②

次にグループ(ペアでも可)で、与えられた場面に対して"I wish...."を使った文を出来るだけたくさん作らせた。

　場面：My mother is always complaining about me. She says, "Get up earlier in the morning. Don't make a lot of noise after 10 o'clock."

　回答例：・I wish my mother were quieter.

　　　　　・I wish I had another mother.

　　　　　・I wish I made my mother shut up.　　　　　(以下, 略)

⑤ 言語活動

　I wish....を使った表現は、現実の事実の反対を述べることで、強い願望や、後悔の気持ちなどを伝える。そこで、生徒には、I wish....の文に続けて、自分の願いを"I could....I would...."の表現を加えてより具体的に願望を書かせ、その願いが実現できていないことに対する後悔や残念な気持ちを伝える自己表現活動に取り組ませた。なお、場面設定のために、生徒の心をゆさぶる数枚の写真を提示した。

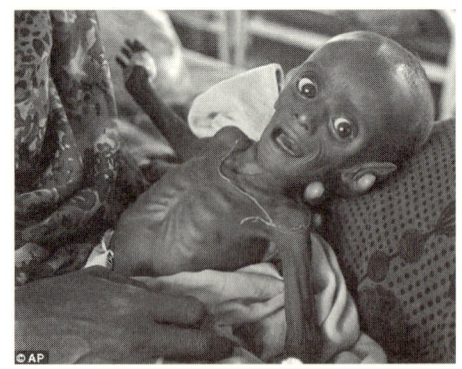

写真：AP/アフロ

T：(右の生後7か月で3.1キログラムというソマリア難民の赤ん坊の写真を示

しながら）写真を見てください。次の例を参考にして自分の願望と他の人たちに呼び掛けるメッセージを書きましょう。

例）I wish I were a doctor now. I could help many sick people in poor countries. How about you?

以下は，生徒たちの書いた3文作文の例である。

・I wish I were with the babies. I would cheer them up. What help would you give them?

・I wish I worked for the U.N. I could fly to the country. Could you join the peacekeeping operation?

書き終われば，音読練習を read and look up まで高め，ペアで交互に相手に伝えさせた。その後，ノートを交換し，相手の書いたものにコメントや感想を英語（日本語でも可）で書かせた。

(國方太司，加藤京子，稲岡章代，平尾一成，樋口忠彦)

[参考文献]
相澤一美，望月正道（2010）『英語語彙指導の実践アイディア集』東京：大修館書店.
小林敏彦（2008）「英語リスニングにおける学習者が留意すべき音変化と『類音語』の克服に向けた指導」小樽商科大学：言語センター広報 Language Studies (2008), 16: pp.3-34.
竹林　滋・斎藤弘子（2008）『英語音声学入門』東京：大修館書店.
津熊　良政（2005）「日本人英語初級学習者のための英語音声指導」『立命館法学』別冊「ことばとそのひろがり」山本岩夫教授退職記念論集.
投野由紀夫（2009）『Dr. コーパス直伝：ボキャブラリーの攻め方』東京：アルク.
東谷保裕（2009）「英語を楽しみながら4技能を伸ばす―選択授業「ドラマ」が持つ可能性」(英語授業研究学会　関西支部　第184回例会資料).
東谷保裕（2009）「音読でどんな力を伸ばすか」『英語教育』11月号，東京：大修館書店, pp.20-22.
望月正道，相澤一美，投野由紀夫（2003）『英語語彙の指導マニュアル』東京：大修館書店.
Nation,I.S.P (2001). Learning vocabulary in another language. Cambridge University Press.

4 章

コミュニケーション能力を育成する4技能の指導

　学習指導要領によれば，小学校ではコミュニケーション能力の素地を，中学校ではコミュニケーション能力の基礎を，そして高等学校ではコミュニケーション能力の育成が求められる。コミュニケーション能力は，自分の考えや気持ちを相手に適切に伝えたり，相手の思いや伝えたい内容を正確に受け取ったりする能力である。Canale（1983）によれば，文法能力，談話能力，社会言語学的能力，方略的能力からなるとされている。そのようなコミュニケーション能力を育成するためには，まず，語彙や文法，音声などの基礎知識が必要であることは言うまでもないが，授業の中で本物の言語を使う場面や活動を設定し，実際に使わせてみることが重要であろう。また，語彙や文法知識を理解していても，それらはすぐに習得されるものではなく，4技能を中心としたスキルを繰り返し訓練して，理解―習熟―習得―運用―活用というように，段階的に身につけることが望まれる。その際，意味のやりとりを中心とした真のコミュニケーション活動を通して，本当に聞きたいこと，話したいこと，読みたいこと，書きたいことを英語を通して学習者に行わせることが不可欠である。言語が使用される場面（situation）と言語の働き（function）を意識して指導し，英語の運用能力をつけさせたい。

　外国語を学んでも，それらを使って行動したり，他人とのコミュニケーションが成功しなければ，楽しさや達成感は得られない。そのためには，意味があり（meaningful），役立ち（useful），面白く（interesting），情報差があり（information-gap），何らかの発見や成果が出る（outcome）タスクを設定したい。

　本章では，コミュニケーション能力を育成する4技能の指導について紹介し，どのような指導が望ましいかを考えたい。　　　　　　　　　　（泉惠美子）

1節　リスニング指導

　リスニングは言語習得の基本である。2011年より小学校外国語活動が本格

的に実施され、「聞くこと」「話すこと」を中心とした体験的な英語活動が行われている。従って、中学校に入学してくる生徒は、ある程度英語の音声になじみがあると考えられる。そのような生徒に更にリスニング力をつけさせる工夫が必要である。一方リスニングが苦手な生徒も多い。そのような場合は、発音が聞き取れない、語彙力の不足、文法・統語などの知識が不十分、背景知識がないなどの原因が考えられる。本節では、リスニングの仕組み、リスニング教材、リスニングタスクや指導にあたっての留意点、評価などについて考えてみたい。

1 英語音声の特徴

　リスニングは「評価はあっても指導がない」とよく言われる。大学入試センター試験にリスニングテストが導入されて久しいが、徐々に高校などでもリスニング指導が行われるようになっており、好ましい波及効果だといえよう。

　英語の音声は日本語の音声と大きく異なる。シラブルを中心とした日本語と違い、ストレス、リズム、イントネーションなどに特徴がある英語ではスピードが速い場合など、意味のまとまりをつかむのに苦労をする生徒もいる。また、話しことばの特徴として、繰り返しや省略が多かったり、言い淀みや音変化（連結、脱落、弱化など）なども観察される。従って、まずは音に慣れ、英語の特徴を知ることが重要である。

2 リスニングのプロセスと求められるリスニング能力

　リスニングのプロセスは、以下のような図で表される。

| 音声入力 | ⇨ | 知覚（語彙・統語・意味・文脈・スキーマ処理） | ⇨ | 理解 |

　リスニング能力としては、音素の聞き取りから始まり、単語の識別、文章の意味理解、まとまった談話から情報や話し手の意図を聞き取ることなどが要求される。各段階で求められる目標は以下の通りである。
● 小学校
・日本語と異なる英語の音やアクセント、リズム、イントネーションに気づくことができる。
・アルファベットの音の識別ができる。

・単語や慣用表現，簡単な語や対話が理解できる。
・簡単な日常会話が理解できる。

　小学校では，大量の英語の音声に慣れさせたい。特に絵本の読み聞かせや歌，チャンツなどで繰り返し良質の英語を聞かせたい。

● 中学校
・英語の音声的特徴が理解でき，アクセント，リズム，イントネーションが識別できる。
・音韻の識別ができる。
・疑問文と平叙文の語調の聞き分けとその理解ができる。
・身近な話題に関する簡単な単語や内容が聞き取れる。
・会話や物語を聞いて，主題や要旨が理解できる。また，詳細・因果関係・話者の態度の理解と把握ができる。

　中学校では，語彙や文章の聞き取りから，質問や依頼といった言語機能への応答，まとまりのある英語の概要・要点などが理解できるようにしたい。

● 高等学校
・音変化を聞き取れ，イントネーションの違いなどで，話者の意図や気持ちを理解できる。
・さまざまな話題に関する単語や内容が聞き取れ，主題や要旨，詳細などが把握できる。
・英語による日常会話が理解できる。
・公共場所の放送内容や，映画やニュース（時事問題）の聞き取りと理解ができる。

　高等学校では，時事問題も含めて，さまざまな題材の聞き取りと理解をめざしたい。

　一方，リスニングの理解には，関連する背景知識（schema）が欠かせない。それにより，聞こえてくる内容を予測（prediction）しながら詳細を把握することができ，取捨選択（selection）しながら聞き，確認（confirmation）や棄却（disconfirmation）を行いながら検証（testing）し，自分の頭の中で聞こえた内容を再構築（restructuring）し，頭の中の映像やイメージと結びつけながら全体の概要を把握することになる。このリスニングの処理過程には，全体から詳細へ，また必要最小限の一部の情報をもとに文全体の意味を予測するトッ

プダウン処理（top-down process）と，重要な語彙や単文レベルから全体の意味を理解しようとするボトムアップ処理（bottom-up process）の両方の処理過程が必要である。また，音声を処理して音声を知覚し意味を取るといったリスニングの作業では，分析的処理（analytic processing）と全体的処理（holistic processing）の二つの仕組みが相互作用によってうまく機能しなければならない（河野，2001）。その際には，未知語の推測や，タイトルやキーワードから関連した意味内容の推測（guessing the words），背景知識の活用，絵や図表などの活用，メモを取る（note-taking）などの聴解方略を適切に用いることが必要である。従って，音素や単語，文などの音声の聞き取り，聞こえてきたことを組み合わせて，背景知識やさまざまな手に入る情報を駆使して推測しながら内容を聞き取る力，素早くかつわかりやすくメモを取る能力，などもリスニング能力として育成することが望まれる。またリスニングといっても受け身的な活動のみならず，相手の気持ちを考えながら，内容について吟味しながら聞くアクティブリスニングや，聞いたことについて確認したり，聞き返したり，意見を述べるといったインタラクティブリスニングも大切な活動であり，リスニングの能力ともいえる。リスニングからスピーキング，リーディング，ライティングといった他技能との統合も考えていかなければならない。

3 リスニング教材／題材

　我々は日常の生活でさまざまなものを耳にするが，リスニング教材としても多様なものが考えられる。例として，ナーサリーライムや洋楽，チャンツ，絵本や物語，映画，アニメ，ラジオやテレビの番組やニュース，天気予報，電話，留守録音，駅や空港でのアナウンス，CMや広告，スピーチ，暗唱，指示，説明，会話，討論，講義などがあげられるが，大きく分けて，一人が話している場合（narrative, speech）と，複数の人が話す場合（dialogue, discussion など）に分けられる。また内容によっては，日常的な，一般的な話題（daily, general）と，専門的で，ある場面特有のもの（specific）に分けられる。従って，リスニングを指導する際も，さまざまなジャンルや題材を意識して教材を準備することが望まれる。

　実際のリスニングの指導は，教科書や副教材の内容を聞かせ，理解させることが多い。小学校では，自己紹介や道案内，買い物，注文，日課，行きたい国，

将来の夢などをテーマに，情報や相手の気持ちを聞き取らせる活動が中心となる。また，DVD や絵本の読み聞かせ，歌やチャンツなど音声に触れることが多い。たっぷりと聞かせて，動作や絵情報なども与えながら，意味を理解させ，徐々に産出へとつなげたい。

中学校では，天気予報を聞いて，その内容を理解させたり（晴れのち曇り，気温の高低など），駅や館内放送など公共の場でのアナウンスなどを聞き取らせることもできる。また，外国の文化や生活の紹介，イベントの紹介，買い物（サイズ，割引，品切れ，苦情，交換など），洋画や洋楽，地球環境や生物のドキュメンタリーや世界遺産などのビデオも興味を持つであろう。

高等学校では，有名なスピーチや説明文，ディベートなどの聞き取り，空港でのアナウンスや，各国の説明や観光プロモーションビデオ，TV の CM，ABC や CNN，BBC 放送などのニュース番組やドキュメンタリー，ユネスコや国連のビデオや諸外国の観光ビデオなどを聞き取らせたい。その後，感想などを言わせたり，それらをもとに自分たちで調査したり，創作・発表させるといったプロジェクト学習にも発展させることができる。

4　リスニングタスク

①　リスニング前の指導（pre-listening task）

いきなり英文を聞かせるのではなく，ある程度聞き取る話題や内容についてあらかじめ背景知識を活性化させたり，新出語彙などを提示して語の意味を考えさせたりして，基礎知識を与えて動機づけを図っておく必要がある。教科書を用いる場合には，テーマについて簡単なやりとりを含む，oral introduction を行い，その中でキーワードなどを自然な形で導入しておくと，後の聞き取りが容易になる。（ただし，初めて聞かせて，どれくらい内容を聞き取れるかといった目的の場合は異なる。）

②　リスニングの最中（while-listening task）

英文を聞きながら，内容を把握させたり，メモをさせたり，質問に答えさせたりする。その際，first listening, second listening, third listening など，回数を重ねるごとに概要・要点から詳細な部分に至るような質問に変えたり，聞き取りのポイントを変えて集中させると良い。たとえば，1 回目は 5W1H を中心とした事実を問うような質問を行い，2 回目は具体的な内容や意見，3 回目は

話し手の意図をつかませたり，それについて賛成，反対などを考えるなど，聞く目的を明確にすることで飽きさせずに，何度も聞かせることができる。

③ リスニング後の指導（post-listening task）

聞いた内容を文章で読んだり，未知の語や文法などを説明したり，聞き取りにくかった音について復習をしたりしながら，内容を理解させる。その後，聞いた内容について音読し，要約を英語で言わせたり，自分の意見を書かせたりするなど，他技能と結びつけたり，更に同じような内容で自分たちで一部変えさせて，ロールプレイや発表をさせることもできる。

5 リスニング活動の例

① Listen and Do

小学校では，聞いた内容に基づいて活動を行うことが多い。合っている絵を選ぶ，線結び，あみだくじ，迷路，絵をかく，動作をする，繰り返すなどである。たとえば，"Please color a square red."，"Please circle an apple." などがある。その中でも Simon Says は TPR（Total Physical Response，全身反応法）的手法を用いた高学年や中学校の入門期でも用いる活動である。Simon says, "Stand up.", Simon says, "Jump three times.", "Turn right." など，聞いたことを即座に理解し，身体で表現できる内容を中心に聞き取らせるゲーム的な楽しい活動である。

② Listen and Repeat, Listen and Say

聞こえてきたものをそのまま繰り返す，あるいは聞こえてきた単語を組み合わせて文を作る活動である。上手に，有効かつ楽しい Listen and Repeat/Say 活動をさせるためには，さまざまな工夫が必要である。聞こえてきたものを繰り返す場合，一語前の単語を繰り返したり（apple, orange...の場合は，orange が聞こえた後で apple を繰り返す），長い文ではチャンク毎に区切って繰り返させる必要がある。聞こえてきた単語を組み合わせて文で言わせる場合（my, presents, parents, gave, birthday, me と聞こえたら，My parents gave me birthday presents. と答える）は，意味を考えつつ統語構造を理解し，文を産出する必要があり，負荷がかかるが有益な活動である。

取り込んだ音声インプットは作動記憶の音韻ループ内で保持され，長期記憶の心的辞書（mental lexicon）から単語の認知や語彙アクセスをしようとする。

その後，語の意味，統語情報，発音などの情報が検索され，語の理解ができればそれらを繰り返すことができる。即座に覚えられるものは，約7±2シラブルとされているが，意味を理解しつつ繰り返すので，音と意味処理で負荷がかかる場合があり，口の中で復唱しなければ産出は難しいかもしれない。しかし，模倣と繰り返しは言語習得の基本であるので，繰り返し行わせたい活動である。

③ Answer the questions

聞いた内容について尋ねる問題は，ほとんどのリスニングテストで用いられる。質問形式はさまざまであるが，真偽問題（True or False），多肢選択問題（multiple choice），空所補充，質問に答える（英問英答，日問英答，英問日答など）などバランスよく用いるとよい。質問内容は，文全体から読み取れるもの（global），一部分から解けるもの（local），明示的に示されているもの（explicit），暗示的に示されているもの（implicit）などを組み合わせて発問を工夫する必要がある。いつも5W1Hを中心とした質問ばかりであると推測力や論理的理解，分析的理解の能力などがつきにくい。また，個人の経験を尋ねたり，感想を求めるなど（personalized questions），テキストを自分と結びつけて考えることで，より深く理解することが可能になる。

④ シャドーイング（Shadowing）

シャドーイングはリピーティングと異なり，on-line の作業である。そこで聞こえてきたものを即座に繰り返すことで，音声知覚を鍛え，自動化することでリスニング能力の向上につながり，正しい発音の定着，音声知識データベースの日本語から英語への質的変換にもつながるとされている。また，ワーキングメモリ内の音韻ループにおける内語反復プロセスを効率化し，語彙や文法などを内在化し，記憶の定着につながるので，言語習得に有効だとされている（玉井，2005；門田，2007）。

本来のシャドーイングは，テキストを見ずに行うが，シャドーイングの訓練としては，テキストの音読と合わせて，①リスニング，②口の中で呟くように繰り返すマンブリング，③聞こえてくる音声と並行して読むパラレルリーディング，④英文の意味チェック，⑤シャドーイング（プロソディ＋コンテンツ），⑥リピーティング，⑦レシテーションなどの過程を経てリスニング力をつけることができる。また，スラッシュ・リスニングやペアで同時に読むシンクロ・リーディング，リード・アンド・ルックアップなどさまざまなリスニングやリー

ディング活動を取り入れることで，飽きさせないで何度も音声を聞かせる，口に出させる機会を設けることが重要である。

⑤ ディクテーション（Dictation）

リスニングのタスクやテストでしばしば用いられ，語彙力や文法力など英語の総合力を見ることができるとされている。最近では最後の文を書き取らせたり（last sentence dictation），穴埋めや，間違いを探しながら聞き取らせるなど，さまざまな活動が取り入れられている。1回目は自然な速度で聞かせ，内容を把握させる。2回目はポーズを置いて聞きながら書き取らせる。3回目は書き取ったものを確認しながら聞かせるのが普通である。ディクテーションを小テストに取り入れることにより，生徒の家庭学習での音読の時間が増えるといった好ましい波及効果も期待できる。

⑥ ディクトグロス（Dictogloss）

この活動は，ディクトコンポ（dictocompo）とも呼ばれる。ディクテーションと作文を組み合わせた活動で，グループやペアでの協働学習としても適切である。まとまった物語や説明文などを聞かせて，メモを取らせ，それをもとに，キーになる文などについて，グループやペアで出来るだけ正確に元の文に復元させる活動である。テキストの難易度や長さ，聞かせる回数にもよるが，リスニング，語彙，文法力などが問われる楽しい活動である。

⑦ Summary

聞いた内容を英語や日本語で要約したり，要約文の空所補充を行うもので，口頭でのサマリーと筆記でのサマリーの両方が可能である。また，サマリーからリテリングやリプロダクションといったアウトプット活動へとつなげることで，語彙や文法，内容などがより記憶に残り，言語習得を促進する。また，最後の結末部分を自由に変えさせて，発表させるなど応用も可能である。

⑧ Information Transfer

聞いた内容を図表などに書き込んだり，絵などに書いたりするものである。あるいは，写真や情報を見ながら判断する場合もある。この活動は日常の生活で用いる電車やバスの乗り物の時間や行き方を書き込んだり，物を比較したり，資料活用能力や，分析的判断力や，論理的思考力にもつながり，英語能力の各種検定試験などでも用いられている方法である。

6 評価と留意点

　リスニングのテストや評価は，ディクテーションやシャドーイングなど，採点に工夫が必要な場合がある。また問題の出し方で，英文が聞き取れていても質問や選択肢の英語の読みを誤り，正しく解答できないといったこともある。また，綴りの間違いをどのように扱うのかといった問題もある。まずはリスニングにおいて，どのような力を伸ばしたいのか，どのような力を測りたいのかを吟味し，評価規準を定め，指導と評価の一体化を図りたい。

7 おわりに

　本節では，リスニングのメカニズムやリスニング能力，その到達目標，リスニングタスクなどについて概観した。コミュニケーション能力育成のためには，聞いたり話したりといったインタラクティブな力をつける必要がある。そこで，速度が速かったり，単語の意味がわからなかったりなどの理由で，音声が聞き取れなかった場合などは，相手にもう一度言ってもらう，確認する，聞き返すといったコミュニケーション方略を明示的に指導することも必要である。また，Direct Method や Natural Approach などの考え方では，大量の英語のインプットを与えて，聞いて理解することが最重要であるとし，listening first の考えが根強いが，日本のような EFL の環境では，聞く力はすぐに身につくものではない。日々の楽しい活動を繰り返し，成功体験を積む中で，外国語を聞くのが苦でない，もっと聞きたいといった児童・生徒を育てたいものである。

〈泉惠美子〉

2節　リーディング指導

1　目標の設定

　優れた読み手（good reader）について Anderson & Person（1984）や Taguchi, et al.（2006）は以下のような趣旨の内容を述べている。
　優れた読み手は，さまざまな種類の書籍類を苦労することなく読むことができる。個々の単語を苦労なく認識し，それぞれの単語を正確かつ効率的につなげて意味を理解する。また，背景知識を使いながら，予測したり推測したりして意味理解を常にモニターしている。
　この考え方に基づき，高校でのリーディングの目標は，どのような教材を扱

い，どの程度の流暢さ（fluency）で読めればいいのかを考える。具体的には，単語認識と統語面での自動化（automatization）へ向けた下位技能の習得（bottom-up 処理）とスキーマ（schema）などを活用した読み方（top-down 処理）の両面から目標を設定する必要がある。

目標の設定について，神戸市立葺合高校の実践事例を紹介する。葺合高校はリーディングについてA1からEまでのレベル別の目標を設定している（A1〜C1が普通科を対象にしたレベル，C2〜Eは国際科を目標にしたレベル）。それぞれの記述は①語彙レベル，②教材のテーマ，③統語（意味のまとまり）の認識，④文構造，⑤文の結束性や一貫性およびパラグラフの理解，⑥自動化の程度や流暢さ，⑦表現技能（書くこと・話すこと）との関連性などの要素が入っている。以下に普通科を対象にしたその抜粋を示す。

神戸市立葺合高校の普通科を対象にしたリーディング can-do リスト

level	リーディング・レベルごとの具体的な様子
A1	1,000 語レベルの身近な話題について書かれたテクストから特定の情報を取り出すことができる。ただし，理解の程度は知っている単語をつなぎ合わせ，推測に頼った不安定なものである。言語形式にはあまり意識が働いていない段階である。
A2	1,000 語レベルの身近な話題について書かれたテクストから特定の情報を取り出すことができる。また，少し時間をかければ要点をテクストで使われた表現を用いながら書き言葉でまとめることができる。ただし，時間をかけてもオーラルによる内容説明や表現を変えながら要約することには限界がある。
B1	2,000 語レベルの日常的な話題についてのテクストは，少し時間をかければ，形式スキーマを使って，メインアイディアと詳細情報を分けて概要を把握することができ，書き言葉で概要をまとめることができる。時事問題については，学習済みのものであれば，適切に書き言葉，話し言葉で要約することができる。ただし，抽象的な語彙を含む英文は明確な概念化がなされておらず，日本語による補足説明が必要である。 参考データ：WPM80 以上，英検準 2 級〜 2 級以下
B2	2,000 語レベルの日常的な話題についてのテクストは，日本語による理解（日本語の語順に置き換えながらの理解）の度合いが少し減り，オンラインで概要を把握することが比較的短時間ででき，書き言葉で概要をまとめることができる。時事問題については，学習済みのものであれば，適切に書き言葉，話し言葉で要約することができる。ただし，抽象的な語彙を含む英文は明確な概念化ができず，bottom-up のストラテジーに頼ったものになっている。 参考データ：WPM110 以上，英検 2 級〜準 1 級以下
C1	3,000 語レベルの社会性の高い分野について書かれたテクストについて，必要な情報を見つけるために，パッセージを 2 回程度読み返せばその構成を理解でき，明確に主張されているテクストの結論部分は正確に把握できる。詳細情報の理解はやや不安定である。日本語の注釈がついた英字新聞で，興味・関心のある話題に関する記事の趣旨をほぼ正確に理解することができる。 参考データ：WPM140 以上，英検準 1 級以上

2　リーディング指導の位置づけ

　学習指導要領解説（平成21年公示）によると，たとえば「コミュニケーション英語Ⅰ」において4技能（聞くこと，話すこと，読むこと，書くこと）を総合的かつ統合的に指導していくことが求められている。つまり一つの英語科目の中で4技能すべてを扱うことになる。では，どのように4技能を扱っていけばよいのだろうか。提案は，「聞くこと」→「読むこと」→「書くこと」→「話すこと」の順序が適切であると考えている。聞くことと読むことはどちらも「理解」に相当する領域である。英語（英文）を理解することなしに英語で「表現」することは基本的には難しい。また，「表現」することを単元の最終目標に置くと，「表現」するために聞いたり，読んだりするという理解活動の目的が生まれる。このことによって後述するさまざまな読解ストラテジーのトレーニングができる。

　また，英語の文字を読むとき，頭の中で文字を意識的，無意識的に音声に変換している（音韻符号化）。このことから，音声からの導入は読む活動を効果的，効率的にしてくれる。これらのことを考え，「読むこと」は「聞くこと」の活動を前提に行い，「読むこと」の活動の後に「書くこと」または「話すこと」の活動をつなげていく。この一連の流れによって言語材料に何度も繰り返し触れることができ，言語習得が可能になることが期待できる。

　リーディング活動は pre-reading → while-reading → post-reading の形で示されることがあるが，リーディング指導前にリーディングで扱う教材（while-reading）を簡素化して音声教材を作ると pre-reading で活用できる。つまり，文字を見せずに，聞き取り練習を行った後，そのスクリプトを使って pre-reading を行う。この活動によってリーディング活動（while-reading）が容易になる。

　また，リーディング活動後（post-reading）に同じテーマで別の教材を与えたり，表現活動の中でリーディング活動で学習した語彙，文構造またはパラグラフ構造を使ったりすると語彙や文法の定着率も上がる。

3　レベルごとの指導のポイント

　先に示した葺合高校の目標レベルを見ると，レベルによって達成されるべき事項が異なる。以下にA1～B2の各レベルを1レベル上げるトレーニングの

ポイントについて筆者が提案した「GTEC 推奨ガイドライン」(竹下, 2011) をもとに示す。

① 【A1 → A2】への指導上の重点項目
- 単語の理解

　A1 レベルでは習得語彙数が少ないうえに、表面的な理解にとどまるので、基本語彙を増やすことを目的に日英対照の単語リストで、本文の読解作業前にペアで英語→日本語（または日本語→英語）を中心に練習させる。この段階で、「新出単語の音声化」および「文字と音声の一致」を意識して指導する。

- チャンクおよびチャンク間の関係性の理解

　チャンクは英文理解を促進する最も基礎となる単位であるため、この認知レベルの練習（タスク）は重要である。ここではスラッシュの入った英文を使用し、チャンクが意味のまとまりであることを視覚的にも意識させる。ここでステップアップのために最も重要なことは、"つなぎの日本語"で、教師がチャンク間の"溝"を埋めることである。チャンク内の意味（日本語）は単語リストを見ればある程度このレベルの生徒でもできるが、チャンク間の関係性の理解は不安定である。そのためチャンク間の"橋渡し"を教師が明示的に行う。

- 1文の文構造の理解

　ここでの最も重要なことはSVの認識で、特に、主語が長い英文における述部（メイン動詞）の認識ができるようになることを目的にする。タスクは、1文ずつ教師がモデル音読し、その後、生徒は顔を上げ、文字から目を離した状態で、「○○が（は）、△△を、××した」というように、主語を必ず明記させたおおよその日本語訳を言わせる。顔を上げさせるのは教師のモデル音読を聞きながら英文に目を通し、そのペースで理解させる（オンラインによる理解）ことを目的にするためである。

② 【A2 → B1】への指導上の重点項目
- 2文以上（複数の英文）の関係性の理解

　代表的な指導項目は代名詞と接続詞や英文の流れを示すディスコースマーカーの認識である。タスクは各代名詞や限定語（ex: the idea/ the same name など）が何を表すか尋ねる、空所に適切な接続詞やディスコースマーカーを入れるなどが考えられる。ただ、この場面でも、表面的な字面を読むだけの理解から脱却するために、代名詞や限定語または接続詞などを含む相互に関連のあ

る2文以上をまとめて日本語でおおよその意味を言わせるなどのタスクは必要であろう（この場合ももとの英文から目を離して言わせる）。

③ 【B1→B2】への指導上の重点項目
・パラグラフの理解

　パラグラフ全体のテーマやトピックセンテンスを理解させることを最優先する。詳細情報ばかりに意識をとらわれず，英文を"大きなかたまり"として認識させることを指導の重点とする。具体的には，パラグラフの要旨に関する質問を4択形式で手を挙げさせるなどして，最初は生徒の理解度をモニターし，正解率が低い場合はいくつかのヒントを与えながら，何度もモデル音読して再度その要旨について尋ね，自分で「気づかせる」ことの工夫が必要である。

④ 【B2→C1】への指導上の重点項目
・パラグラフ間の理解

　B2レベルではパラグラフとはどういうものかの知識（形式スキーマ）が習得されているレベルを想定しているが，そのパラグラフに関する知識をもとに，物語文，説明文，手紙文，学術論文などのテクストのジャンルの認識およびそれぞれのパッセージの全体構成の認識が指導重点項目である。大学入試を意識した指導を考慮に入れると，特に説明文における「比較・対照」「原因・結果」「時系列・過程」などの構成を理解しながらパッセージの内容を把握していくことが求められる。

4　リーディングタスク（発問＋音読）

　リーディング指導の中心は「発問」と「音読」である。前者は，主に，①語彙，②文構造，③個々の事実，④結束性，⑤一貫性（パラグラフ），⑥推測，⑦自己関連・個人の意見，⑧一般的知識（背景知識・スキーマ）についてである。また，後者は理解した内容を定着させるトレーニング方法である。音読の中で特に重要な活動は read & look up で，読みの流暢さ（fluency）を習得するための大切な活動である（3章1節および6章2節を参照）。「発問」を通してさまざまな角度から意味理解をしていき，その後，「音読」活動によって意味理解を深化させ，言語材料の定着を図り，さらに表現活動につなげる。

　Kintsch（1974）によると上述の①②は表層的記憶と呼ばれ，テクスト理解の浅いレベルを表す。③は命題的テキストベースと呼ばれ，基本的には1文1

文の理解を表す。④〜⑥は状況モデルと呼ばれ，英文上に現れていない事柄について推測したりして一貫性のある理解を示しており，最も深いテクスト理解を表すと言われている。読んだ内容を再現する（recall）ことは，この状況モデルのレベルまで理解していないと難しいと言える。また，⑦の自己関連に関する発問をすることによって英文理解がより深まる。⑧については，④〜⑥の状況モデルとも関係しているが，いわゆる常識からの理解である。

田中・田中（2009）はさまざまな発問について説明文と物語文に分けて紹介しているが，それらを参考に，対象生徒→理解目標＋表現につなげる読み方→重点項目に基づく発問,を考慮に入れながら，以下の英文 Example 1〜2を使って具体的な「発問」を考えてみたい。

Example 1
◎対象生徒：A1 レベル
●理解目標（A2）：・チャンク間の関係性の理解
　　　　　　　　　・1文の文構造の理解と定着
●表現内容：だれにいつどんなプレゼントをあげたいか，またその理由を簡潔に表現することができる。（実際に手紙をつけて相手にプレゼントする。）

Which would you like to receive/ as a gift?// The bag?// The clock?// Which would you like to give to a friend?// Choose one/ before you read on.//

It's nice/ to receive a gift,/ and giving a gift/ can also be fun.// When you choose a gift/ for someone/ from a different culture,/ you should be aware of some rules/ about gift giving.//

　　　　　　　　　　(*LovEng I* Lesson 4 part 1, 平成18年版啓林館)
　＊注　/ は意味のまとまりごとの区切り，// は文末をそれぞれ表す。
●発問例
　A）次の中からもらってうれしくないプレゼントはどれですか。なぜですか。
　　ア）高級革バッグ　イ）真っ赤なスーツ　ウ）菊の花　エ）毛皮のコート
　B）友人にあげたいプレゼントはどれですか。その理由は何ですか。
　　ア）高級革バッグ　イ）黄色い花　ウ）チョコレート　エ）置時計
　C）主に何について書いてありますか。なぜそう思いましたか。
　　ア）バッグ　イ）置時計　ウ）プレゼント　エ）ルール

D) 第2段落の趣旨は何ですか。
   ア）プレゼントをもらうときの注意点
   イ）プレゼントをあげるときの注意点
   ウ）プレゼント交換の注意点
   エ）外国人との会話の注意点
E) プレゼントをもらう気持ちを一言で言うと？
   ア）nice　イ）fun　ウ）different　エ）aware
F) プレゼントをあげる気持ちを一言で言うと？
   ア）nice　イ）fun　ウ）different　エ）aware
G) giving a gift/ can also be fun. の主語は？　動詞は？
H) When you choose a gift を日本語にすると？
I) だれのためにプレゼントを選ぶの？
   ＊以下の for someone とのつながりを意識させる
J) someone ってだれ？
   ＊以下に続く from a different culture との関係を意識させる
K) someone from a different culture は単語1語で言うと？（foreigners）
   ＊言い換え表現は理解を促進する
L) When you choose a gift/ for someone/ from a different culture のとき，何をすべき？
   ＊従属節とそれに続く主節を意識させる
M) some rules は何のルール？
   ＊以下に続く about gift giving とのつながりを意識させる
N) この英文の後にはどんなことが書かれていると思う？

　A），B）は⑦自己関連，⑧一般的知識（背景知識・スキーマ）に関する発問である。この発問によって自分が持っている知識や関心事と本文を関連づける。また，表現活動につなげるための発問でもある。

　C）は話題についての発問である（⑤一貫性，⑥推測）。英文の全体像を把握することによって，詳細な情報の理解が容易になる。D）はパラグラフの概要理解についての発問である（⑤⑥）。C）と同様にパラグラフの全体像の理解は詳細情報の理解を促進する。C），D）の発問で注意することは，正解をすぐに言わないことである。教科書の表裏および側面を使って生徒全体の理解度

を確認する（第6章2節参照）。正答率が低い場合はヒントを与えながら再度考えさせることも一つの方法であるが，すぐに正解を示さずに，詳細情報についての発問（つまりE）〜M）の発問）を積み重ねることによって全体の理解につなげていき，E）〜M）の発問後に再度C），D）の発問をする方法も考えられる。

　E),F)については,1文レベルの理解を問う発問である（③個々の事実）。G)は文構造の中で特に動詞（述部）に当たる語彙を意識させる発問である（②文構造）。

　H)〜M)については1文レベルの理解（②）の中で，チャンク間の関係性を問う発問である。これらの発問はA1レベルの生徒を対象にしたときの中心となる発問である。普通は教師が解説して終わってしまうことを発問することによって生徒に考えさせる（気づかせる）ことが大切である。

　N)は文章の展開から今後どのようなことが書かれているかを推測させる発問である（⑥）。

　以上のような発問は単に生徒の理解度をチェックするだけでなく，将来，自律した読み手（independent readers）になるための英文の読み方（reading strategy）を育成することを意図したもので，その中で対象生徒のレベルに応じて，上述①〜⑧のどの発問をより重視するか—発問の重みづけをすることが重要である。

Example 2
◎対象生徒 A2 レベル
●理解目標（B1）：・5W1Hに基づいた事実関係の理解
　　　　　　　　　・文脈からの推測
●表現内容：・内容に即した音読ができる
　　　　　　・「私の善行」について紙芝居で説明できる

About a block away/ from the subway/ it began to rain,/ and Leonard fell to the ground.// Everybody seemed to (ignore) us.// But then/ I heard a voice/ say, "You need help, lady?" // I looked up/ and saw a homeless man/ leaning over us.// I was afraid,/ and I would have just walked away/ if I (had not been with Leonard).// But I replied firmly,/ "I'm fine.// Thank you." // He stepped back,/ then said to me again,/ "You need help, lady." //

We did,/ but I said, "No, we're OK.// We just have to get to my niece in Queens.// We'll be all right." //

　Without a word,/ the man lifted up our heavy suitcase/ and went toward the subway.// That case had our money in it,/ and if we had lost it/ we would have been in great trouble,/ so we (hurried after him).// It was too noisy to talk to him on the train,/ so I took a long look at this man.// His clothes were old and dirty, /（but）his eyes were white and clear.// He might have looked like a gentleman/ if he had been dressed properly.//

　　　　（*Genius English Course I* Lesson 10 Part1, 平成 18 年版大修館書店）
＊注（　　）内の語句を空欄にして生徒に配布
● 発問例
A） 次のような状況のとき，あなたはどうしますか。
　「帰宅途中でしゃがみ込んで苦しそうにしている中年のおじさんがいました」
　　ア）声をかける　　イ）通りすがりの見知らぬ人に助けを求める
　　ウ）携帯電話で知り合いまたは 119 番に助けを求める　　エ）無視する
B） 雨が降り始めたとき，Leonard はどうなりましたか。
C） そのとき，だれが声をかけてきましたか。
D） そのとき，筆者はどう感じましたか。
E） 最終的にホームレスの男は何をしましたか。
F） 筆者はその結果どうしましたか。
G） I took a long look at this man. について，筆者はこの間にどのようなことを思っていたと思いますか。
H） 空所（　）にはどんな言葉が入ると思いますか。
I） 空所（　）にはどんな言葉が入ると思いますか。
　　ア）help（助ける）　イ）talk to（話しかける）
　　ウ）hate（嫌う）　　エ）ignore（無視する）
J） 次の英文の意味のうえでの共通点および形のうえでの共通点は何ですか。
　①if we had lost it/ we would have been in great trouble
　②He might have looked like a gentleman/ if he had been dressed properly.
K） ホームレスの男はなぜ声をかけてきたと思いますか。
L） He stepped back, then said to me again, "You need help, lady." について，

なぜホームレスの男はこのような行動をとったと思いますか。
M) あなたなら筆者と同じようにホームレスの男についていきますか。

　物語文の読みの目標は，主に5W1Hをもとに登場人物・場面・出来事について直接書かれている状況とその後の変化について理解することと，英文には直接書かれていない登場人物の心理や主題・テーマについて推測することである。

　A) の発問（⑦自己関連・個人の意見，⑧一般的知識）はこの英文のテーマであるボランティア精神と関連させたもので，表現活動で「私の善い行い」について紙芝居で説明できることにつなげる伏線を張るためである。

　B) 〜 F) については英文に書かれた内容を正確に理解できているかを確認する発問である（③個々の事実）。A2レベルの生徒は1文ごとの理解はできるが，一つの出来事と他の出来事をつなげていくには時間がかかることが予想される。そのため，単に英文を1文ずつ日本語に訳することに専念せず，何度もモデル音読をしながら，2文以上の理解の中でそれぞれの発問に答えさせていく。また，先述の教科書の表裏側面を使って，たとえば，「正解の自信がある人は表面，正解に自信がない人は裏面，考え中の人は縦面，まったくわからない人は横面を示しましょう」と指示し，クラス全体の理解度をチェックしながら授業を進める。

　G), H) の発問は数文程度の文のつながりから推測する発問（④結束性）で，A2レベルを対象にした発問の中心になるものである。これらの発問を通して文と文の関係性を理解していく。

　I) は単語についての発問である（①語彙）。新出単語の意味を直接尋ねることが一般的に行われているが，このように文脈上から尋ねるとより深い語彙の理解につながるだけでなく2文間の関係性を問うことにもなる（④結束性）。

　J) については仮定法の意味と形式に気付かせる発問である（②文構造）。意味をまず重視したうえで形式にも注意を払わせる（この逆はよくない）。

　K), L) については推測に関する発問（⑥推測）で，次へのステップ（B2以上）へ向けたものである。また，このような発問について考えながら英文を読み進めていくことはより深い読みができ，読書を楽しめることを実感させたい。

M）は自己関連・自分の意見についての発問（⑦自己関連・個人の意見）である。この発問と L）の発問を通してテーマについて深く考え，そのうえで表現活動（「私の善行」）を行うと，思考を伴った統合型の表現活動になる。

5 中学校への応用

　学習指導要領解説の外国語編には「読むこと」において「話の内容や書き手の意見などに対して感想を述べたり賛否やその理由を示したりなどすることができるよう，書かれた内容や考え方などをとらえること」と記述されている。このことは1文ごとの意味理解だけでなく，パッセージ全体を理解し，さらに自分と関連づけながら読むという active-reading または critical-reading の読み方が期待されていることを意味している。

　今まで述べてきたことと照らし合わせると，葺合高校のC1レベル（パラグラフ間の理解）までを視野に入れた指導が中学校においても必要だといえる。ただし，中学生は簡単な構造の1文でも自動化されていない可能性が高いため，A2レベルへ向けた取り組みとして紹介した「1文の文構造の理解」と音読練習，特に read & look up（英文を見ながらモデル音読を聞き，自分が音読するときは文字から目を離して行う手法）を何度も行うことが最も重要である。

　また，中学校の段階で，書かれていることに関する発問（③個々の事実）だけでなく，⑥推測や⑦自己関連・個人の意見についての発問を行うことによって，英文の理解をさまざまな角度から見ていくとより深い理解につながることを実感させることができる。

（竹下厚志）

3節　スピーキング指導

1　中学校におけるスピーキング指導

1　スピーキングの指導目標

　小学校での外国語活動を通じて，音声面を中心とするコミュニケーションに対する積極的な態度などの素地が育成されることを踏まえ，中学校でのスピーキング指導においては，与えられた語句や文を繰り返すだけではなく，自分の考えなどを話すことができることを重視している。中学校学習指導要領には，

話すことの指導事項として，(ア) 強勢，イントネーション，区切りなど基本的な英語の音声の特徴をとらえ，正しく発音すること，(イ) 自分の考えや気持ち，事実などを聞き手に正しく伝えること，(ウ) 聞いたり読んだりしたことなどについて，問答したり意見を述べ合ったりなどすること，(エ) つなぎ言葉を用いるなどのいろいろな工夫をして話を続けること，(オ) 与えられたテーマについて簡単なスピーチをすること，があげられている。授業において，「話す活動」は生徒の身近な事柄について「聞く」「読む」「書く」活動と関連づけ統合を図りながら，系統的にスピーキング指導を進めることが必要である。また生徒のスピーキングの機会を増やし，発表力とともに相手からの予期せぬ質問にも答えられる即興応答力なども養いたいものである。

2　スピーキング指導の進め方
① 教師が英語を使う
　毎日の授業の中で生徒にスピーキングを意識させるためにしなければならないことがいくつかある。まず教師が英語を話して，生徒が英語に触れて「音」や「語彙」を学ぶ機会をふやすことは不可欠であろう。授業開始の"What's up?"で今日のニュースについて意見交換をしてもよいし，オーラルインタラクションによる教科書本文の導入でもよい。聞き取れる音は自分でも発音できるようになり，相手により正確に伝えるためのスキルの一つになっていくだろう。また，既習の英語を使って教師が新しく学習する本文の内容や単語などを説明することにより，「理解できた」という喜びとともに「聞いている人の心に響く伝えかた」を授業中に幾度も体験することができるだろう。
② 教科書を活用する
　教科書には生徒にとって身近な話題に関する会話や読み物が詰まっている。音読する際に，個々の単語の発音指導に終わらず，英語特有のリズムやイントネーション，また音の連結等々を意識させたい。また本文の内容や話者の気持ちを考えて音読することを日常化させたい。そうすることによって，話すときの表情のつけ方や声の使い方，間の取り方などが自然に身についていく。音読指導に加え，教科書の内容に関して自分の意見や考えを発表させるときには，全体の内容に対する感想だけでなく，発問を一工夫して，種々の意見交換をすると楽しい。例えば，「主人公の言ったことばで一番印象に残ったものはどれ

ですか」,「ここにあなたがいたら,主人公に何と言ったと思いますか」,「このあと,この人はどこに行ったと思いますか」など,生徒の創意に満ちた返答を発表する機会も是非与えたい。

③ 生徒同士で話す場面設定

　自分の思いや意見,体験などを発表させるとき,自分の席での発表だけでなく,ペアやグループ活動としてお互いに向き合って発表したり,さらに全体の前でクラスみんなと対面して発表したりする活動を取り入れる。そうすることによって,生徒は「聞き手」を意識し,「聞き手」の表情を捉えながら,「伝わる英語」への意欲を一層高めていく。常に「生徒対教師」という場面ばかりではなく,「生徒対生徒」という場面を出来る限り多く持たせたい。

④ コミュニケーションカードの活用と面接テスト

　廊下や運動場などで ALT と話す度にポイントがたまる「コミュニケーションカード」を活用する先生も多いと思われるが,授業で身につけたことを実践する機会を増やすためにも有効である。また,年間計画の中に面接テストを系統的に計画し,まとまりのある内容を伝えることができるかを評価し,さらに指導を加えることによって,個人指導を徹底することができる。

3　帯活動としてのスピーキング指導

　日ごろの授業で帯学習として,授業のはじめにチャットや Show & Tell など,いろいろな形でスピーキング活動を取り入れることが多いと思われる。筆者は毎時間身近なトピックを与え,即興会話とそのレポーティングに取り組ませている(5章1節参照)。このような活動は既習事項を使って話す能力を培っていくだけではなく,表現内容について自由度が高いので生徒にリスニングやスピーキングを大いに楽しませることができる。

4　スピーチ指導の実際

　学習指導要領における言語活動の指導事項には,「(聞くこと)まとまりのある英語を聞いて,概要や要点を適切に聞き取ること」や「(話すこと)与えられたテーマについて簡単なスピーチをすること」が示されている。よって,「3 帯活動としてのスピーキング指導」に加え,前もって原稿を準備して取り組むスピーチ(prepared speech)指導を計画したい。以下によりよいスピーチ指

導の進め方を紹介する。

① 年間指導計画とスピーキング，スピーチのテーマ

生徒の学習段階や興味・関心に合わせたテーマを与える。生徒にとって My Dream や My Story, My Treasure などの My...シリーズや，学校・日常生活などに関する話題や出来事，行事などが取り組みやすい。以下，スピーキングとスピーチの年間指導計画を示す。

中1～中3：スピーキング，スピーチ年間指導計画

中1	・自己紹介（4月実施。モデル文と必要な語彙リストを与える） ・Speech 'I'（9月実施） ・人物紹介（写真などを見せながら友だちや先生，有名人の紹介） ・実況中継（ビデオを放映しながら名アナウンサーになって実況中継） ・My Treasure （Show & Tell）
中2	・My Story（写真や思い出の品を見せながら楽しかった思い出を語る） ・My Plan（夏休みの予定，お薦めの旅行プラン，行ってみたい所） ・My Dream（将来の職業や「大人になったら」という内容） ・～を終えて（夏休み，体験活動，体育大会，校外学習などのあとに） ・コマーシャル（2～3人でのCM作り。新製品を作ろう） ・我が町紹介（写真や産物を提示して説明。また昔の様子を知るために地域の方にインタビューなどをして内容をまとめ，グループで発表）
中3	・お薦めの観光地（それぞれの条件に合うお薦め観光地と観光プラン） ・日本文化紹介（実物や絵，または実演してALTに紹介） ・ニュース（いつ，どこで，だれが，なぜ，何を，を正確に伝える） ・ディスカッション（自分の意見のポイントを明確に伝える） ・ディベート（データ等を利用して自分の立場の意見を論理的に伝える） ・My Best Memory at School（思い出を自分のことばで楽しく語る）

なお，実際の指導においては，年間指導計画を効果的に実践するために中期的な視点から月間指導計画を作成しておくことが大切である。以下に，スペースの関係で1年生の4月～9月の指導計画を示しておく。

中1：4月～9月のスピーキング，スピーチ指導計画

月	単元・項目	目標 および 内容
4月	・あいさつ ・Self Introduction	相手に伝える工夫をする ・状況に応じたあいさつを表情豊かにできる ・明確に自分の名前を伝えることができる
5月	・Speech ・Interview	自分について話す ・あいさつや名前とともに自分の出身，年齢，職業（生徒），性格，部活動，誕生日，趣味，好きなこと（もの）とその理由などを加えた自己紹介のスピーチができる ・面接で自己紹介ができる

6月	・Show & Tell ・Interview	話題を広げる ・have, like, play, want を含んだ英文で Show & Tell ができる ・面接で自分の持ち物について5文以上の英文で話し，質問に答えることができる *1
7月	・Creative Writing	自己紹介を書く ・箇条書きでなく内容に展開が見られるように20文以上の英文で自己紹介を書くことができる *2
9月	・Speech Show ・Creative Writing	ポスターを使って自己紹介を発表する ・自作の貼り絵ポスターを使って Speech "I" を25〜30文程度で発表することができる *3 ・友だちのスピーチを聞き，内容を理解できる ・工夫して創作ノートにまとめることができる

*1 be 動詞に加え，have, like, play, want を必ず用いるように指示するため，5文以上とした。
*2 5月に指導したスピーチでは13文の文章，また6月に指導した持ち物についてのスピーチでは7文程度の文章が言えるようになった。そこで，それらをまとめながら一層内容を深めさせるために，20文以上とした。
*3 7月に書いた自己紹介文に加え，eat, read, listen to, practice, watch, walk, run, swim, talk などの一般動詞を学習したため，25〜30文程度とした。

② 活動内容を知らせる

以下，1年生9月の Speech Show を例に具体的な進め方を考える。まず，教師自身を例にした次のようなポスターを黒板に貼り，活動内容を説明する。

Speech "I" ＜中1: 自分を語ろう！＞

広告や雑誌・新聞・食品の箱などの絵や写真を使ってポスターを作ろう！

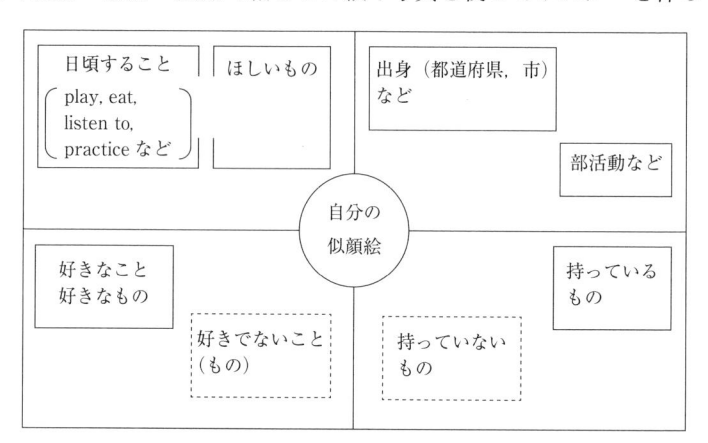

日頃すること play, eat, listen to, practice など	ほしいもの	出身（都道府県，市）など
		部活動など
好きなこと 好きなもの	自分の似顔絵	持っているもの
	好きでないこと（もの）	持っていないもの

③ スピーチのモデルを見せる

教師（JTE や ALT）の実演や先輩生徒の発表ビデオなどを見せる。そうす

ることで，生徒はアウトプットの見通しを持つことができる。良いモデルを示すことにより，生徒は「良いスピーチとはどういうものか」を具体的に考えることができる。また，それらを参考に自分の個性や創造性を発揮するだろう。

④ スピーチの内容を考える

　テーマについてのキーワードを書き出し，構想を練らせる。そしてどの生徒にも参考になる語彙や文構造などを紹介する。例えば，"Hello, everyone. Today I'm going to tell you about my dream." など，スピーチの始まりの文を与えると取り組みやすくなる。さらに，内容に関する質問をクラス全体に与え，その答えを自分の考えや気持ちを表す文として英文にまとめ，スピーチの中に加えさせる。教師は各生徒の話したい内容を本人と確認しながら，スピーチ文の指導を進めていく。最終的に，聞き手にも話の内容が正しく伝わるように，一つひとつの文の正確さばかりでなく，文の順序やつなぎ言葉を効果的に使った話の展開なども考え，スピーチ全体に話題の一貫性を持たせるように指導を深めていく。

<u>生徒の作品例</u>

　Hi! My name is Miyako. I'm from Himeji. I'm 13. I'm a student. I'm cheerful. My birthday is April 29. I'm in the tennis club. I play tennis every day. I'm a good player.

　I have a dog. The dog's name is Maron. It's brown. It's cute. I don't have a cat. I don't like cats. So, I don't want a cat.

　I like curry. It's delicious. I don't like natto. It's not delicious, but sometimes I eat it. I like baseball. It's fun. I'm a Hanshin Tigers fan.

　I want a new bike. My bike is old. I listen to music every day. I like Arashi very much. So, I have some CDs of Arashi. Thank you.

⑤ 発表の練習をする

　まず，自分で何度も声に出して練習させる。その際，「自分の気持ちや内容を正しく伝えるための声」について考えさせると，「明瞭な話し方と適した声量」を意識するようになる。この段階で自分にとって難しい文や発音しにくい語彙があれば，他の言い方にかえるなどの工夫をさせるとよい。

　次に「聞き手」を設定する。2人1組になり，お互いに「話し手」と「聞き手」になって練習する。その際，次頁のアドバイスシートを活用する。互いの立場

から発表に対するマナーや態度，さらにスピーチ内容などについてアドバイスをすることができる。例えば聞き手から「この内容が興味深かった」とか，「もっと聞く人の方を向いて話したほうがよい」，「ここではもう少し説明の文が必要では？」などの指摘により，話し手は「より正しく伝える」ための工夫をすることができる。パートナーを代えて練習を繰り返した後，4～5人のグループになり，一人ずつ順番にグループメンバーの前で発表の練習をする。この活動によって，話し手は徐々に複数の聞き手の反応を見ながら楽しく話すことに慣れ，間の取り方を考えたり，ジェスチャーなどに工夫を凝らしたりして，自分のめざす話し方を発見していく。このように練習を繰り返すうち，生徒は徐々に無理に暗記させなくても自然にスピーチ文を覚え始め，本番への準備が進んでいく。

⑥ 聞き手の理解を助ける工夫をする

　スピーチの内容に合わせて，絵や写真，実物，図表，音楽などの活用を考えさせるとよい。いつ，どんな風に提示しようかなどを考えながら，生徒自身が聞き手として，また話し手として，一層スピーチを楽しもうと意欲的になる。

⑦ 発表本番における留意点を確認する

　練習を重ねると，発表時の自分の課題が見えてくる。声量，発音，話す速度，表情（単調にならず，変化のある話し方），発表時の姿勢や態度，聞き手への目配り（アイコンタクト）などについて，自分が十分留意しなければならない項目を確認させ，「相手に伝える」という目標達成へと向かわせる。以下，練習時の聞き手からもらったアドバイスをまとめるアドバイスシートを示す。

＜アドバイスシート＞

Let's practice in pairs and groups!

Speech "1"のポスターを使って，自己最高記録にチャレンジ！

	文の数	Adviser名	もらったアドバイスの内容・表情・声量・発音など
1			
2			
3			

本番に向けての私の工夫
・内容
・声量
・表情
・発音
・その他

⑧ 発表本番で互いのスピーチについて評価し，学び合う

　評価シートを持たせて，一人ひとりの発表についての自己評価と相互評価をさせる。各発表後，「聞き手」の生徒は感想を述べたり質問したりする。互いに認め合い支え合って練習に励み，本番ではみんなの前で発表できたという「成就感」が，スピーキングに対する自信になり，次の活動へのエネルギーとなって，個々の生徒とクラス全体を元気づける。

5　おわりに

　中学校入学後の最初の授業から，1文でも2文でも人前で話し，お互いの発表を尊重することの大切さを学ばせていきたい。また中学校3年間でのスピーキング指導を系統的かつ計画的に行い，互いに発表したり聞いたりすることの楽しさを生徒全員に体験させたい。「クラスの前で発表してドキドキした！」と言いながら，きっと生徒は輝いた笑顔を見せてくれるだろう。　　　（稲岡章代）

② 高等学校におけるスピーキング指導

1　スピーキング力とは

　「英語が話せるようになりたい。外国人と直接コミュニケーションがとれればいいなあ」と思っている生徒は多い。では，スピーキング力を高めるにはどうしたらいいのだろうか。語彙，文法，構文，表現，文の構成，発音，イントネーションなど，実にいろいろな要素を身につける必要がある。短い言葉を発したり相槌を打つのでも，その文化的背景を知っていれば，自然に行うことができる。また，論理的思考力を鍛えていれば，聴衆に訴えるスピーチ力も，相手を論破するディベート力も，交渉力も磨くことができる。学ぶべきことは多岐にわたり，目標達成まで大変遠いようにも思えるが，練習を積み重ねればスピーキングの上達の様子が周囲の人にも本人にも目に見えるので，達成感を持ちやすい技能でもある。

　生徒は，日頃からモデルとなる英語をしっかり聞いて，日本語の発声とは違う点に目を向け，口の形や舌の位置，息の強さに配慮して声を出すことに慣れることが大切である。授業中でも家庭学習においても，チャンク（意味のまとまり）でポーズをとり，意味を理解しながら声に出して読み進めることができ

るように，音読やシャドーイングに積極的に取り組む習慣を身につけておきたい。そのうえで，身の回りの事柄や自分の考えを人に伝える機会を持って経験を積んでいくとよい。

2　1年生のスピーキング指導
①　4月の導入

　生徒が高校に入学して，英語の授業に期待感と緊張感を持っているときに，教師は授業の心構えを次のように説明してはどうだろうか。「英語は，知識と同時に技能を身につける実技教科ですから，学んだことを実際に活用することで理解が進み上達していきます。わからないことがあればどんどん質問して，積極的に取り組んでいきましょう」と。生徒たちには，インタラクションを大切にした双方向の授業形態の中で知識と技能を獲得し，自主性を持って学びを深めていってもらいたいものである。

　その第一歩として，英語を話すことに対する抵抗感をなくし日常的なものにするために，毎回授業の初めにスピーキング活動を設定してみよう。その際のキーワードは，「スモールステップ」「達成感」「振り返り」である。1年生のスタートに1分間の自己紹介を導入する場合は，誰もが自信を持って話すことができるように，準備のためにクラス全体で意見交換をしてみよう。"Hello, I'm 〜. I'd like to introduce myself to you." で始めるのはどうか等意見が出てくれば，共有するために黒板に書き，皆で言ってみる。その後に続ける話題について my family, my junior high school, my favorite … など，生徒からでてきた意見を黒板に書き並べる。さらに話す内容や表現について，生徒からの疑問にクラス全体で考える。その後，聞き手の役割について話し合う。望ましい態度，表情，相槌についても意見を出し合い，"Do you?" "Really?" "I beg your pardon?" "Would you say it again?" などの表現を確認して，1分間スピーチの準備をする。一人ひとりが自分のスピーチを録音再生できる環境が整っていれば，一度録音して自分のスピーチを聞いて振り返り，改善してからクラスメート相手に本番を始めることができる。そして次頁のような Speaking Card に話した内容や，できたこと（例：〜の表現が使えた），気づいたこと（例：相手がうなずきながら一生懸命聞いてくれたので，話しやすかった。例をあげて説明すればもっと相手にわかってもらえただろう），課題（例：途中でどう

表現していいかわからなくなり、ごまかしてしまった。つなぎ言葉をもっと使ってみたい）などを書いておくと、次回に工夫すべきことが見えてきて、学習を継続し発展させることができる。教師側も、カードを回収して読むことで、個々の生徒の成長やつまずきに気づき、個別のフィードバックやクラス全体へのアドバイスも的確にできるだろう。

Speaking Card

Name（　　　　　　　）

Date	Unit	Topic	words/min.	reflection（できたこと，気づいたこと，課題）
／				
／				
／				

② 日々の授業におけるスピーキング活動

　1年生の「コミュニケーション英語Ⅰ」は4技能統合の科目である。それゆえ，リスニング，リーディングでインプットした内容をスピーキングとライティングで確認したり，自分の意見を加えて発信することで，学んだことを定着し活用する力を育てる。例えば，学習した英文の内容について，1分間で話せる量に大意をまとめたり，そのトピックに関して例をあげて説明したり，自分の意見を言えるように準備をするという宿題を出すのはどうだろう。使ってほしい新出の語句，表現，構文を提示してもよい。生徒は家で書いてきたものを，次の時間の初めにメモだけを見て，ペアの相手に話す。聞き手はしっかり聞いて，"Thank you for your nice summary." や "I like your idea." などと述べた後，確認と質問を話し手に投げかける。確認の場合は，一例として "Did you say that ～?" と問いかける。質問は話した内容に関するものでもよいし，広くトピックに関連する内容でも構わない。聞き手が，わかりにくかった点やもう少し聞いておきたい点をとらえて質問することでインタラクションが生じ，さらに内容を深めることができる。各課の最後のアウトプット活動を，日々のスピーキング活動の集大成となるように設定すれば，生徒はスピーキング活動の大切さを認識し，明確な目標を持って段階的に自分の力を高めていくことができるだろう。

　2学期になり，生徒が1分間スピーキングに慣れてくると，時間を90秒に延ばしてみよう。話の内容も幅を広げ，生徒がトピックを選んだり，ディベー

トの立論において賛成側と反対側にわかれて発言したり，授業で使用したリーディング教材の内容をリテリングしたり，ストーリーの続きを作るという形式にもできる。また，一方向のスピーチにとどまらず，ペアで役割を決めて対話やインタビュー形式にすると創造性も広がるだろう。毎回授業始めに行うこのスピーキング活動は，授業のウォームアップの役割を果たす。また，原則として評価の対象にしないので，生徒は間違いを恐れず目標をもって挑戦している。

3　2年生以降のスピーキング活動

　学習指導要領（平成21年公示）では，2年生で行う「英語表現Ⅱ」の目標を「事実や意見などを多様な観点から考察し，論理の展開や表現の方法を工夫しながら伝える能力を伸ばす」としている。「即興で話すこと」や「聞き手や目的に応じて簡潔に話すこと」を基礎に，論理的思考力や表現力の知識と技能を身につける本格的なスピーキング活動が2年生から始まる。スピーチ・プレゼンテーション・ディスカッション・ディベートなどの活動の中で，やりとりする力も必要なディベートとポスターセッションをここで取りあげたい。

① ディベート
1) ディベートを学ぶことの利点

　授業でディベートを導入すると，ライティング力とスピーキング力を伸ばすだけでなく，物事を多角的に見る力，論理的に考える力を鍛えることができる。本格的なディベートは，流れやルールが複雑で初心者が理解するのには時間がかかる。もし授業でディベートを導入するのであれば，前もって現代社会や国語表現の授業，または総合的な学習の時間に生徒がディベートを学び，体験していれば，混乱も少なく，説明の時間が大いに短縮できる。本格的なディベートを授業内で実践するにはまとまった時間が必要であるが，部分的に学ぶだけでも，論理的思考力と表現力を高めることができる。例えば，立論 (constructive speech) について学べば，パラグラフライティングはもちろんのこと，スピーチやプレゼンテーションにも応用できる。質疑応答 (questions & answers) の方法を，ポスターセッションなどで活用することもできる。また，反論 (rebuttal) の方法を学べば，討論する力や交渉力がつく。すなわち，ディベートに必要な論理や表現を学ぶことが，「英語表現Ⅰ・Ⅱ」の目標である「発表の仕方や発表のために必要な表現」や「討論のルールなどを学習し実際に活用

すること」に直接つながっている。

2) 授業での立論の導入

　授業では相手にわかりやすく意見を述べる方法として立論の作り方を説明する。生徒は与えられた論題（proposition）に肯定・否定のどちらの立場に選ばれても主張できるように，それぞれ理由を表す項目を立てる。例えば，"City life is better than country life." という論題に肯定側の立場であれば，理由項目の例として，public transportation system, medical service, entertainmentの3点があげられる。それぞれに納得できる論拠を述べねばならない。強力な理由とは，普遍的で，データの信憑性の高いものである。立論作りが初めての場合は，モデルとなる文章を生徒に見せて，それを元に自分たちの立論をグループで協力して作らせる。また，どのように表現していいかわからないときや，論理的に正しいかどうかわからないときは教師が手助けをする。立論の原稿ができたら，相手側やジャッジにわかりやすいように，大きな紙に理由項目やグラフなどを書き，どう伝えるかを考え練習する。聞き手は，相手の弱点を見極めるためにも，正確に聞き取るノートテイキングの技術も必要である。

3) 質疑応答と反論の導入

　次の質疑応答では，相手側の主張を確認し，相手側の論拠が不明瞭であれば，相手の弱点を聴衆に気づかせるために質問をしていく。

　ディベートにおいて，チームの力の見せどころは反論である。ここでは，立論で相手チームがあげた理由に対して，"That's not true because ～." と始めて，論拠としているものが事実でないという証拠を述べて論破する。また，"That's not important because ～." と相手の論拠としていることが全体の中で些細なことであり，簡単に解決できることをその根拠とともに述べて，相手があげた理由を一つずつ論破していくのである。もちろん，相手チームは論破されそうになってもあきらめず反論し，意見の妥当性と正当性を守る。この間もチーム内で，どの意見がどの程度破られ，どの意見が残っているかをしっかりメモにとり，最後の結論（conclusion speech）の際に一矢報いなければならない。

　ディベートは知的トレーニングを必要とする英語のコミュニケーションゲームである。たとえば，身近な話題である "Japanese high school students should wear school uniforms." を選んで，双方の立論を述べたり，相手の言った

ことにその場で反論するピンポンディベートを練習に取り入れて，語句の使い方，表現，相手を打ち破る技術を少しずつ身につけていくことは論理的思考力とスピーキング力の向上につながる。

② ポスターセッション

4～5人からなるグループで，授業で学んだ社会問題や国際問題について，内容を発展させ，発表内容をわかりやすく示したポスターの前で，メンバーが分担して聞き手に口頭で伝える形式である。ポスターセッションの利点は，発表者と聞き手の距離が近く，気軽に質疑応答やディスカッションに参加でき，双方がともに内容を深めるために，協力して取り組める点である。

例えば，授業のテーマに児童労働を取りあげたとする。教師は，グループリーディングの課題として，UNICEFや児童労働反対運動をしているNGOのホームページから，アフリカ，アジア，南アメリカの国々での児童労働の現実を述べた記事を10点選び，難しい英文は易しく書き換える。生徒は各グループで関心のある英文を選ぶ。グループ内で協力して，模造紙に該当国の地図や写真を貼り，現状と問題点，原因，解決策を調べてまとめ，発表の準備をする。グループのメンバーが分担して発表するのだが，一方通行の発表ではなく，発表者と聞き手のインタラクションを大切な要素と考え，質問することで内容が深まるように心がける。1年生から取り組んできた日々のスピーキング活動の，確認と質疑応答の成果がここで現れてくれれば嬉しい。1グループの発表に他のグループから聞き手がひとりずつ，合計4～5名がやってきて，内容を理解しようとし，わからなければ質問するなど積極的に話し合いに参加する。4グループ同時発表なので，教室のあちこちで英語が話されている。その後聞き手は自分のグループに戻って，学んできたことを他のメンバーに伝えるリポーティング活動を行う。このような方法で，ポスターセッションが聞き手を替えて2回行われるので，1回目の振り返りを生かして，充実した2回目の発表を行うことになる。ポスターセッションは生徒たちにとって達成感の高い活動である。(6章2節参照)

4　スピーキングテスト

生徒のスピーキング力は学校でどのように測られているだろうか。一斉にCALL教室等で録音する形で行うと，周りの生徒の声が聞こえる。同時に全員

に公平なテストを行うのは難しい。スピーキングテストも一方的に話す力だけでなく, やりとりする力を測ろうとすれば一対一で行うのが最善である。生徒にとって, 教師と一対一のスピーキングテストは緊張感があり, 良い経験になったという感想が多い。準備のために問題を予想して友達と練習している様子を見ると, この間にも力がついているのだと実感する。

5 おわりに

スピーキング力を向上させるには, 段階を追って, 使える語彙や表現を増やし, 構成を考えながら論理的に話せるように練習を積んでいくことが望まれる。リスニングやリーディングの課題として学んだ内容をまとめたり, 自分の意見を付け加えることから始める。話し慣れることで自信も生まれ, 自分の課題を見出して工夫できるようになる。教室では個人の活動とともに, インタラクションを大切にしたペアやグループ活動を組み合わせて, それぞれが良い影響を与えながら, 一人ひとりが楽しんで力をつけていけるようにしたい。

(茶本卓子)

4節 ライティング指導

1 中学校におけるライティング指導

1 中学校段階で何を指導すべきか

音声中心で指導する小学校の英語活動と異なり, 中学校ではライティング指導が始まる。しかし指導を誤ると, 生徒の学力差を際立たせ, 学力低位の生徒たちを苦しめることになる。中学生の特質をよく理解し, 段階的にそして計画的に指導すると, どのレベルの生徒たちも英語で書くことを苦にせず積極的に書くようになる。

書くことが習慣化し絶えず書くことで, 文法をより深く理解し, 単語を豊かに使いこなす生徒に育っていく。書くことによって文法力も単語力も伸びるのである。また内容面においても, 学年が進むにつれ内省的, 社会的, 時事的な方向に伸びるだけでなく, 読み手を意識したものへと成長していく。中学卒業時には中学3年生にふさわしい内容, 構成, 語彙, 文法力を持つ英文エッセーが書けるよう指導したいものである。そのためには, 重要度の順に示した次の

4点に留意して指導したい。
1) 日本語を書くように気軽に楽しく書く。
2) 意図的，戦略的に書く。
3) 学習した語彙，文法を積極的に使う。
4) 時事性，社会性のある内容を書こうとする意欲を育てる。

以下，これらの点を踏まえながら，学年別に指導の進め方を紹介する。

2　1年生の指導
①　1年生入門期の指導

「日本語を書くように気軽に楽しく英語で書く」生徒にする第一歩は，中学1年生の1学期である。英語で書くことへの抵抗がなく，ひらがなを書くようにアルファベットで書く生徒に育てたい。

小学校での外国語活動の内容が変化すれば状態も変わってくるかもしれないが，現在のところ中学1年生の1学期は，学校外での英語学習経験がある生徒と学習経験がない生徒の間の書字能力の差が極端に大きい。学校外での学習経験のない生徒たちも安心して学べるよう配慮しながらライティングを指導する義務がある。そのためには，以下の点に留意したい。
・文字指導を丁寧に行い，書けるようになることを急がせない。
・アルファベットの文字と音の関係を理解させ，聞いた英語をアルファベット文字で書こうとする態度を育てる。
・コピーイングを活用し，綴りの暗記を強制しない。
・文字や綴りの誤りにはおおらかに対処する。

一見生ぬるい指導のようだが，こういう指導を通じて，アルファベットや単語をすらすら書いているように見えた生徒も，「がんばって書いている」状態から「リラックスして楽しく書く」状態に変化していくのが面白い。

1学期の授業はオーラル中心に進め，言葉としての英語にどんどん触れさせ，定期テストはリスニングと易しい英文や単語を読めれば解答できる問題や，コピーイングを中心にする。そうすると授業をオーラル中心に進め，英語の文字や単語を読む・書く指導を，ゲームやコピーイングをまじえながら丁寧にかつ楽しく行うことができる。

アルファベットの文字と音の関係を理解させるが，フォニックスの複雑な

ルールや出現頻度の低いものまで教えるメリットはない。ヘボン式ローマ字書きのルールに表れるものと日本語と異なる子音連続や子音で終わることが理解できればよい。生徒たちは基本音で構成される単語や，3文字，4文字単語ぐらいはすらすら読み，書くようになる。音と文字の関係が理解できるようになってきたら，理解できる対話文や英文をしっかり音読させ，その後ノートにコピーさせていく。

　この時期の生徒がよくする誤りは，符号，大文字・小文字の使い分け，bとdの勘違い，4線の使い方である。これらに慣れるまで時間がかかることを十分理解し，まちがっていれば訂正してやるが×をつけない，テストでも減点しないという方針で臨む。日本語を習い始めた外国人が書く日本語を思いながら生徒の答案をながめるのである。頭の中に浮かんだ英語の音や文を文字に表現しようとしている生徒の努力を読み取れるだろう。細かいことを気にせず英語の音を文字化させたりコピーさせたりしていけば，どの生徒も「書く」ことを嫌がらず次第に慣れていく。英文を読み・書きする機会が増えるにつれ間違いは減っていく。ほぼ慣れた頃を見計らって減点するようにしていけばよい。

　コピーイングを利用すれば，「聞く・話す」ができたことを「読む」ができ，そしてそれを「書く」ができるようになる，という順番を踏まえた指導がしやすい。読める単語をコピーして利用すればよいとする表現活動を混ぜていけば，綴りの暗記を強制しなくても，課題やテスト問題のレベルを高くできるのである。

　以下に示すのはテスト問題の1例である。与えるモデル文の長さを調節したり，単語ヒントに和訳をつけないようにしたりすると難易度が調節できる。

・テスト問題例

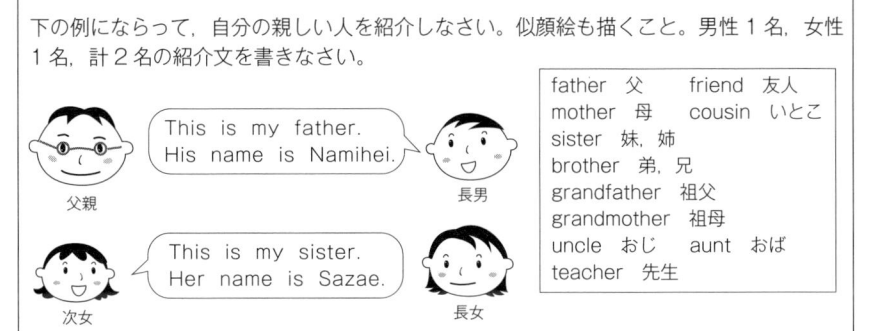

下の例にならって，自分の親しい人を紹介しなさい。似顔絵も描くこと。男性1名，女性1名，計2名の紹介文を書きなさい。

父親　This is my father. His name is Namihei.　長男

次女　This is my sister. Her name is Sazae.　長女

father　父　　friend　友人
mother　母　　cousin　いとこ
sister　妹，姉
brother　弟，兄
grandfather　祖父
grandmother　祖母
uncle　おじ　　aunt　おば
teacher　先生

このようにして１学期間かけてアルファベットの読み書きから始め，まとまりのある英文を書くところまで指導する。

② １年生７月から３月の指導

　英文字を抵抗なく読み・書きできるようになってきたら，教科書本文やターゲットの文法事項や語彙に沿って課題を設定し，さまざまなタイプのライティングに取り組ませる。その際，事実や自分のことばかり書くのでは使用する語彙は限られ内容も変化に乏しい。生徒も「書きたい」と思わないだろう。生徒が「書いてみたいなあ」とか「書けそうだ」と感じるように課題を設定し，「気軽に，楽しく」書かせていく。そのための留意点は以下の通りである。

・想像やユーモアを働かせクリエイティブに書くことを奨励する。
・絵や写真を利用させて語彙や文法面での制限を補うとともに，生徒の遊び心を誘う。
・生徒が課題のねらいを的確に理解でき，「書きたい」と思うような面白いモデル文を用意する。

生徒作品例：教師のモデル文をもとに有名人になって書いた自己紹介

　　Hello, everyone. I'm glad to meet you. My name is Murasaki Shikibu. I'm from Japan. I'm a writer of Genji monogatari.

　　Do you know Seishonagon? She is my rival as a writer. She is a popular writer, too.

　　My favorite subject is Japanese. It's very interesting. Do you study Japanese?

　　I'm very happy every day.

　　That's all. Thank you. See you again.

　短い課題や文法事項中心の課題をさせるときも，文法や語彙そしてテーマ以外に文章作法もモデル文に組み込み，ひとつずつ練習させていく。3文でも関連性や順序を考えて文脈を作ること，具体例をあげることや自己開示の大切さ，肯定的なことや楽しいことを書くこと，などから始め，段落を作って書くことや構造（始め方，中心部，終わり方）を持つ文（紹介文や手紙）も練習させる。上記作品も生徒はモデル文をよく読み取り，段落構成や構造（始まり，中心部，終わり）を持つ書き方ができている。

　テキストのタイプは，対話文，紹介文，クイズ，詩，招待状，場面説明を絵

でできる1コマ，2コマ漫画，ストーリーが要る4コマ漫画，双六作り，かるた作り，手紙など多彩に展開したい。タイプによって効果的な書き方が異なるから，生徒たちは文を書く順序，始め方，結びの1文，書く量の違いに意識が向くようになる。

　作品の評価はあまり細かくせず3～5段階とし，書く機会を多く与え評価回数を増やすのがよい。モデルに込めた教師の意図に沿って一応書けていればAとする。点数をつけることよりも優れた点をほめ，良かった生徒作品を生徒たちに還元していくことが大切である。

3　2年生の指導
①　量（長さ）を書くとともに構造や仕掛けを考えて書くよう指導する

　基本は日記指導である。創作用にノートを持たせ，絵つきの日記をどんどん書かせていく。時系列に沿って自分の一日を書けるようになったら，主語に変化をつけること，場面転換やつなぎ言葉を使うこと，ある出来事に焦点をあてて書くこと，自分の感想や心情を書くこと，その日のニュースを取り上げて書くこと，というように段階的に指導していく。

　日記とは別にテーマに沿って書くこともさせる。1年生時と同様，教科書の題材や文法事項を活かした課題を与え，「書く」ことが単元のまとめ学習になるようにする。もちろん途中で3～4行の短いライティングをさせ添削して返却し，それをもとにより長い完成された作品を書かせることもできる。過去時制を用いて事実以外に感情を込めた思い出を書かせるために「小学校時代の一番楽しかった年」，be going to を用い教科書の対話をベースに「飛行機で隣り合った人との対話」といった具合である。優秀な作品は印刷して配布する以外に，朗読して聞かせるのもなぜ優れているかを生徒に理解させる方法である。

　段落を構成して書く練習も始める。まとまりのある内容をいくつかつなげて書かせるというのが一般的な方法であるが，三つの段落のメインアイディアとなる三つの文を書かせて，それぞれの文を詳しく説明させるという方法もある。

　また2年生で是非慣れさせておきたいのが「意見＋理由（because）」とFirst, Second, Third …を用いて説明することである。真面目な命題でもよいし，「修学旅行の目的地として沖縄と北海道ではどちらがよいか」といった遊びのあるものでもよい。こういうライティングができると2年生でもディベー

ト風の討論が可能になる。また，First, Second, Third …の用法はスピーチ原稿の body を書くときに大いに役立つ。

　2年生の最後には introduction-body-conclusion の構造を持つ英文スピーチ原稿の書き方を教え，スピーチ原稿の作成に取り組ませる。書く力がついているので何度も推敲し，工夫しながら原稿を完成する経験をさせる。

　なお，優秀作品をプリントにして配布する。また多くの生徒に共通する間違いとどう訂正すべきかをまとめたプリントを作成し，授業で説明する。生徒の作品の気になる誤りは訂正してもよいが，A を基本とした評価とし，内容にコメントすることを主にする。生徒が書き続ける意欲を持てるよう，そしてA$^+$評価を得るにはどういう書き方をすべきかを理解できるようにしてやる。

② **他者に向けて書く**

　2年生では助動詞，複文，比較表現を習うので他者に向けた発信力が伸びる。他教科の学習で学んだ力も利用して，新聞，報告，パンフレット，ガイドなど，社会的な目的を持った展示や公表を前提としたライティングに取り組ませる。読み物として魅力があるように書かせたい。時にはグループで取り組ませるとよい。次の作品例は10月に4人グループで作成させた新任 ALT の紹介新聞である。グループの場合は全員そろっての作業時間の確保が難しいので，編集会議の後，1枚の紙を裁断し，各自が責任を持って1ピースを仕上げ，後で台紙に貼りつける方法がよい。

　なお，どの生徒にも意欲を持って取り組ませるためには，どういう作業をすべきかを生徒がぱっと理解できるモデル作品を見せ，作成の手引きを与えることである。

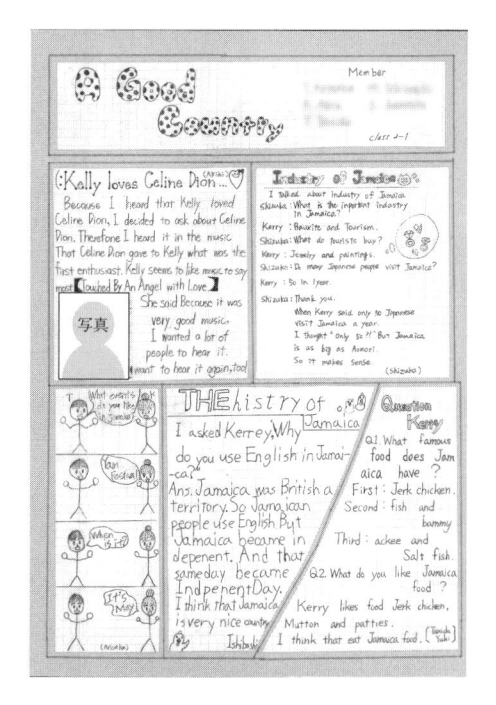

4　3年生の指導

　ここまで述べてきたことに加え，3年生のライティング指導では次の3点に留意する。
①　文法事項は文脈の中で使用させる
　時制や助動詞，また不定詞など英語で表現するときに必須の文法事項は2年生までに習ってしまう。教科書によって異なるが，3年生で学ぶ文法事項は受動態，現在完了，後置修飾節や句など，それらを用いなくても表現はできるが，用いることによってより英語らしい文脈を形成しながら文章表現ができるようになる文法事項である。文脈の中での使い方をしっかり理解しなければならない文法事項であると言える。もちろん1，2年生時の学習においても文法は文脈の中で理解させるほうがいいわけではあるが，例えば過去時制や助動詞を繰り返し使用することはよくある。しかし関係代名詞や現在完了を立て続けに使う文脈はそう多くない。文法事項の形の練習ができたら，一定のパターンを与えて一連の文脈の中で目標の文法事項を使うライティングをさせる。次の例は，関係代名詞を用いた3行作文である。

　（例）次の例（教師の作成したモデル）にならって friend/cousin/ brother/ sister/ aunt/uncle などについて紹介する3〜4文の作文を書きなさい。

　　　I have an aunt who lives in Nagano.
　　　She sends me a big box of apples every year.
　　　I want to visit her next summer and wants to see her apple farms.

　わずか3文の作文だが，関係代名詞の次にどのような内容を書くかや3文の関係がスムーズにつながるように書くのは，生徒にとって案外難しい。I have a friend who likes cats very much. I always go to school with her. She can play basketball well. She is a good friend of mine. などといった失敗もするが，なぜ不自然なのかを考えさせることで，文脈の存在，文と文の関係を保ちながら書くことの大切さを理解するのである。

②　社会的に通じるフォームで書かせる
　「話す」「書く」というプロダクションの指導で日本の英語教育で一番不足しているのは，フォーム（型）の指導である。紹介，意見，提案，抗議，招待，説得など，いずれも自分の意図を伝えるには効率のよい型が存在する。英語で何かを伝える場合，英語力が未熟なほど型が必要である。型がしっかりしてい

れば各文に間違いがあっても意味は伝わるが，各文にミスが無くても順序がばらばらだと意味を伝えるのは難しい。

　3年生では意見発表や提案などの原稿作成を一定の型を与えて練習させたい。一定の型に沿って書く練習をしていると，聞いたり読んだりする場合も型を捉えることができるようになり理解しやすくなる。

　ディベートは，話す力以前に意見を書く力が必要な活動である。ディベートのトピックを設定し簡単な様式を与えて，立論，反駁，説得などの原稿作成に取り組ませるとよい。

　新聞記事を利用したスピーチも3年生にはふさわしい活動である。生徒が将来外国人の友人に対して自分から話題を設定して話すのに役立つだろう。次に紹介する型は，どの生徒も少なくとも5文書くことができ，もっと詳しく述べたい生徒は長く書くことができるようになっている。

1. 記事を見せながらなぜその記事を選んだか感情面の理由を述べる。
　I was surprised/happy/moved/ to read this article.（原因，理由の不定詞）
　または I think this is a very interesting news.
2. 何についての記事かを述べる。This is the news about 〜 .
3. もう2文使って内容を説明する。
　誰が，いつ，どこで，なにを，どうした。
　詳しくてもよいが聞き手が理解できるよう工夫する。
4. 自分の感想・意見を述べる。
　自由に書いてよい。
　I think that 〜 . / I hope that 〜 . で始めるのもよい。

次の生徒作品は「甘〜い特大サンタ　クリスマスケーキ販売」という写真付きの記事を見せながら行ったスピーチの原稿である。

　I was very happy to read this article.
　This is the news about a giant Christmas cake. It has a shape of Santa Claus. 30 people can eat it. The shop is in Kobe.
　I want to eat this cake with my friends. We can have a big party.

　このスピーチはほほえましい内容であるが，生徒の中には難しい記事を扱う生徒もいる。しかし一定の型に沿って話されるので英語が得意でない生徒も安心して聞き楽しんでいた。

③ 社会（多数の他者）に向かって発信する力をつける

　3年生では英語学習を実社会と結びつけていくことが大切である。生徒が英語を使う場所は教室に限られているが，実社会の話題を教室に持ち込むことはできる。

　先に述べた新聞記事の紹介スピーチでは生徒たちは新聞を隅々まで読み，民族問題や人権問題，科学技術など自分の興味に従いさまざまな記事を紹介する。「国語力低下―『図る』を『ズル』」，という見出しの「ゆとり教育の影響だろうか？小中学生の漢字能力が落ちている」という内容の記事を紹介した生徒は，「ゆとり教育のせいではなく，子どもも親も忙しくして家庭で話をする時間が減っているからではないかと思う」という意見を述べていた。

　人権や環境問題は日本語でも話すのが難しいテーマであるが，「ポスター新聞」の手法だと絵と英語を用いるので取り組みやすい。自分が重要解決課題だと思う順に人権問題を3～5例紹介する，自分が最も関心のある環境問題をひとつ取り上げ，その解決のためにできることをリストアップするといったこともできる。ペアやグループで制作させ，展示するとよいだろう。

　また，自分の意見として書くのではなく，立場を変え別の誰かになって書く方法もある。例えば，海面上昇のせいで国土が消失するかもしれないツバルの子どもや，熱帯雨林を奪われるオランウータンになって環境問題を語る，制服の自由化に対して親の立場から意見を書く，といった具合である。

　魅力ある書き手に育てるには，物語の創作，自分の体験を誇張して書く，といった活動も必要である。物語は始まり部分の型を教えておく。誇張は英語の修辞法のひとつでありジョークにも欠かせないので時間が許せば取り組ませたい。物語は紙芝居の形で制作させるのもよい。コマ割り，すなわち構成を考えて書くからである。

5　おわりに

　日本人が英語を書くとき，日本語の発想から完全に自由になるのは無理である。かといって日本語の発想で書かれた英文を外国人に理解せよ，というのも無理な話である。中学生には先ずは英文の基本的な型と発想を教え，それを使って気楽に書かせよう。指導者は単語や文レベルの文法の誤りを訂正することばかりに捉われず，文脈が整っているか，構成が効果的か，文化的に誤解は生じ

ないかといった観点からもアドバイスし，生徒のライティングの能力を伸ばしてやりたいものである。
(加藤京子)

2 高等学校におけるライティング指導

1 はじめに

「コミュニケーション英語Ⅰ，Ⅱ，Ⅲ」では，情報や考えなどを的確に理解し，適切に伝えるコミュニケーション能力を養うことを目標として強く打ち出している。また，「英語表現Ⅰ・Ⅱ」では，「英語を通じて，積極的にコミュニケーションを図ろうとする態度を育成するとともに，事実や意見などを多様な観点から考察し，論理の展開や表現の方法を工夫しながら伝える能力を養い，伸ばす」ことを目標にしており，今後，確かな表現力に加えて論理的思考力の育成をめざすことになる。

ライティング指導を進めるために，現状を振り返って改善していきたい点を三つあげたい。まず，高校1年生の授業内で，リスニングやリーディングで内容理解したことをまとめたり，自分の考えを書くようなライティング指導の時間を定期的に設け，継続したライティング指導を行いたい。第2に，高校2年生以降の「英語表現Ⅱ」の授業において，教師から生徒への一方通行の問題演習型の授業にならないよう，生徒が文章を書く楽しさを体験したり，段階を踏んで論理的な書き方を学び，活用できるように工夫していきたい。最後に，3年生では，パラグラフにとどまらずエッセイライティングにまで発展させ，さらにスピーキングとも統合したプロジェクト学習へと深めたい。

2 取り組みの提案
① 目標と評価の一体化

ライティング力はどのように測られているのだろうか。英語を母語とする国の小・中学校で用いられているものに六つの評価分野（6 traits rubric）がある。それらは Ideas, Organization, Voice, Words choice, Sentence fluency, Conventions (spelling, grammar usage, paragraphing, punctuation) であり，これを日本の高校生のライティングの評価規準として，簡略化して三つにまとめてみた。対象とするのは4文以上のまとまりのある英文からエッセイである。

三つの評価分野は,
1) 内容（content）— 設問や題材に正しく答える内容になっているか。分析や論拠が的確か。
2) 展開／構成（development / organization）— 文章が,導入→本文→結論の流れで構成されているか。本文が,説明（description）,原因・理由（cause and effect）,比較（contrast and comparison）など読み手にわかりやすく展開されているか。
3) 語彙の選択,文法（language use, conventions）が正しいか。
である。生徒はこれらの分野を指針として,自分の考えを書き,推敲していく。

② １年生のライティング指導 （授業中の継続的な指導）

　生徒は,英語の授業で聞いたり読んだりして学んだ語彙・表現・文構造を知識として保持しているだけでなく,書いたり話したりする際に活用したいという気持ちを持っているので,積極的に使う機会を提供したい。例えば,授業である英文の一部を読んで内容が理解できたとする。教師は生徒に学んだ英文をパラフレーズ（他の語句に置き換えて説明）したり,サマリー（要約）を書くという課題を出すことで,論理的思考力と表現力の基礎の育成に役立つであろう。英文をわかりやすく書き換えるためには,同意語や構文の知識が必要である。また,英文を要約するには,リーディングの活動で一文ごとの内容の理解だけではなく,トピックセンテンス・支持文・結論など各文の役割と相互関係を理解しておかねばならない。その上,どの部分を整理してどのような表現を使ってまとめるとわかりやすくなるか考えさせることになる。

　以下,１年生の具体的な取り組みを紹介する。生徒たちはパラフレーズやサマリーの方法を聞いた後,まず,ハンドアウトの語の穴埋めや,文章を完成する形式の問題で,まとめ方の一例を学ぶ。書けそうになったら,授業中に全員が書いてみる機会を何度か持つ。模範となる文やクラスメートが書いた文を自分の文と比較して意見を出し合えば,想像していたほど難しい活動ではないことが実感できるし,クラスメートの多様な表現に出会って,自身の表現も広がっていくだろう。英文の語句を置き換えてわかりやすく書くパラフレーズ活動を通して,生徒は英文の理解がさらに進み,表現活動にも応用できることを実感するだろう。サマリーを書くときには,最初は簡潔に導入,本文（２〜３文）,結論の合計４〜５文から始めてもよい。教師は生徒が工夫を加えながら継続し

て書いていける状況を設定しておきたい。新出の語彙や構文・文法・表現などの定着を図りたいときは，それらを借用することを条件にするとよい。また，サマリーやパラフレーズにとどまらず，意見やその理由と根拠，経験や例などを書く機会を与えられることで，生徒は自分が伝えたいことをどのように書いたらわかってもらえるか工夫し，それが自己表現活動の準備になる。

　生徒は前時に学んだ内容を要約したり，自分の意見をまとめるという宿題を行う。次の授業の最初には，数語のメモだけを参考に，それらを1分間話したり，下の3分間ライティング用紙に書く活動をする。

Three Minutes Writing

Class＿＿ No.＿＿ Name＿＿＿＿＿＿

Date＿＿＿＿＿＿　　Topic＿＿＿＿＿＿＿＿＿＿＿＿＿＿＿＿＿＿＿＿＿＿

□SV一致　□時制　□単数・複数　□熟語　□接続詞　□関係詞　□後置修飾
□Introduction・Body・Conclusion

　その後，作品をペアで交換して読み，良かった点，もっと知りたいと思った点を指摘し合う。最後に教師は用紙を回収して読み，文意の通じないところは下線を引き，よく書けているところはニコニコマーク😊をつけて返却する。生徒はノートに貼り，工夫して書き直す。生徒の力がついてくれば，ペアでのスピーキング活動のときに相手が質問した事柄を，後に続く3分間ライティング活動のトピックにしたり，相手の意見と自分の意見を比較してまとめたりと，ライティング活動をスピーキング活動と結び付けて発展させることも可能である。

　3分間ライティング活動の利点は，リーディング内容の復習と，思考・表現活動が一緒にできることである。また，短時間の活動なので，授業の最初に毎回もしくは1週間に1回でも継続してできる。当初はクラス全員同じ課題で取り組むが，徐々にペアで違う課題を与えたり，賛成・反対の立場で準備させたりすることで生徒同士のインタラクションが活発になる。ライティング活動とそれに続くピア・レヴュー（peer review）の活動は，一人ひとりが責任を持って参加しなければ成り立たない自律性の高い活動である。この活動は力をつけるための練習と位置づけて，原則として評価の対象にしない。生徒には正確な

文を多く書くことを目標とするだけではなく，新しい表現も使って工夫してみようと呼びかける。

　1年生の後半になると，生徒は論理的でわかりやすい文，表現に工夫のある文，創造性や個性を盛り込んだ文を目標にし，自分の弱点を認識して書くこともできるようになるだろう。もちろん，内容が難しい文を書く場合や，たくさん書く必要がある場合は，3分という時間設定にしばられることなく時間延長をしてもよい。やり方を固定するのではなく，日々のライティング活動の目的をしっかり見据えて，生徒が段階を追って取り組んでいけるように臨機応変に対応していきたい。

③　2年生からのライティング指導

　1年生で，英文の大意をまとめたり，自分の意見を付け加えて書くというライティング活動に慣れてきた生徒は，簡潔な構成を用いて一つのトピックについて5～10分間でまとめたり，読み手を意識して考えを伝えることに大きな負担感を持たずに取り組めるようになっている。そこで2年生では，プロセス・ライティングの知識と技能を身につけるとともに，クラスメートとピア・レビューをすることで，互いに視野を広げ，学び合いの中で力をつけていく。文の種類も説明文（expository writing），意見文（persuasive writing），本の感想（book review）に加えて，ストーリー，手紙，ウェブサイト上で発信する文など，多様な文章を書くことも体験させる。

1）プロセス・ライティング

　論理的な文章を書くには，次のような書くプロセスを身につけることが必須である。

プロセス・ライティングの流れ

Pre-writing activities（Thinking, Planning）
1　Schema activating activities
　　① Brainstorming → ② Mind mapping → ③ Classifying, Categorizing → ④ Outlining
2　Writing activities（Writing & Rewriting, Editing）
　　① First draft →　② Peer reviewing → ③ Rewriting and revising
　上の①～③のサイクルを繰りかえす。

与えられたテーマに関して，何が書けるだろうか。どんな切り口で書けば良いだろうか。まず，思いつくままに単語やフレーズをマッピングして，持っている限りの考えを書き出すのが第一段階。その後，出てきた内容を分類し，展開を考える。トピックセンテンスや，支持文，論拠，例など役割を考えてパラグラフを構成する。書き上げた第一稿を受け取り手になった気持ちで読み，校正する。ここまでは個人作業である。この時点で三つの評価分野（内容，構成／展開，語彙選択／文法）にそって，自分で評価して改善の余地がないか考えてみる。次に複数のクラスメートと交換して読み，意味がわかりにくかった箇所，追加説明の必要な箇所を指摘してもらい，修正・加筆する。

論理的な思考力を身につけるのには時間がかかるが，書き慣れると徐々に自分のスタイルが作られてくる。意見文であれば，自分の「主張」をはっきり示す。その「主張」を支える根拠としての「データ」をあげ，場合によってはその「データ」が「主張」の根拠になっているという「理由づけ」も必要である。教科書の例文を参考にしたり，教師が例文を提供したりして，生徒がいくつかの文章に触れることで，生徒の書く内容も書き方も広がる。

2）スピード・ライティング

即興のライティング力を高めるために，スピード・ライティングを授業に取り入れるのはどうだろう。この活動では，メモは数行にとどめ，頭の中で構成しながら書き進める 10 〜 15 分間の活動である。辞書は極力使わず，自分が書ける最大限の力を発揮して書く。トピックは，次のように教師が身近なものから提示するのもよいが，大きなテーマだけ決めて生徒に選択権を与えると創造力が発揮されて，生徒の表現内容が深まっていく。

Speedwriting Topics
Examples
Write about the following:
　　My favorite season, My favorite movie/book, A funny/scary/sad experience, If I were the Prime Minister, 〜
Compare : You and a friend, Two sports, Two different classes
Describe : Your pet or favorite type of animal, Your ideal partner,
　　A trip from start to end
How to : cook, be happy, be creative, be a good / bad student
（葺合高等学校「総合英語」のハンドアウト　written by Ms. Rose Sabanal から抜粋）

スピード・ライティングの利点は，即座に内容を決めて，自分の書ける範囲で書くので現在の能力や課題がよくわかることである。書くことは自分を見つめることであるから，描写したり意見を書く視点を持って日頃から物を観察し，考えを深めるようになったと述べる生徒もいる。また，書きたいという思いから，ぴったり合う表現・語彙を探す習慣が身についたと言う生徒もいる。ポートフォリオの一部として作品を保存しておき，後で読み返すと自分のライティング力の向上に気づくことができる。

3）プロジェクト学習

　ここでは神戸市立葺合高校国際科3年生が行っている，調査・思考・表現活動を協働学習で行う問題解決型プロジェクトを紹介したい。テーマは次の通りである。「あなたは，グローバルな視点で商品開発をしている企業の調査・企画部に所属しています。アフリカ，中東，東南アジア，中南米のうちどこか一つの地域を選び，その特徴を調べ，住民の生活向上に貢献できる商品を企画し提案しましょう」

ア　グループ4名が同じ地域の異なった国について基本情報を収集する（人口，平均寿命，人口構成，GNP，主要産物，エネルギー，天候，失業率ほか）。インターネットの検索サイト　The World Factbook 等を利用して，一人ひとりが責任を持って英語でリサーチを行う。次に各自が企画する商品を提案するにあたって，A4で2枚程度の個人レポートを仕上げる。

イ　グループ内で各自が企画を発表する。各提案を比較検討し，特徴的な項目を図や表にまとめる。4名で相談して1つの企画を選びさらに改善し，決定した商品がどのように地域に貢献できるかを話し合い，根拠となるデータを伴った理由をあげて，A4で4枚程度の英文でまとめる。
　　商品例：ベトナムで余剰米を使ったオーガニックの化粧品開発，ブルネイでゲーム機を使った学習ソフト開発

ウ　同じ地域を取り上げた別のグループと，パワーポイントを使ったプレゼンテーションの対抗戦を行う。どちらの商品が開発する価値があるかをクラスメートに決めてもらうために，全員の前で，企画商品の必要性やその商品開発がもたらす波及効果など，訴えたい点をしっかり伝えられるように発表原稿を作成する。また，対戦相手チームやフロアーからの質問に答えられるように，想定問答も準備しておく。

このプロジェクト学習は，情報収集力，英語のスキャニング・スキミング力に加えて，多角的に考えて製品開発の可能性を探る思考力とそれを表現するライティング力・スピーキング力の向上をめざしている。個人作業から，グループの共同作業へとメンバーが互いに学び合い，協力して成長していく過程を大切にしている。

3 おわりに

高校生のライティング力を高めるためには，まず，教師が生徒の力をよく知ったうえで目標を明確にして計画を立てることが大切である。最初はゆっくりとスモールステップを積み上げ，生徒に達成感を感じさせながら，良かった点を褒めて，表現活動の楽しさを体験させたい。評価規準や模範となる文章やクラスメートの作文に積極的に触れることで，生徒には視野を広く持ち，謙虚に他から学ぶ姿勢を身につけてほしいと考えている。ライティング活動には，ペアやグループ活動を盛り込める機会がたくさんあり，思考・表現活動を通して，英語力の向上とともに，人間的な成長を願っている。

（茶本卓子）

[参考文献]
門田修平（2007）『シャドーイングと音読の科学』東京：コスモピア株式会社．
河野守夫（2001）『音声言語の認識と生成のメカニズム：ことばの時間制御機構とその役割』東京：金星堂．
竹下厚志（2007）『セルハイ研究報告書』神戸市立葺合高等学校．
竹下厚志（2011）『GTEC推奨ガイドライン 授業作りのコア』岡山：Benesse．
田中武夫，田中知聡（2009）『英語教師のための発問テクニック』東京：大修館書店．
玉井健（2005）『リスニング指導法としてのシャドーイングの効果に関する研究』東京：風間書房．
Anderson, R. C. & Person, P. D. (1984) *A schema-theoretic view of basic processes in reading*. Handbook of Reading Research Vol. 1, 255-91. New York : Longman.
Canale, M. (1983) From communicative competence to language pedagogy, In J. Richards & J. Schmidt (Eds.), *Language and Communication*. Harlow: Longman pp.2-27.
Kintsch, W. (1974) *The representation of meaning in memory*. Hillsdale, N. J. : Lawrence Erlbaum Associates.
Taguchi, E, Greta, J & Evelyn, S (2006) Developing second and foreign language reading fluency and its effect on comprehension; a missing link: *The reading Matrix* Vol. 6(2), pp.1-18.

5 章
コミュニケーション能力を育成する統合的授業 ——中学校

　今回の中学校学習指導要領改訂では，小学校の外国語活動において「聞くこと」「話すこと」を中心とした学習により，コミュニケーション能力の素地がある程度育成されることや，本格的なインターネット時代を迎え「聞くこと」「話すこと」に加え，「読むこと」「書くこと」の重要性が一段と高まってきていることへの配慮がなされている。それゆえ，学習指導要領改善の基本方針で 4 技能を総合的に育成し，4 技能の総合的な指導を通し，「4 技能を統合的に活用できるコミュニケーション能力」を育成することを求めている。

　これを受けて本章では，コミュニケーション能力を育成する四領域の統合的な授業のあり方や進め方について考える。まず，統合的な活動，授業を展開する際のポイントを示し，1 節，2 節で，中学校における統合的な授業の実践例を紹介する。

1　統合的な活動，授業とは

　統合的な活動や統合的な授業は，これまでも多くの実践がなされており，何も目新しい概念ではない。例えば，教師が small talk を聞かせ，その内容について教師と生徒で Q&A を行えば，「聞くこと」と「話すこと」の複合的／統合的な活動である。また，生徒たちが「ゴールデンウィークの予定」といったタイトルのエッセイを読み，それをモデルに作文し，その作文に基づいてスピーチをする。その後スピーチの内容について，教師と生徒あるいは，生徒同士で Q&A を行えば，4 技能の統合的な活動になる。授業についても同様である。聞いたり読んだりした内容を話したり書いたりする活動に発展させることによって，統合的な授業が展開できる。

　ただし，統合的な活動や授業を展開するにあたり，次の 2 点に留意したい。一つは，4 技能を伸ばす四領域の指導のバランスを取ることは大切であるが，一つの活動や 1 時間の授業といった単位でなく，例えば単元といった少し長めのスパンで考えることである。二つ目は，ある技能を使った活動と別の技能を

使う次の活動を有機的に関連づけ，発展的な活動になるように計画することである。

2　充実した統合的な授業を展開するために

　筆者は長年にわたって数多くの授業を参観し，分析してきたが，生徒が目を輝かせ，伸び伸び英語を使用するすぐれた授業の多くは，四領域の指導がバランスよくなされている統合型の授業である。これは，外国語学習は，入門期は別にして，4技能を関連づけ4技能を使って学習するのが理にかなっているからであろう。以下に，すぐれた統合的な授業に見られる共通点をあげておきたい。

① 4技能あるいは4技能と「やりとり」について中学3年修了時の具体的な到達目標（can-doリスト）が設定され，それに沿って各学年修了時の到達目標や年間指導計画が作成されている。そして各単元の指導計画が年間指導計画の中にしっかり位置づけられている。

② 使用教科書の題材や内容が4技能を総合的に育成する統合的な活動を計画するのに不適切なものであれば，教材を補充したり，改良したりあるいは自作したりして，充実した教材を準備している。

③ 生徒の発達段階や学習段階に合った，生徒の学習意欲を引き出す活動を計画している。

④ 課題や活動内容，発表方法などについて，ある程度生徒が決定できるよう，選択の幅を与えている。

⑤ 単元の到達目標となる活動にすべての生徒が自信を持って取り組めるよう，単元を通してスモールステップで段階的に発展する活動に取り組ませている。またポイントとなる活動では学力差についての対応が考えられている。

⑥ 口頭で説明したり，プリントで示したり，モデルのデモンストレーションを行ったりといった方法で，活動の目的，内容，方法を生徒に明確に示すことによって，活動に対する動機づけ，方向づけがなされている。

⑦ ペアワークやグループワークを活用するとともに，協働学習の意義について気づかせ，その楽しさを味わわせている。

⑧ 全員に発表の機会を与え，自己評価や相互評価によって振り返りの機会を与えるとともに，教師が発表に対して適切なコメントを行い，以後の学習

への動機づけ，方向づけがなされている。

3 本章で取り上げる統合的授業について

本章の1節，2節で取り上げる，タイプの異なる2つの統合的授業の概略について紹介しておきたい。

1節の授業は，地域の全中学校の2年生全員を対象に5日間にわたって実施される職業体験"Trial Week"を題材に，この体験学習の前後2時間からなる単元学習である。生徒たちにとって非常に関心の高いタイムリーな題材について，四領域の統合的な授業を展開し，体験学習前に体験学習に対する決意，体験学習後に体験学習での経験と自分の思いや感想を，内容的にまとまりのある文章で書かせることが主要な目標である。

この単元の題材は使用教科書と無関係であるが，言語材料（助動詞 will）は教科書の次の Lesson の先取り学習，言語活動については次の Lesson で実施する簡単なディスカッションへのステップと位置づけられている。またこの単元で使用する教材はすべて自主教材である。

なお，1節ではコミュニケーション能力の育成をめざし，四領域の統合的な授業の進め方を示すために，第1時の授業における教師と生徒の発話，教師と生徒の活動，教材や使用機器，掲示物，板書事項などについて，できるだけ詳細に記述してある。

2節の授業は，社会的な問題に関心が高い中学3年生を対象に野生動物の立場に立って環境問題を考える単元学習である。この単元は9時間の授業と夏休みの課題などで構成されており，各単位時間ではなく単元全体で四領域の学習のバランスがとられている。この単元の目標は野生動物の立場から，人間に対して動物保護，自然保護を訴える説得力のあるスピーチを，あらかじめ作成したメモを参考に，即興に近い形で行うことである。

この単元は，教科書を使って進める通常授業と併行して，月に1～2時間，合計9時間の授業であるが，通常授業で学習した語彙や文法事項をどんどん使わせる。またこの単元の授業で使用する教材は，教師が発掘した市販教材や教師の手作り教材で，すべて自主教材である。

なお，2節では，第1時から第9時までの授業のねらい，進め方，留意点について簡潔に示し，この単元学習の山場の一つである第7時の授業についてか

なり詳細に示す。

1節の授業実践と同様に，一般の公立中学校でも「生徒のコミュニケーション能力はここまで伸びる」ということを示す示唆に富む実践例である。しかしこの長期，長時間のプロジェクト型の単元学習に不安を感じられる場合，第1時，夏休みの課題，作品の展示までの単元学習としたり，第4時と第6時を割愛して7時間の単元学習としても，充実した統合的な授業実践が可能であろう。

(樋口忠彦)

1節　体験学習に対する決意と経験を語る

教師は授業を通してどのようにしてコミュニケーション能力を培っていこうかと考えながらプランを練っている。そして全員の生徒にコミュニケーション能力を高める機会を与えるにはどのような教材が適しているかと考える。生徒は自分の意見を言える内容の題材を与えられると不安なく積極的に活動する。例えば，自分の意見について他の人の意見を聞き，さらに関連する記事などを読み，最終的に書いてまとめるという4技能を統合した活動にものびのびと取り組む。今回，2年生の学校生活の中でタイミング的にピッタリくる題材－**トライやるウィーク**（Trial Week）を見つけることができた。

1　本単元の指導目標と指導計画
① 本単元の指導目標
 1)「未来表現」のひとつである will の文を学ばせる。それまでに，主に動詞（be 動詞・一般動詞）の現在時制や過去時制の文，現在進行形の文，助動詞 do, can を使った文を学習しているが，「未来表現」は初出である。年間計画に基づき，be going to は will の約1ヵ月後の指導となるので，その際に両者の意味や用法の違いなどについて指導する。
 2) 体験学習－Trial Week というトピックを通して，内容的にまとまりのある英語を聞き，話し，読み，書く活動をさせる。
② 本単元の指導計画
第1時
　まず生徒全員の発話を促しやすい「学年行事」を話題に選び，will の導入を行う。さらに will の持つ単純未来と意志未来の表現を両方とも活用できる展

開とした。Trial Weekとは，筆者の勤務校のある姫路市内の中学2年生が，5日間学校を離れ，近隣の事業所で行う職業体験のことである。生徒にとって楽しみでもあるが非常に緊張し不安もあり，近づくにつれ心理的に不安定になる生徒も少なくない。そこで，少しでも不安を取り除き，かつ元気に目標を持って体験学習に臨ませたいという教師の願いも込めて授業を展開する。

第2時

体験学習を無事終え，生徒が一週間ぶりに学校に戻ってくる直後の授業である。体験学習での経験をまとめる活動では第1時で使った文を過去形に変えて表現するなど，第1時で学習した内容を活用して楽しく取り組ませる。

なお，この単元の次に，使用教科書（*NEW CROWN English Series 2*, Lesson 3 "At the Zoo"）を扱ったが，この単元で学んだ語彙や文法事項を活用して教科書の内容理解を進め，さらにディスカッションへと進んだ。ディスカッションでは，生徒が絶滅危機に瀕している動物，動物園の飼育員，絶滅を救おうとしている人，絶滅のことを知らない人，動物に関心のない人などの役割を演じ，それぞれの役になりきって思い思いの意見を述べ，また司会者である生徒は聴衆である他の生徒にも意見を求めたので，全員が参加しての意見交換を行うことができた。

2 学習指導案（概略）

・学級：2年1組A（男子11名　女子8名）
・題材：体験学習（Trial Week）
・授業計画：第1時　willを使った未来表現①（肯定文）
　　　　　　第2時　willを使った未来表現②（疑問文とその応答）
・本時の目標：・willを使った未来表現を理解する
　　　　　　　・体験学習について英語で話すことができる
　　　　　　　・先輩やALTからのメッセージを理解することができる
・準備物：ポスター，絵，単語カード，自作ビデオ，自作音声教材，プリント
・指導過程：指導過程については，「3 授業の実際」を参照。

3 授業の実際

① Greetings & Small Talk　（2 min.）

あいさつ後，当日のニュースなどを話題にして英語学習の環境を整える。

② Warm-up （1 min.）: Chants

次の活動につなぐための英文を含んだ，授業者が作成した次のようなチャンツを発声練習を兼ねて楽しむ。全員でコーラス後，一文ずつまわす。教師は生徒個々の発音やイントネーションをチェックし，指導を行う。

Last, last, last Sunday.
Did you watch TV? — Yes, I did. I watched baseball on TV.
Last, last, last Sunday.
Did you read a book? — Yes, I did. I read a comic book. It was fun.
Last, last, last Sunday.
What did you do last Sunday?

③ Communicative Activity （7min.）: "I'm a reporter." "What did you do last night?"

2年生の5月ごろから授業の初めに毎時間取り組む活動である。既習事項をふんだんに使って自己表現させ，まとまりのある文章を話すことや書くことを楽しませる。1) から 4) まではすべて 5) の writing につながるステップとなり，4技能の統合を図ることができる。

1) Talk in Pairs

教師は"Please ask your partner A, 'Hi, what did you do last night?' Let's start." とその日のトピックに関連した質問をする。生徒は横の人とペアになり（partner A），それを使って1分間でインタビューし合う。これは 2) Impromptu Conversation のリハーサル的活動でもある。

2) Impromptu Conversation

全員の前で，partner A 以外の人と即興会話にチャレンジする。1) で partner A と一度話した後なので，即興の会話であるが比較的取り組みやすい状態になっている。聞き手は必要に応じ，メモをとっても構わない。以下の会話は，あるペアの即興会話を生のまま転写したものである。（なお，以下の生徒の会話，作品例はすべて生のまま掲載してある。）

S1: Hi.
S2: Hi. What did you do last night?
S1: I studied English. I like English. Do you like English?

S2: Yes, I do. I like English every day.（laugh）（自分で訂正して）
　　I study English every day. What did you eat last night?
S1: I ate chicken. It was delicious. What did you eat last night?
S2: I ate *gyoza* and *buta-no-shogayaki*. It's delicious.
　　I like *shoga-no-butayaki*.（laugh）　Did you watch TV?
S1: Yes, I did. I watched baseball on TV.（laugh）
　　I like Orix. It's strong. Do you like Orix?
S2: No, I don't. I like Hanshin Tigers. I like Brazell.（laugh）
　　It's cool.（自分で訂正して）He's cool. Do you like Hanshin Tigers?
S1: Yes, I do.
S2: Me, too.（laugh）
S1: You, too?
S2: Me, too.
S1&2:（肩を組んで）Yeah！
T : OK. You're good friends.

3) Reproduction in Pairs

　2) で聞いた会話の内容をペアになって確認し合う。わかりにくかった箇所や聞き逃した箇所を補い合ったり，また理解できた内容を英語で伝え合ったりする。これは次の4) Report をする前段階的活動である。

S3: S1 studied English last night. He likes English.
S4: That's right. S2 likes it too. He studies it every day.（以下，略）

4) Report

　3) で確認した2) の会話内容を，教室の前でクラス全体に自分の英語で発表する。生徒には，聞き手の顔を見て，みんなが納得しながら聞いているかを確かめながら話すようにふだんから指導している。2) の会話内容のリプロダクションであるが，慣れてくれば自分の意見を加えたり，聞き手に関連した質問を投げかけたりして，発表を充実させていく。

S5: Hello. Ryohei ate chicken. It was delicious. He watched TV. He watched baseball on TV. He is an Orix fan. And a Hanshin Tigers fan, too. Kenzo ate *buta-no-shogayaki* and *gyoza*. He's a Hanshin Tigers fan too. He likes Brazell. Thank you.

5) Writing

最後に，2）でS1, S2が発話した内容をノートに自分の英語でまとめる。3）のペア活動や4）のリポートでの文を参考にしたり，また自分のオリジナルの文を書き加えたりすることを奨励すると，生徒は「書いてまとめる」ことをいっそう楽しむようになる。3分間の活動であるが，その間に教師は質問に答えたり，個別指導をしたりする。

生徒のノートより

Today's Topic: What did you do last night?

Ryohei studied English last night. He likes English. Kenzo likes English too. He studies English every day. Me too! It is difficult, but it is interesting. I studied it after dinner last night.

Ryohei watched baseball on TV last night. It was fun. He likes baseball. He likes the Orix. It is strong. Kenzo likes the Hanshin Tigers. He likes Brazell. He is cool. Ryohei likes the Hanshin Tigers too. I like volleyball. So, I don't watch baseball on TV.

Ryohei ate chicken last night. It was delicious. Kenzo ate *buta-no-shogayaki* and *gyoza* last night. They were delicious. I like pork too. I ate *yakisoba*. It was delicious.

---

④ **Presentation of the New Materials (7 min.)**

クラス全員で共有できるトピック "Trial Week" でwillの導入を行った。当日の午後は学年行事として体験学習の出発式が体育館で行われた。

T: Today, in the afternoon, you will have an event in the gym. What will you do in the gym? You will have a ....

Ss: "*Shuppatsushiki.*"

T: Oh, yes. You will have a ceremony for Trial Week. Say, "Trial Week."

Ss: Trial Week.

T: OK. Toyotomi students have Trial Week in June. OK?（文全体の意味を生徒が捉えているかを確かめる。次に部分的に音読できるように指導を入れていく）

T: Toyotomi students have Trial Week. Please say.

Ss: Toyotomi students have Trial Week.

1節 体験学習に対する決意と経験を語る　117

T:（付け加えるように）… in June.　Repeat.

Ss: … in June.

T: Every year Toyotomi students have Trial Week in June. Repeat.

Ss: Every year Toyotomi students have Trial Week in June.

T: OK, check your partner A.（本時のターゲット文につなげるための大切な1文であるのでしっかりと練習させる）

Ss:（ペアで明瞭な声で繰り返して言えるかどうかを確認し合う。教師の支援が必要なペアは積極的に挙手し，教師を呼ぶ。教師は個別指導をする）

T: OK. S6, say it once again.

S6: Every year Toyotomi students have Trial Week in June.

T: Good. Last year the students visited …. How many places? Twenty-…?（生徒に考えさせる）

Ss: 21.

T: 21. Yes. Last year the students visited 21 places. Please say.

Ss: Last year the students visited 21 places.

T: OK. Check your partner A.

Ss:（ペアで英文を正しく言えるかどうか確認し合う。必要に応じ，教師は指導を加える）

T: OK, S7, say the sentence.

S7: Last year the students visited 21 places.

T: Very good.（1文ずつ積み上げさせていく）This year you will go to …. How many places?（生徒の返答を待って）You will go to twenty-….

Ss: 24！

T: Yes. That's right. This year you will go to 24 places. Repeat.

Ss: This year we will go to 24 places.

T: OK. Let's check with the poster.（今年の Trial Week のポスターを黒板に貼りながら）Do you like this poster?（生徒の返答を待って）I like this poster. It's so beautiful.（貼り終えて）Look. These are the names of the places.（ポスターに書いてある活動場所を指でさしながら，生徒と数を数えて確認して）This year you will go to 24 places.（生徒の納得した表情を確認する）

T: OK. Practice the sentence with your partner A. Let's start.

Ss: (ペアで正しく言えるかどうか確認し合う。必要に応じ、教師は指導を加える)

T: All right. S8, try. This year....

S8: This year we will go to 24 places.

T: OK. Class, can you give me 3 sentences. Every year....

(教師が導入した三つの英文を生徒から引き出しながら板書していく。そのとき，will の部分はあらかじめ作っておいたカードを貼り注目させる。また，⑤のポイントとなる動詞に下線を引く)

板書文

> Every year, Toyotomi students have Trial Week in June.
> Last year, the students visited 21 places.
> This year, we will go to 24 places.

⑤ Explanation of Grammar Points & Mim-Mem (3 min.)

1) 今日のポイントの提示と確認

T: 今日は未来のことについて表現する文を練習しています。（黒板の今日のポイントを指して）未来のことについて表現する場合，I will ....を使います。これが今日のターゲットです。OK?

> Today's Target
> 「未来のことについて表現する」
> I will ～ .

Ss: OK.

T: （板書した一番上の文を指して）この文は「毎年～だ」という文なので，動詞は have になっています。（第2文を指して）この文では visited が使われています。どうしてですか。

Ss: 去年についての文だから visit の過去形です。

T: そうですね。visit の過去形を使います。（黒板の3番目の文を指して）では今日のポイントの未来のことについての文はどうですか。そうですね。このように will を使います。will のうしろの動詞の形はどうなっていますか。

Ss: go.

T: そう，go ですね。動詞には過去形というものはありますが，未来形とい

うものはありません。未来のことを表現する文を作るときには, will の後に動詞の基本形, つまり原形を置きます。can のときと同じですね。

2) Mim-Mem

T:（板書された3文を指して）Let's read these 3 sentences together.

Ss: Every year, Toyotomi students have Trial Week in June. Last year, the students visited 21 places. This year, we will go to 24 places.

T: Good.（机の前後ペアを活用して）Check your partner B. Stand up, please. Let's start.

生徒はこれまでとは異なるパートナーとペアになり, 互いにチェックを受ける。相互に正しく読めているか確認しながら, 音読の自信も深めていく。教師は, この3文が次のスピーチの基本文となるので, 全員が正確に言えるように指導を徹底する。

⑥ Pre-communicative Activity (12 min.)

1) Short Speech

積み上げ方式で, Trial Week について will を使って自分のことを表現できるようにさせる。

(1) "Where will you go during Trial Week?"

T: Well, where will you go? Will you go to Izuminomori? Will you go to Ebuna Golf Center? Where will you go? Repeat, "Where will you go?"

Ss: Where will you go?

T:（答え方の例を示し, 発表の準備をさせる）I will go to Shirasaginitto. I will go to Neverland. OK?（生徒の声量を高めさせるため, ななめペアを使って）Please ask your partner C. Where will you go?

Ss: Hi. Where will you go? − I will go to .... How about you? − I will go to ....

（ペアで質問の仕方と答え方を練習しながら, 相手の活動場所を知る。必要に応じ, 教師は個別指導や全体指導を加える）

T: OK. Stop speaking. S9, where will you go?

S9: I will go to Mikage Koken.

T:（クラス全体を巻き込むため, 同じ活動場所へ行く生徒に挙手を促す）Who will go to Mikage Koken?（同じ活動場所に行く生徒がいないような

ので，S9に向って）Oh, only you.（S9の表情を確認後，別の生徒に活動場所を尋ねる）

T: S10, how about you?

S10: I will go to Central Park.

T:（同じ活動場所へ行く生徒に挙手を促すために）Who will go to Central Park?

（少数の生徒が挙手。別の生徒にも質問を広げる）

T: S11, where will you go?

S11: I will go to Meijo.

T: Meijo. Oh, I see. Class, S11 will go to Meijo.

生徒の活動場所がある程度わかったので，話題を次に進める。

(2) What will you do?

T: You will go to your place. And what will you do there? Will you clean the room? Or will you make *sake*? Or will you help the children? What will you do? Repeat, "What will you do?"

Ss: What will you do?

T: I will .... Please say about your work, *shigotonaiyo*. OK?

Ss: OK.

T: Talk with your partner C once again.（1）で練習したWhere will you go?に関連する内容なので，（1）と同じパートナーCと話し合わせ，自分のことについて2文言えるように練習をさせる。

(3) Mini Speech & Q&A

T: Can you say, S12? Come on.

S12:（S12は教室の前に立ち，クラス全体に向かって）Hi. I will go to Sempel. Well, ...

T: OK.（クラスに向って）He will go to Sempel, a barber.（S12に対して）What will you do there?

S12: I will clean the barber.

T: You will clean the barber. I see. Thank you.

S12: Thank you.

続けて数人に発表させる。発表後，聞き手の生徒や発表者とQ&Aを行う。

S13: Hi. I will go to Hagi Preschool. I will play with children. Thank you.

T: What will S13 do? She will....

Ss: She will play with children.

T:（発表者に向って）Do you like children?

S13: Yes, I do.

T: Yes, you do. Good job!（applause）

2) Messages from their *Sempai*

　ここまで，自分の活動場所と活動内容を伝える表現を練習した。次に「自分の意志（決心）を伝える＝I will ～」を使って，どんな気持ちで体験学習に臨むのかを考えさせた。ここでは，先輩にあたる本校の中学3年生のアドバイスを録音した自作音声教材を使用した。生徒は聞き覚えのある先輩の英語に声に耳を傾け，うれしそうにアドバイスを受け取った。

(1) <u>Listening</u>

　T: Your *sempais* want to give you some advice. Let's listen to them. OK?

　Ss: OK.

　T:（上級生と作成した音声教材を一度聞かせる）Please catch their advice. Are you ready?

　　Hi. I'm Mika. I went to Toyotomi Nursery School during Trial Week last year. I played with the little boys and girls. They were cute. I ate lunch with them. It was delicious. Well, everyone, please be kind to people. Good luck!

(2) <u>Comprehension Check</u>

　T: Do you know this *sempai*? ... Mika. Mika went to ....

　Ss: ... Toyotomi Nursery School.

　T: Oh, yes. She helped ....

　Ss: ... the children.

　T: Good. She played ....

　Ss: ...with little boys and girls.

　T: And, what is Mika's advice to you?（聞くためのポイントを与える）Well, everyone, please listen once again.（もう一度聞かせる。先輩からのアドバイスを聞き取らせる。その後，その内容を確認する）

T: She said, "Please …. （生徒の発話を導く）

Ss: …kind…

T: Please be kind to …. （be が欠落しやすいので注目させる）

Ss: Please be kind to people.

T: Good. 先輩のアドバイスを書いたカードを提示し，黒板に貼る。

> Please be kind to people.

T: This is Mika's advice to you.　Let's read together.

Ss: Please be kind to people.

T: Oh, this is a piece of good advice. （生徒が発話する際のモデルになるような表情やしぐさをつけて，力強く）OK. I will be kind to people. Please say it.

Ss: （表情やしぐさをつけて）I will be kind to people.

同じ要領で，他の先輩のアドバイスも紹介する。

(3) Talking about the Message

T: Will you be kind to people? S14, will you be kind to people?

S14: Yes, I will.

T: Well, you have good *sempais*. Yes? You're happy *kohais*. Yes? （生徒の表情や返答をつかむ）Your *sempais* gave you some advice. Well, which is your favorite one? S15, which do you like the best?

S15: I will be kind to people.

T: OK. So, class, please make your decision. Say, I will ….

ペアで自分の決心を伝え合う。教師は必要に応じて個人指導を行う。

T: Stop talking. Now tell us your decision.

S16: I will do my best.

T: Good luck. How about you? （できるだけ多くの生徒に発表させる）

⑦　**Communicative Activity（8 min.）**

ここまで自分の体験学習について 3 文で表現する練習をした。次にこれらを活用して，まとまりのある文章を発表できるように練習する。

1）Model

T: Each group has a speech show. Each speaker will stand up and speak like this. "Hello. I will go to …. I will do …. I will …." （最後に聞き手は

発表者に対して拍手し，"Good luck." と声をかけるように指示する）

2) Practice in Groups

少人数クラスなので，3人か4人のグループが5つである。グループ内の発表の順番は自主的に決める。教師はまず第1スピーカーが始めやすいように次のように指示する。

T: Who goes first in your group?（1番目のスピーカーは挙手する。そのスピーカーたちに向って）Stand up and speak. Look at your friends. Let's start.

3) Speech

S17（第1スピーカーの1人）: Hi. I will go to Hanamizuki. I will help old people. I will keep smiling. Thank you.

Ss: Good luck.（applause）

以下，各グループの全員が順に起立して発表する。その間，教師はしっかり観察し，全体にフィードバックすべき事柄があれば指導する。グループの全員が発表し終わると，他のグループの発表に耳を傾け，一緒に楽しむように習慣づけておくとクラス全体が一つにまとまっていく。

⑧ Chelsey's Message (4 min.)

ここまで積み上げ方式で，体験学習について板書した3文に加え，自分のことを表現する3文は少なくとも言えるようになったのを確認した。次に，これらの文を活用して自分の英語でまとめさせるため，まずALT（前年，半年間教えてもらったALT）からのビデオレターを視聴させる。ALTには，体験学習に対する不安を取り除くような励ましの表情で語ってもらった。また，使用した英文は，JTEとALTと相談して生徒が自己表現で使えそうな語彙や構文を選んだ。また，ALTにはwillを自然な文脈で使うように配慮してもらった。

1) Watching the Video

T: Your *sempais* want to help you. And one of your good friends wants to support you. She is from the USA. Who is that?

Ss: Chelsey!

T: Oh, yes. Chelsey wants to see you every day. Let's listen. What is her message?

（ここでTVのスイッチを入れ，画面を見せる）

Hello! How are you? I am great, but I miss you. I hope I will go to Toyotomi in September.

Soon Trial Week will start. You will work at many places by your school. It will be difficult, but it will be interesting. You will learn a lot. It will be good for you.

Please try hard and do your best! Please enjoy Trial Week. See you!

2) Catching & Talking about the Message

T: What is her message?

Ss:（個々に返答する）It will be difficult. It will be interesting.

T: Good. She said, "The work will be difficult, but it'll be interesting. So, please enjoy it ...."（視聴したビデオの行間から ALT の思いを生徒から引き出す）

Ss: ... a lot!

T: Yes. A lot! You will enjoy yourselves a lot. It's important.（カードを提示しながら）Please read this card.（全員の生徒によく見えるように, Please enjoy Trial Week. と書かれたカードを黒板に貼る）

Ss: Please enjoy Trial Week.

T: This is the most important. Please enjoy your Trial Week. OK?

Ss: OK. I will enjoy my Trial Week.

T: OK. So, listen to Chelsey once again to make it sure the whole message. OK? Listen.（ビデオをもう一度見せて, 理解を深めさせる）

T:（話題にした種々のメッセージの総まとめとして, 黒板に貼ったカード類を指しながら）These are from your *sempais* and Chelsey. Please remember them and enjoy Trial Week.

3) Reading Chelsey's Letter

T: Chelsey also wrote a letter to you. Here is the letter. Please read it and get her message.（ALT の手紙を配布する）

この手紙はこの後のライティングのモデルとなる。生徒に読む楽しみを最大限に与えるため, ビデオレターをそのまま文字にしたものではなく, 新しい情報を加え, かつ手紙本来の特徴を大切にした文面とした。また, 短い文を羅列

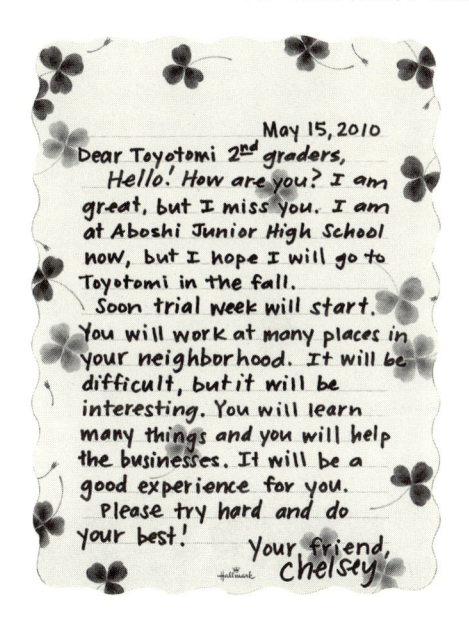

> May 15, 2010
> Dear Toyotomi 2nd graders,
>   Hello! How are you? I am great, but I miss you. I am at Aboshi Junior High School now, but I hope I will go to Toyotomi in the fall.
>   Soon trial week will start. You will work at many places in your neighborhood. It will be difficult, but it will be interesting. You will learn many things and you will help the businesses. It will be a good experience for you.
>   Please try hard and do your best!
>   Your friend,
>   Chelsey

するのを防ぐため，一つ一つの文が比較的長く，さらに文と文のつながりが明確で，まとまりのある内容になるように書いてもらった。

⑨ **Consolidation (5 min.)**

 T: (生徒の注意を引きつけるように) Now, suppose I'm a student. Listen to me.

板書した文章を筆写後，本時に聞いたり，話したり，読んだりした文を活用し，自分で考えた文を自由に加えて積極的にライティングにチャレンジできるように，まず教師が生徒の立場で作成したモデルの提示を行い，Trial Week について作文させた。

 T: Every year, Toyotomi students have Trial Week in June. Last year, the students visited 21 places. This year, we will go to 24 places. I will go to Meijo. I will clean the bottles for *sake*. I will not drink *sake*. (laugh) I'm a student. (力強く) I will do my best. And I will enjoy Trial Week.

　 Now, you are going to write sentences about your Trial Week. I'll give you about 4 minutes. OK? Open your notebooks once again. Let's start. If you have any questions, please raise your hands.

生徒はALTの手紙や教師のモデルを参考にして，自分のTrial Week につ

いてどんどん書いていった。以下に生徒作品例を紹介する。この生徒は成績上位生徒である。しかし1年生の頃は与えられた日本文を英訳するのは得意であったが，与えられたタイトルに対して自分の思いや考えを自由に英語で表現するのは苦手な生徒であった。しかし授業への意欲的な取り組みによって，2年生になる頃には表現力を高め，自己表現を楽しむようになっていた。

生徒のノートより

Trial Week

Every year, Toyotomi students have Trial Week in June. Last year, the students visited 21 places. This year, we will go to 24 places.

I will go to Hagi Preschool. I will help the children. I will play with them. I will read "Guri and Gura" to them. It is my favorite book. I will eat lunch with them. I will plant sweet potatoes with the teachers and the children. It will be fun. I can play the piano, so I will play my favorite anime music. I will be kind to the children.

When I was little, I went to Hagi Preschool. So, I will see my preschool teachers.

Trial Week will start soon. It will be difficult, but it will be interesting. I will learn a lot. I will do my best, and I will enjoy Trial Week.

---

⑩ **Closing Message** （1 min.）

T: Time is up. Stop writing, please. Put your pencils down. So, class, look at me. Trial Week will start very soon. I hope you will have very great Trial Week. You can do it. Please make your wonderful and beautiful Trial Week.

Ss: We will make wonderful Trial Week.

T: Good luck!

楽しさと不安の両方を抱えてスタートしたTrial Weekであったが，英語の授業でのスピーチによって目標を明確につかみ，しっかり決心した生徒も多かったようだ。

第2時は体験学習の終わった直後で，それぞれに体験学習中の活動について発表した。第1時同様，まず活動場所・活動内容・印象に残ったことなどをま

とめさせた。第1時に will を用いて表現した文を過去形を使った文に変え，全員が上手に発表していた。各生徒の発表後，"Will you be a nurse in the future?" など発表内容に合わせた質問をして，will を使った質問文とその答え方を練習した。発表後，ノートに体験学習で自分が経験したことや思ったりしたことをまとめて書かせた。以下に，特別老人施設で活動したが，行くまではお年寄りの方々とうまくやれるかという不安と緊張で体調まで不安定になった生徒の作品例を紹介する。

第2時で生徒が書いたノートより

My Trial Week

I went to Hanamizuki during Trial Week. I went there for five days. The work started at nine, but I went there at eight forty-five. I was busy and tired every day, but I was happy there. I talked a lot with the old people. It was fun. They were kind to me. When I helped them, they said, "Thank you." to me. I said, "Thank you." too. I liked their smiles. I cleaned their rooms every day. I ate lunch with them.

On the second day, we went to Rose Park. It is near the river. We saw many roses there. They were very beautiful.

On the fourth day, we made *wagashi*, Japanese cake. It was delicious.

I had a good time with the old people. I like them very much. My Trial Week was great.

---

4 おわりに

4技能の統合を効果的に図るため，ライティングの活動を指導過程のどこに位置づけるかを熟考したい。本授業においては，will に関しての十分なインプットを与え，体験活動についての基本的な表現に種々の練習を通して習熟させ，それらを全員の生徒が話したり書けたりできる状態にした。体験活動について4技能を使った活動を重ねながら，生徒は書きたい内容を膨らませ，思考を深めることができた。その結果として，本時の授業の最後に位置づけた Copying & Writing More の活動では，どの生徒も自己表現を思いっきり楽しむことができたように思われる。今後も各生徒が自分の英語を無理なく使える話題や場面を提供していきたいと考えている。

(稲岡章代)

2節　野生動物の立場から環境問題を考える

1　本単元の指導目標と3年間の指導計画における本単元の位置づけ

　中学3年生では社会性のある話題についても英語で語り合おうとする態度を養いたいものである。中学1，2年生の学習で身の回りの出来事や人間関係，将来の夢といった個人的な思いなどを英語で語ることができるようになった生徒たちを，自分中心の世界から広く社会の他者と語り合うために英語を使うという新たな段階へつれていくのである。

　語彙的には中学生が英語でこういったテーマで語るのは難しい面もあるが，素朴な形であれ一度取り組むと生徒たちの興味・関心は成長していく。また，英語で意見を述べる方法を学ぶことができる。英語学習の早い段階で基本的な形であっても，このような議論の展開に慣れていれば，学年が進むにつれ習得した語彙や社会常識を取り込みながらより詳しく深く語れるようになるだろう。

　そこで中学3年生の2学期半ばに，野生動物の立場で環境問題についての意見発表をする活動を含む「野生動物の立場から環境問題を考える」をテーマとする単元を計画した。単元とはいっても，教科書に沿った通常の授業を行いながら5か月の間に計9回の授業，および夏休みの課題や文化祭展示も利用しながら取り組んだプロジェクト学習である。このプロジェクト学習の目標は次の3点であった。

① 中学3年生で習う文法事項（受動態，「want 人 to 不定詞」，関係代名詞）を使いこなす。
② 環境問題について考えを深め意見を述べる。
③ 説得力のある意見の述べ方を学ぶ。

　①については，文法事項はメッセージをより正確に伝えるためのツールである。それゆえ中学校の文法事項を使ってうまく表現できるようにした。また，文法事項は使うために習うのである。学習した文法事項を活かす活動になるように計画した。

　②については，環境問題や人権問題を英語の授業で扱うのが難しいのは生徒が「結論は決まっている」と感じがちなことである。例えば，ごみは捨ててはならない，車は使用しないほうがよい，相手が自分と異なる社会層出身だという理由で差別してはいけないなど，決まりきったことを言わなければならない

のは，中学生にとってつまらないのである。そこで，人間の立場からでなく，「野生動物になって考えてみよう」という設定により，生徒の興味・関心を引き出す工夫をした。

③については，過去にディベートを指導した際，相手の主張を聞いて即座に反論するが，1文で言うにとどまり，2文，3文と積み重ねて粘り強く論を述べることに苦労していることが観察されたことから設定した。説得型のスピーチに即興に近い形で取り組ませ，説得力のある意見の述べ方を指導したいと考えた。

2 指導計画
① 指導計画の作成にあたって考慮したこと
1) テーマについての関心を高め，関連語彙を増やす

環境や人権といった社会的なテーマを教室で扱うとき，全生徒にそのテーマへの関心が共有されていることとそのテーマに関する語彙がある程度拡張されていることが必要である。「では，野生動物について語りましょう」では始められない。どの生徒も興味を持って工夫して野生動物について調べさせるために，「ポスター新聞」の作成に個人またはペアで取り組ませることにした。

また長文読解指導を兼ねて野生動物や環境保護に関する長文に取り組ませた。
2) 取り組ませたいスピーチのイメージを理解させる

それまでに生徒が取り組んだスピーチは「物語るスピーチ」(narrative speech)であったので，目的の異なる「説得するためのスピーチ」(persuasive speech)のイメージを持たせる必要があった。セヴァン・カリス・スズキという12歳の少女が行った地球サミットでの演説の原稿とDVDを利用した。原稿は高校の教科書に紹介されたりしているが，文法面は難しくないので日本語訳を利用しながら中学生でも理解できる部分を中心に用いた。
3) 学力差に対応する

中学3年生ともなると学力の差が大きいが，「野生動物になって語る」という設定ならばどのレベルの生徒でもスピーチの原稿が作成しやすいと考えた。また文法事項の復習を丁寧に行う，カルタゲームを使った聞き取り活動を取り入れる，野生動物の映像資料を用いるなど，途中の学習が準備であると同時に生徒にとって楽しい活動であるように工夫した。

4) 聞く，話す，読む，書く学習と文法学習の統合を図る

9回にわたる単元計画のメインは，第7時，8時の All the Creatures' Eco Summit と銘打った「説得力のある主張をする」という話す活動であるが，以下に示すように，事前の「ポスター新聞」の作成で調べたことを整理した形で書く活動，スピーチモデルや長文を読む，スピーチ DVD を視聴する，事後は書く活動で締めくくる，というように4技能をバランスよく取り入れた。文法学習面でも3年生2学期に習う文法事項の習熟が図れるようにした。

また，第7，8時の授業に向けて生徒に必要な力をつけていくために，第1時から第6時の授業を設計しているが，それぞれ独立した授業としても生徒にとって楽しいものになるように工夫した。

② **指導計画**

月	時数，形態	内　容	時
7月	第1時	野生動物に関する「ポスター新聞」作成についての説明と教師作成の見本と作成マニュアルを読む	1
8月	夏休み課題	①指定された15種の野生動物から一つ選んで「ポスター新聞」を作る ②セヴァン・カリス・スズキのスピーチ原稿を読む	
9月	展示	夏休み作品展として「ポスター新聞」の展示 (10月の文化祭でも再度展示する)	
9月	第2時	夏休みに課題として読ませたスズキのスピーチ原稿を読み，スピーチ DVD の視聴 (これまでのスピーチとの違いを学ぶ)	1
9月	第3時	夏休みに作成した「ポスター新聞」を使った発表	1
10月	通常授業	creative writing「動物になって人間に要求する」 (「want 人 to 不定詞」の学習のまとめとして)	0.5
10月	第4時	長文読解練習を兼ね野生動物と人間の関わりを考える物語を読む	1
10月	第5時	①「野生動物カルタ」で関係代名詞を含む文の聞き取り ②日本および東アジアの絶滅危惧動物が抱える環境問題を考える 　(後の授業で扱う動物を中心に選定)	1
11月	第6時	creative writing　「写真の動物になって台詞を作る」	1
11月	第7時	All the Creatures' Eco Summit ① 「野生動物の立場から環境問題を考える」	1
11月	第8時	All the Creatures' Eco Summit ② 「野生動物の立場から環境問題を考える」	1
12月	第9時	creative writing「野生動物からの訴え」 All the Creatures' Eco Summit で行ったスピーチを writing 作品として仕上げる	1

＊第2時のスズキのスピーチに関する授業は2時間計画でもよい。また生徒の実態によっては日本語で理解させた後，DVD 映像を鑑賞するというスタイルを取るのもよい。

③　この単元までの取り組み

「書くこと」については，1年時より創作用のノートを持たせ，折に触れさまざまなテーマで書かせているので，想像力を使って書く creative writing に慣れている。2年時の班で新聞を制作したり，個人で旅行パンフレットを製作したりといった経験が四つ切画用紙サイズの「ポスター新聞作成」にも活かされていた。

「話すこと」のうち，スピーチについては prepared speech に1年生から段階を追って取り組ませており，3年生1学期には150語から200語程度のスピーチ発表を行っている。また，トピックを与え2分程度考えたあと原稿なしで話す即興スピーチにもときどき取り組ませている。

3　本単元の各時間の授業展開

① 第1時　野生動物に関する「ポスター新聞」作成について説明を聞き，課題を理解し計画を立てる

夏休みを利用して，野生動物について調べ，英語でまとめ写真や図も用いて四つ切画用紙の「ポスター新聞」を作成させる。全員が前向きに取り組めるようにするには丁寧でわかりやすい説明が欠かせない。

教師が作成した見本（ツキノワグマ）を見せ，仕上げるべき作品のイメージを理解させた後，作成のルールやコツを示したマニュアルに沿って説明する。また，作成は個人で作るほうが自由に工夫でき，優秀な作品になることが多いことを説明したうえで，ペアでの作成も認める。3年生の夏休みは部活動や受験勉強上での課題を抱える生徒もいるからである。対象動物は，後に環境問題について議論することを念頭に置いて教師が選んだ20種の動物から選択させる。その際，偏りを避けるための工夫が必要である。抽選という方法もあるが，筆者の場合はクラスごとに一つの動物につき3人ないし3ペアまでという制限を設けた。色画用紙は学校で用意し好きな色を選ばせた。

動物は生徒が調べやすい，興味があるものを含めるとともに地域性も考慮して選ぶ。筆者の場合は兵庫県で保護活動が盛んなツキノワグマ，コウノトリなどを含めている。教科書に取り上げられた野生動物があれば含めるとよい。参考までに指定した動物は以下の通りである。

サンゴ，ウミガメ，コウノトリ，ヒグマ，北極グマ，クジラ，オランウータン，

ホタル，パンダ，ホンドタヌキ，アカギツネ，キタキツネ，ニホンザル，イリオモテヤマネコ，アフリカゾウ，シマフクロウ，タンチョウヅル，トキ，ペンギン，ニホンオオカミ。

なお，ツキノワグマは教師作成見本に用いたため除外した。ニホンオオカミは既に絶滅しているが含めた。また生徒が指定以外の動物を調べたいと申し出たときは絶滅の恐れのある野生動物であれば理由を聞いたうえで許可した。

取り上げるべき内容もある程度指定する。身体の特徴や生態，食性の他に，後に環境問題を扱うことを念頭に置き生存環境で起きている問題の項目も必要である。事典で調べて英訳したり，写したりだけではなく，自分で考え調べなければならない課題になるようにする。指導者は理科，社会の教科書も照合し，関連する学習分野も生徒に示しておくとよい。筆者は「日本文化におけるその動物のイメージはどのようであるか」という項目も指定し，文化的な側面からも人間との関わりを考えさせ，総合的な学習になるようにした。

提出された作品は非常によく工夫されており，夏休み明けに展示をしたところ，3年生だけでなく1，2年生も非常に関心を持って読み，展示を通したよい学習になり大好評であった。

② 第2時 セヴァン・カリス・スズキのスピーチから学ぶ

夏休みの課題としてセヴァン・カリス・スズキのリオ・サミット「伝説のスピーチ」の原稿にパラグラフ単位の対訳をつけ，中学生でも無理なく理解できる箇所の日本語訳に空所を設け，英語と日本語を対比して読むようにさせた。

授業では班ごとに自分たちの訳を話し合わせた後，教師が説明を加えながら訳を確認するとともに，このスピーチに特徴的な手法を考えさせる。繰り返し，対比，具体的イメージの喚起，比喩の使用などである。特徴的な部分を音読させリズムの良さにも気づかせる。なお，スズキのスピーチ原稿はインターネットで見ることが可能である。

　生徒が原稿を理解した後，セヴァン・カリス・スズキのスピーチDVDを視聴する。7分間のスピーチは非常に聞き取りやすく，また聴衆を惹きつける力強さがある。あらかじめ原稿を読んでいれば中学生でもよく理解でき，興味を持って聞く。スピーチを行っている際の姿勢，視線，声などにも注目させる。

③　第3時　「ポスター新聞」を用いた活動

　4～6人の班を作り，班ごとに自分の「ポスター新聞」で取り上げた動物について簡単に英語で解説する活動を行う。

　まず，教師がなるべく易しい英語を用いて自分の作品でやってみせる。できる範囲で英語で行うよう励まし，ペアを組んで各自練習する。その後，班ごとに互いの発表を聞く。次に各班から1名代表を選び，代表は前に出て発表する。教師は発表内容について1，2問質問する。発表がうまく進められない場合は，教師の英語の質問に英語で答える形で「ポスター新聞」の動物について解説させる。教師の質問に答える形であれば，ポスターの図や写真を示しながら英語で説明するのはそう難しくない。教師は発表および「ポスター新聞」の良い点をほめた後，質問に答えられなかったりした調査不足の点は調べておくよう助言する。

④　通常授業　Creative Writing「動物になって人間に要求する」

　「want　人 to 不定詞」の学習のまとめとしてライティングに取り組ませる。生徒は自分が選んだ動物になったつもりで人間に対する要求を書く。次のような形式を与えておく。

I am a ＿動物＿.
I want you human beings to ＿＿＿＿．その要求の説明または具体例を1，2文。
I want you human beings to ＿＿＿＿．その要求の説明または具体例を1，2文。
I want you human beings to ＿＿＿＿．その要求の説明または具体例を1，2文。

　夏休みに自分が調べた動物でもそれ以外の動物でもよいとする。次に示すのは生徒作品である。

生徒作品例　つばめから人間への要求

> I'm a sparrow. First, I want you human beings not to break our house. We are taking care of our children. We have to grow our children like you do. Please don't break our nests. Second, I want you human beings to grow rice without farm chemicals, because they are bad for your health and our health. Third, I want you human beings to read the famous story *"Shitakiri Suzume."* When you read it, you will know that being greedy is bad and being kind to us leads to good luck. Please be kind to sparrows.

⑤　第4時　長文読解練習

　筆者が用いた長文は，アイヌ研究者であり自身もアイヌ民族であった萱野茂氏の「アイヌとキツネ」という物語の英語版である。サケを一人占めする人間に対し，神からの授かり物であるから動物にも食べる権利がある，とキツネが言葉で強く訴えるという物語である。英語は3年生でも理解できるが長い物語なので，前半は日本語で紹介し，キツネが人間に訴える場面から使用した。

　このような物語は地域に関連したものがあればそのほうがよい。適当なものがみつからない場合はALTなどの協力を得て教師が自作してもよい。

⑥　第5時「野生動物カルタ」および絶滅危惧動物が抱える環境問題の考察

　関係代名詞を含む文の説明を聞いて該当する動物の写真カルタを取りあうゲームをした後，第7時の授業で扱う動物を中心に，日本および東アジアの絶滅危惧動物が抱える環境問題について考えた。

　関係代名詞を含む文を聞き取る練習にカルタ遊びを取り入れると，学力に差があっても楽しく学習できるが，単元の学習につなげるために「野生動物カルタ」を作成した。夏休みの課題で指定した動物を含む20～25種類程度の野生動物の写真で取り札を作り，教師が英文の読み札を読んでやる。生徒は聞き取りに慣れると教師の読み上げる文の後半に注意して聞くようになるが，時々は動物名そのものを言って意表をつくなど，ゲーム性を高めるようにして取り組ませる。読み上げ文も生物学的な内容ばかりでなく，「浦島太郎を竜宮城に連れていった動物」というように文学的な内容も取り入れると，より多くの生徒の興味を引きつけることができる。

　読み上げ文の例

・Bears which live in the deep in the mountains of Honshu. They can climb

a tree very well.（ツキノワグマ）
- Small creatures, *ikimono*, which grow like stones or trees in the warm sea. They can't live in dirty ocean.（サンゴ）

　生徒は夏休みの「ポスター新聞」の作成を通して，自分が調べた動物については知っているが，多様な野生生物が抱える状況や問題について知っているわけではない。生徒たちの理解をある程度そろえるために，第7時で取り上げる予定の野生動物11種についてクラス全員で考える時間を設けた。取り上げる動物は北極圏から東アジア，東南アジアにかけての範囲から，ニュース性のある動物や教科書に登場する動物を選んだ。ホッキョクグマ，ヒグマ，ツキノワグマ，コウノトリ，ホタル，クジラ，サンゴ，ウミガメ，オランウータン，パンダ，ニホンオオカミである。地図付きのワークシートに動物名を入れ，これらの動物について問題になっていることを家庭学習で考えさせておく。授業では何が問題であるかを確認した後，その問題を引き起こす原因を生徒に考えさせる。ここまでは日本語でもよいが，まとめとして解決策を生徒に英語で書かせる。

⑦　第6時　Creative Writing　「写真の動物になって台詞を作る」

　野生動物の印象的な写真を用いて，その写真に写っている動物に英語で台詞を言わせるライティング活動である。

　授業の始めに5分程度，DVD "Earth" からホッキョクグマの親子の春のシーンを見せた。動物にも大切な家族があり，家族を守るために生きていることの美しさが感じられる映像である。その後，用意した動物の写真を見せて課題の説明をする。

　班の数プラス2程度の写真を，A4サイズに引き伸ばしたもの1枚，通常の写真サイズのものを4,5枚（班員数）用意する。できれば動物が親子や仲間など複数で写っているもので生徒たちの心が動くような写真がよい。班ごとに写真を選び，班で話し合いながらその動物たちがどのような対話をしているか考える。班で話し合うが作品としては一人ひとり違っていてもよい。A4サイズの白紙に写真を貼り，台詞を英語で書く。

　この後，班ごとに優秀作品を選び，代表は班員に手伝ってもらい引き伸ばした写真を見せながら台詞をクラス全員に読み上げる。作品は後で掲示する。

　この活動はこれだけでも独立したライティング活動になるが，単元学習の一

環として取り組むと、第5時の学習を受け環境の悪化や食料不足を嘆く対話などが生まれたり、長い対話を作成したりするなど学習としていっそう深まるだろう。

生徒作品例　熊棚に座るツキノワグマ親子の写真に添えられた対話

Child : Mom, I'm hungry. I want to eat salmon.

Mother : Human beings made dams, so we can't eat salmon. Let's go to that mountain tomorrow. You can eat mushrooms and acorns.

Child : I don't like mushrooms.

Mother : Don't be picky ! You must eat vegetables, too.

⑧　第7時 All the Creatures' Eco Summit ①「野生動物の立場から環境問題を考える」（詳細は4参照）

野生動物が一堂に会して、環境改善のためのサミットを開いているという設定で授業を行う。生徒たちは「野生動物の立場から環境問題をながめ、人間に訴えるスピーチを作ろう」という課題をこの日初めて知る。教師が用意した11種類の動物から班で一つ選び、説得のためのスピーチを10分程度で作成し、練習後、発表する。

⑨　第8時 All the Creatures' Eco Summit ②「野生動物の立場から環境問題を考える」

第7時の続きである。ALTとのTTで行い、ALTにも出身地域の動物になってモデルスピーチを行ってもらう。生徒たちには再度スピーチを練り直す時間を与え、より雄弁に語るよう奨励する。全ての班から少なくとも1名が発表する。最後にALTにサミットの締めくくりの演説をしてもらい閉会する。

⑩　第9時 Creative Writing「野生動物からの訴え」

All the Creatures' Eco Summitで行ったスピーチをライティング作

生徒作品例

Thu, Dec, 10th

Persuasive Speech.

We are orangutans which live in the rainforests in Malaysia.

First, we want you human beings to stop cutting rainforests. Please don't build a lot of houses from rainforest's tree. You will have many good trees in your country. Please use the trees out in your country.

Second, we want you human beings not to take us as pets. Why do you take us as pets ? I want to live in nature with our friends and family members. Please don't catch us as pets !

At last, if you don't know how to fix our nature, please don't break it.

品として仕上げる。スピーチでは即興に近い形であったのでうまく言えずに終わった悔しさがある。また級友の発表からも学んでいる。そういったことをすべて整理し，丁寧に書いていくのである。

4　本単元のポイントとなる第7時の授業の実際

　第7時「野生動物の立場から環境問題を考える」は，「ポスター新聞」の制作から始めた単元のクライマックスとなる授業である。生徒たちは絶滅の危機に瀕した動物になり，All the Creatures' Eco Summit において，人間に向かって自分たちの環境を守るためにスピーチをして訴える。3年生ともなると，予め準備してスピーチをすることや，夏休みに自分が調べた動物についてスピーチするのはそう難しいことではない。本単元，とりわけ本時は，「話すこと」の力を伸ばすために，授業中に選んだ動物についてその場で考えてスピーチ発表をすること，そして説得型のスピーチを学ぶことを目標にした。

● 学習指導案

学習内容	分	生徒の活動	指導および評価の留意点
1 Greeting 2 時事スピーチ	5	・曜日，時刻，天気などについて答える。 ・当番生徒は新聞記事を紹介する。 ・教師の問いに答える。	・内容をわかりやすく伝えることができているか。
3 文法事項の復習① 4 文法事項の復習②	3 7	・教師の示す絵や写真を見て英文を言う。 ・板書された英文を読み，文の構造を確認する。 ・班で野生動物カルタを楽しむ。	・「want 人 to 不定詞」および関係代名詞（主格） ・関係代名詞を含む文を聞き取っているか。
5 DVD "Earth" 視聴	5	ケニア，タンザニア付近に生きる動物たちが，苦しい移動の後にオアシスにたどり着き，生きる喜びを表現している場面を見る。	・英語で質問したり説明を加えたりして，理解を助ける。
6 本時の課題を知る	8	野生動物の立場から環境問題をながめ，人間に訴えるスピーチを作ろう。 ・課題を知った後，教師によるモデルスピーチを聞く。 ・教師が提示する11種類の動物から，班ごとに一つを選ぶ。 ・persuasive speech のスピーチの特徴と作成手順を知る。 ・モデルスピーチを音読する。	・read & look up のやり方が生徒にわかるようにやって見せる。

7 スピーチの草案作成および発表練習	6 7	・その動物の立場で、スピーチの草案を書く。 ・ペアになって練習する。互いの発表を聞きながら良い意見は吸収していくこと、書いた原稿そのままではなく英文を足しながら話すことを心がける。	・机間指導
8 スピーチを発表する 9 本時のまとめ	8 1	・前に出てスピーチを発表する。 ・All the Creatures' Eco Summit での発表が次週も続くことを知る。	・自発的な発表者がない場合は指名する。

① あいさつおよび時事スピーチ

　曜日，天気，時刻などの質問の他，生徒の学校生活について簡単にやりとりする。次に，毎時帯活動として順番に行っている「新聞記事紹介スピーチ」を行う。当番生徒は前に出て新聞記事を見せながら記事の内容を英語で説明し，自分の意見を述べる。スピーチ後，教師の質問に答える。

　スピーチやスキットの発表ではなく，チャンツや英語の歌でウォーミング・アップを図るのもよい。

② 文法事項の復習①，②

　説得のためのスピーチで用いる主要な文型，文法事項を簡単に復習する。「want 人 to 不定詞」および関係代名詞（主格）である。英語で話す練習では細かい間違いに捉われず大事な点を伝える態度が必要だが，文法指導では正しく使いこなせるようになることをめざして指導手順を組んでおきたい。

　絵を見せて「want 人 to 不定詞」を用いた英文を言わせる。例えば，図書館で勉強しているが隣の人たちがうるさくて困っている少女の絵を見せ，

T: What does she want them to do?
S1: She wants them to be quiet.
T: I think so, too. Class, she wants them to be quiet. （リピートさせる。）

　関係代名詞についても同様である。例えばマザー・テレサの写真を見せ，

T: Who is this person? This is the person who...?
S2: This is the person who worked hard to help poor people.
T: Where?
S2: In India. This is the person who worked hard to help poor people in India.

　このようなやり取りを写真や絵を 2，3 枚使って行った後，板書し文字で確認させ復唱させる。

この後カルタ遊びに移る。目的は二つあり，一つはこの後スピーチを聞くときに耳にするであろう語彙や表現に慣らしておくことである。もう一つは学力差があっても楽しみながら学べるゲーム活動だからである。クラス全員ができるように準備をしていても学力の低い生徒は即興でスピーチの草案を作り，発表することは難しく感じられるであろう。カルタをすることによって1時間の授業に変化をつけるとともに，学力の低い生徒の活動への意欲を喚起する一助とする。この日までにカルタを1，2回しておく。

③ DVD "Earth" の視聴

次の段階での「野生動物になって考えよう」という設定に無理なく移行できるよう，「この動物たちを残したい」と心から思えるような映像に触れさせる。ケニア，タンザニア一帯に生きる動物たちが苦しい乾季を乗り越え，雨季の訪れを喜ぶ様子の映像を見せる。場面を選べば5分という短い視聴でも非常に効果がある。

④ 野生動物の立場に立ってスピーチの草案を作成する

DVDを片付けながら，この映画のディレクターが「30年後にはこの中の何種類かの動物はもう地上から姿を消しているかもしれない」と言っていることを紹介した後，「この動物たちに代わって，彼らが生存し続けられるように人間に訴えてください」と次のように英語で伝える。

The director who made this film says, " In 30 years, we'll not be able to see some of these animals. Many of the wild animals in the film are in danger." Why? と問いかける。

生徒たちから「人間が環境を破壊しているから」と答えが返ってくる。

That's right. Animals want us to stop destroying the nature. But they can't talk. So from now, you are one of the wild animals. Please make a speech for them.

この後，All the Creatures' Eco Summit という会議名を黒板に貼りながら，Today you are attending the meeting "All the Creatures' Eco Summit" as a representative of these animals. (11種の野生動物の写真を貼る) Of course human beings are there, too. Please make a speech to tell human beings to save the environment.　と伝える。

今日行うスピーチが今までに取り組んできたスピーチとは異なる，「説得す

るためのスピーチ」(persuasive speech) であることを伝える。そして，教師がツキノワグマの代表としてスピーチ（143頁の資料参照）を行う。その際，read and look up のやり方がよくわかるようにやってみせる。

次に，残りの10種類の動物から班で相談して一つ選ばせた後，スピーチ作成の資料（143頁参照）を配布し，構成の仕方と作成手順を説明し，モデルスピーチの音読をする。スピーチの草案は言いたい文を全部書くのではなく，まず論点を二つか三つリストアップすること，次にそれらを説明したり補強したりする内容を考えること，またメモでよいことを強調する。

各自草案を書き始める。6分間程度で草案を書き，班内でペアになり互いのスピーチを発表する。その際，相手の読み上げる文数を数えること，相手のアイディアや表現の良かった点は真似しても良いことを伝える。

同様にして班内の別の相手とスピーチ発表練習を行うが，自分で何文でスピーチするか，目標を立ててから行う。

2回目の発表練習が終わったら，クラス全体に何文言えたか尋ねる。(7，8文の生徒が大多数であったが，12文という生徒もいた。) この後，「では最後に一人で練習してみましょう。なるべく顔を上げ，read and look up で行いましょう」と言って各自で練習させる。

⑤ スピーチ発表

Now let's get back to the summit. Who will make a speech? Are there any volunteers? と言って発表者を募る。

時間をかけて作った原稿を読み上げるのではなく，短い時間で骨子だけ考え，文を作ったり，文を付け加えながら話すのであるから，生徒にとって負荷のかかる発表である。生徒たちが失敗してもいいからやってみよう，と思える雰囲気作りが大切である。

生徒たちは限られた語彙の中で工夫して表現していた。例えばウミガメになった生徒は，"Do not throw garbage into the ocean. Ocean is not your dust box！" と訴え，ホタルになった生徒は，"Don't use farm chemicals. We need shells to live. But farm chemicals kill shells." といった具合である。

次に，生徒のスピーチを1例紹介する。以下に示すようにこの生徒は三つの主張を含む4文の草案メモを作り，それをもとに9文のスピーチを展開している。結びの文がやや唐突であるが，それ以外はよく組み立てられている。

2節 野生動物の立場から環境問題を考える　141

生徒のスピーチ草案メモ例

※ We are the Japanese wolves which lived in the mountains all over Japan.
① We want you human beings not to kill animals like us.
② We want you human beings to understand animals.
③ not to cut down forest.
　Stop killing animals.

生徒のスピーチ例

　Hello, everyone. I am a Japanese wolf which lived in the mountains all over Japan.

　We want you human beings not to kill wild animals. If you keep killing wild animals, they will be extinct.

　We want you human beings to understand wild animals. We are afraid of human beings.

　We want you human beings not to cut down forests. We don't live without natural forests. We need forests.

　Please stop killing wild animals. Thank you.

　第8時の授業では、1回目の授業で発表しなかった班の生徒が発表した。生徒たちのなかには意欲的で再度チャレンジする者もいた。

5　成果と課題

　このプロジェクト「野生動物の立場から環境問題を考える」を終えて、生徒たちはどのような力を得ただろうか。

　一つは、英語で主張する際の論の立て方が上手になったことである。彼らが書く英文は主張や論旨がより明確になり、英文を書くことに非常に自信を深めている。

　二つ目は、議論に限らず構成力を身に付けたことである。話す活動においても書く活動においても組み立てを考え、全体のバランスを考えて説明を付け足したり、具体例を付けたりできるようになった。

　三つ目は、自分が調べた動物にその後も関心を持ち続け、環境問題についてさらに考えを深めていることである。気に入った新聞記事を選んでそれについて説明と感想を簡単に書くことを奨励しているが、風力発電がイヌワシに脅威

となっている問題や太平洋で捕れるマグロのサイズが年々小さくなっていることなど,難しいニュースも恐れずに取り上げる姿勢が見られる。

教師としては,ディベートでは練習できなかった説得力のある話し方を指導できたこと,このプロジェクト学習により生徒の表現力の向上が図れたことは大きな成果であったと考えている。

一方,課題として見えてきたことが三つある。

一つは,語彙をどう与えるかである。野生動物になって意見を展開する際,生徒の持つ環境関連の語彙が少ないため,生徒たちは言いたいことと言えることにかなり差があったようである。

二つ目は,学校英語教育では,スピーチ指導はまだまだ「物語るスピーチ」に偏っており,「説明のためのスピーチ」や「説得のためのスピーチ」などの指導や実践例が少ないことである。社会性のある発信力を身につけさせるには,語彙力や関心を高めるとともに,どのような構成で言えばよいか,型の学習も必要である。そのような教材作りが急がれる。

三つ目は,読み物教材の充実である。英語で資料を読むことがなければ,ディベートにせよ,ディスカッションにせよ,説得のためのスピーチにせよ,レベルアップは望めない。今回の授業実践においても,生徒がスズキのスピーチから表現を借りてきていることがしばしば観察された。自然科学,環境,人権,社会問題などについて平易な英語で書かれた中学生向けの良い読み物教材があれば,生徒の関心と語彙力を伸ばし,さらに面白い授業実践ができることだろう。

(加藤京子)

[参考文献]
アラステア・フォザーギル (2008) DVD「Earth」東京:ギャガ・コミュニケーションズ.
萱野茂 英訳,デボラ・デイヴィットソン,大脇徳芳 (2006)「アイヌとキツネ(英語版) The Ainu and the Fox」東京:アールアイシー出版.
セヴァン・カリス=スズキ (2003)「あなたが世界を変える日」東京:学陽書房.
ナマケモノ倶楽部 (2007) DVD「セヴァン・カリス=スズキ リオ・サミット『伝説のスピーチ』」東京:ナマケモノ倶楽部.
髙橋一幸 (2011)『成長する英語教師』東京:大修館書店.

2節　野生動物の立場から環境問題を考える　143

【資料】説得型スピーチ

☆環境の悪化に苦労して生きている野生動物になって、人間たちにうったえよう。☆彡

Please make a <u>persuasive speech</u>（パーシュエイシヴ） like Severn Cullis-Suzuki did in Rio de Janeiro.

[Ex.]　　　　（説得のためのスピーチ）

I am a (moon bear) which lives in Hyogo.　　　　　　どこに住む、どんな動物であるか名のる

①**We want you human beings not to** kill us.
　We want to live.
　We don't do any bad things to you.　　　　　　　　まず２つ３つ①②③のように要求文をつくる。
　Why do you kill us?

②**We want you human beings to** stop cutting down acorn trees on the mountains.
　We need a lot of acorn trees which gives us food.
　But you cut down the trees, and we have no food.　　　それぞれの要求に、短い説明をなるべく多くつける。
　Don't cut down acorn trees.

③**We want you human beings to** save natural forests.（自然の森）
　If you keep cutting down trees, you will have no water in the future.　　最後にもう一度強調したいことを言う。
　Natural forests save rain water for a long time.

Please save the natural forests and share this earth with animals.

1) 1つのグループは同じ動物ですが、スピーチはひとりひとり作ります。

My speech as a (　　　　　　　　　　：動物名　)

英文を全部書くのではなく、メモで。

①②③のそれぞれに、説明したり言い換えたりする、短い文をたくさんつけよう。

```
    I am  a _____ which _____
    (または We are the _____ which _____ )

①   We want you human beings to _____

②   _____

③   _____

（最後の強調文）
    _____
```

2) ペアで練習しよう。

目標は何文	何文言えたかな？	１回目	２回目	３回目

6章
コミュニケーション能力を育成する内容中心の授業
—高等学校

1 何のためのコミュニケーション能力育成か

　コミュニケーションは，あいさつや買い物など数分程度から数時間の会話と，一定のテーマや課題を巡って数十分から数時間意見を交換する会話の大まかに2種類に分類できる。もちろん，聞き・話す以外に読み・書きによるコミュニケーションもある。教科書の「音読」が英語学習の基礎づくりに大切だといっても，それを繰り返しているだけでは，コミュニケーション能力の育成には直接つながっていかない。すなわち，明確な目標を設定したうえで，何のためのコミュニケーション能力育成かを決めることが必要である。

　小・中・高等学校の学習指導要領の目標において，コミュニケーション能力の育成について以下のように示されている。

- 小学校学習指導要領（平成20年公示）
　……外国語の音声や基本的な表現に慣れ親しませながら，コミュニケーション能力の素地を養う。
- 中学校学習指導要領（平成20年公示）
　……聞くこと，話すこと，読むこと，書くことなどのコミュニケーション能力の基礎を養う。
- 高等学校学習指導要領（平成21年公示）
　……情報や考えなどを的確に理解したり適切に伝えたりするコミュニケーション能力を養う。

　学習指導要領の目標のなかでは，「コミュニケーション能力」とはどのようなものかを明確に示した文言はない。しかし，教員がそれをもっと明確にして欲しいと願う必要はない。むしろ，このようなゆるやかな文言を活用して，各学校で独自に「コミュニケーション能力」とはどういうものかを検討し，定義し，目標などを設定し，生徒や保護者の理解を得て，着実に3年間実践するのが理想である。これが学校・教師と生徒・保護者との信頼関係構築の源である。しかし，残念なことであるが，多くの学校では教師間での共通理解がまとまら

ず，結局は，教科書や教科書の著者たちの考えた方向に教師たちはそれぞれ追随していくのである。他方，教科書にあまり信を置かない「自信家」の教師たちは，独自の学校方針や教科の方針に基づき，受験準備に特化した英語指導を，伝統的な指導法と教材（主に問題集）で行うことが多い。またいわゆる「力のある学校」の教師たちは，英語科における指導方針に基づき，学校独自にコミュニケーション能力の定義や到達目標を設定し，3年計画で生徒たちの力を伸ばそうとしている。本章では，そのような高等学校2校の実践例を紹介する。

2　形式中心から内容中心の授業への移行

　外国人や外国の大学で学んだ人の多くは，内容中心の授業を最初から推奨する場合が多い。しかし，日々の生活を日本語だけで行っている生徒たちには，内容中心の指導を大切にしながら形式を学ばせる指導も欠かせない。スポーツを行う場合を例に取るとわかりやすいが，「基礎」をおろそかにして「実践練習」ばかりしていても，結局のところ，中長期でみると実力がなかなか伸びてこない。したがって，最初のうちに基礎をきちんと押さえて（できるだけ学習への興味を持続させる工夫をしながら），その後，できるだけ早く内容中心型の授業に移行していくことが望ましい。

3　「私の学校の生徒には無理！」という諦念を口にしてはならない

　本章1節，2節のような実践例を見ると，即座に「私たちの学校では無理！」と声に出す教師が案外多い。これは，初来日のALTたちの中には日本の高校生の英語のスピーキング力の弱さだけを見て，即座に，この生徒たちは能力が低いなどと決めつけて，自国では決して話さないような超低速の英語を生徒たちに聞かせるケースに似ている。生徒の成長を願って，正確に生徒の力や卒業後の進路希望などをALTに説明し，生徒たちの力を伸ばしていくための計画的で継続的な協働作業を行っていきたい。同様に，同僚の英語科教師とよく話し合い，内容中心の授業にも取り組んでいきたい。

4　外国の授業に学ぶ

　英米での英語（わが国の教科「国語」に相当する時間）の授業は，文学を教材にしたり，時事的な社会問題を扱ったり，生徒にプレゼンテーションさせる

ことが多いようだ。4技能統合型の学習にとどまらず，社会人としての常識や意見発表の能力を磨いている。

　高校1年生担当の教員が，「今年の生徒はアルファベットさえ満足に書けない」などとこぼし，仮にアルファベットの徹底に1年間を費やしても，教師の徒労感と生徒の嫌気を増幅するだけである。このような場合，視点を変えた指導を試みなければ，生徒の「英語嫌い」や「苦手意識」を除去することは難しい。今後，わが国の学校英語教育は，「教え込み型」の指導部分をできるだけ簡潔にして，「内容中心の授業」に切り替え，「使いながら学ぶ」，「みんなと協働しながら議論しながら学び合う」という授業に転換していきたい。そうしていくことによって，「入試英語が日本人の英語の伸びを妨げているなどという繰り言」は消えて行くであろう。

5　英語を学べばどのようなことが可能になるかを生徒に実感させよう

　人それぞれに，英語学習の目標があろう。入試の成功や，英検の級や，TOEFL, TOEICのスコアアップを当面の目標にするのもよい。しかし，教師の働きかけや助言によって，外国語を使って人と人との触れ合いを楽しむ機会を持たせることができれば，生徒の学習への意欲は大きく高まるはずである。高校生時代に「英語を使って」何かを学んだ，何かを成し遂げたという経験は，その後の人生においても大きな影響を及ぼすことは間違いない。

（並松善秋）

1節　Good-bye, Junk Food ―内容中心の授業実践

1　なぜ内容中心（content-based）なのか？

①　英語を学ぶのではなく，英語で学ぶ

　平成25年度から高校において完全実施される新学習指導要領では，コミュニケーション英語（基礎・Ⅰ・Ⅱ・Ⅲ）という科目が新設される。学習指導要領解説「外国語・英語」の改訂の経緯:改善の具体的事項の（イ）には「『コミュニケーション英語Ⅰ』は，4技能を総合的に育成することをねらいとして内容を構成し，統合的な活動が行われるようにするとともに，そうした活動に適した題材や内容を扱うこととする。その際，例えば，社会科や理科など他教科で学習する内容，自国や郷土の風俗・習慣，歴史，その他の様々な伝統や文化に

関する内容，発明や発見などの科学技術や自然に関する内容，異文化コミュニケーションに関する内容等，コミュニケーションへの関心・意欲・態度の育成にも資する題材や内容を選択的に取り上げ，体系立てて扱うものとする」とある。

　これは，従来の訳読中心の授業で行われてきた単語・文法や構文・語法，そして英文の意味などを教師が一方的に解説し，生徒が受け身的にそれを記憶していくというインプット中心の，いわゆる英語を学ぶだけの授業からの脱却を意味している。新学習指導要領で求められていることは，生徒が現代社会におけるさまざまな事象について英語で学び，その学習を通して感じたことや自らの意見を積極的に外に向けて発信していくということである。グローバル化が私たちの予想を超えて急速に進む現代社会において，一方通行の授業を続けていれば，間違いなく日本は取り残されていくであろう。今，私たち英語教師がしなければならないのは，受験英語に熟達した生徒を育てることでも，単に英会話ができる生徒を育てることでもない。グローバル化が急速に進むこの社会にあって，英語をツールとして自らの意見や考えをしっかりと発信し，他者と的確にコミュニケーションが取れる人材を育成することである。この節で取り上げる内容中心の授業は，まさに今求められている生徒を育成するためにうってつけの授業方法なのである。

② 内容中心の授業に至った経緯

　筆者が4技能を統合した内容中心の授業を実践するに至った理由は，従来型の授業では，生徒は上で述べたようなかたちで英語を使えるようには絶対なれないと気づいたからである。

　筆者は，以前に勤務していたある地域の進学校で，授業だけでなく放課後や長期休業中も精力的に講習を行っていた。その結果，大学入試センター試験などで満点近い点数を取る生徒が少なからず出るなど，いわゆる受験英語という範疇においては，生徒の英語力は飛躍的に伸びていった。結果として，生徒たちは近畿圏の有名国公・私立大学に多数合格していった。

　ある日，そんな卒業生の一人が筆者を訪ねて学校に来た。その時，たまたま筆者のそばにいたALTがその大学生に，英語で"Please let me know about your university."と話しかけた。ところが彼はただ唖然とするだけで答えに窮してしまったのであった。残念ながら，自分が通っている大学の名前すらま

ともに英語で言えなかったのである。「生徒たちの大学進学」が最大目標であった当時の筆者にとっては、テストで点数が取れればいいという思いが強く、「英語でコミュニケーションができるようにする」という考え（目標）は頭の中には正直なかったのであった。しかし、この出来事を一つのきっかけとして、生徒はあれほど英語を勉強しながら、「なぜ英語を話すことができないのか」、「どうしたら生徒が英語を話せるようになるのか」という問いが筆者の頭から離れなくなった。

③ なぜ英語が話せないのか？

ALTから求められた大学の説明がほとんどできなかった大学生の例を持ち出すまでもなく、生徒が中学・高校と最低6年間にわたる英語授業を受けながら、なぜ英語が話せないのかという問いに対して、当時の経験をもとに筆者がたどりついた答えは以下の5点であった。

1) 発音に関する基礎的な知識の欠如と訓練の絶対的な不足
   ＊ここで求めるのは、英語を母語とする人のレベルの発音ではなく、正確な意思疎通を可能とする最低限の発音のレベルである。
2) スピーキング・リスニング力を育成する系統的指導の欠如
3) 授業中も含めて英語でコミュニケーションを取る必然性の欠如
4) 「人前で英語をしゃべるのが恥ずかしい」、あるいは「間違えたら恥ずかしい」という羞恥心による妨げ
5) 英語での活動を通して達成感を味わう機会の欠如

これはまさに訳読中心授業の中で筆者自身が軽視してきた内容そのものであった。このことに気づいたとき、筆者は自らの授業を180度転換していこうと決めたのであった。しかし、いわゆる訳読中心で行ってきた自分の授業スタイルをいきなり全て変えるのは正直不安でもあったし、その術もまだはっきりとわからなかったので、当時3年生の選択授業であった「時事英語」という授業から内容中心の授業を始めることに決め、取り組み始めた。初めは手探りであったが、生徒の反応や英語力の伸びに手ごたえを感じ、この授業法に本格的に取り組んで行った。

④ 生徒が変わる、英語が変わる―内容中心の授業が持つ可能性

では、いわゆる内容中心の授業がもつ優位性、利点とはどのようなものであろうか。内容中心の授業は、上に書いたような従来の英語教育が持つ欠点（英

語が話せない理由）を補いながら，高い実践的コミュニケーション能力を育成することができる指導プロセスである。具体的な可能性・優位性としては，以下の5点があげられる。

1) 4技能の統合的な活用が可能
　　→リサーチ，スピーチ，エッセイライティング，スキット，プレゼンテーション，ディベートなど，どの活動も複数の技能が必要
2) 話す必然性・聞く必然性の創出
　　トピックについてのリサーチ結果の報告や，意見発表の場が必ずある
　　→英語で聞き・理解し，英語で応答する必要性
3) 多様な活動形態が可能
　　ペアワーク，グループワークなど，さまざまな活動形態が可能
　　→教え合い・助け合いができる→3人寄れば……
4) 羞恥心の克服
　　数多く発表する（場数を踏む）ことによる慣れが見込める→習うより慣れる
5) 達成感の獲得：生徒が授業の主役
　　準備からプレゼンテーションまで生徒が能動的に関わることにより，タスクをクリアした達成感を得ることができる→新たな動機づけ

2　内容中心の授業を成功に導く鍵

　では，どのようにすれば内容中心の授業が成立するのであろうか。次に内容中心の授業を実際に行う際に気を付けるべき点や，効果的に授業を実施するための鍵（ヒント）について紹介したい。

①　高校における内容中心の授業を成功させる鍵（その1）

1) 教育目標・教科目標の明確化
2) 3年間を見通した授業計画（シラバス）の作成と扱うテーマの決定
3) 学習（学年）レベルに応じたスモールステップを踏んだ適切なタスクの設定
　　1年：ダイアローグの音読，創作スキット，レシテーション，スピーチ，CM作成など
　　2年：スピーチ，スキット，ニュースショー，リサーチ・プレゼンテーション，ディスカッション，TV会議　など

3年：スピーチ，リサーチ・プレゼンテーション，ディスカッション，ディベート，ＴＶ会議　など

4）教育効果の測定（適切な評価）

　内容中心の授業を始めるにあたり，まずしなければならないことは，「どのレベルまで生徒の英語力を高めたいか」，「英語をツールとして生徒にどのようなことをできるようにしたいのか」などという教科目標を明確にすることである。3年後の生徒の到達点を初めに設定しておかなければ，シラバスの作成や適切なタスクの設定ができないからである。

　最終到達目標が明確になれば，そこから逆算して1年，2年，3年それぞれの段階でどのような力を段階的につけさせるかを考えることができる。そしてその考えに応じて3年間で扱うテーマや，目標達成に必要なタスクの配置などを含めたシラバスの策定を行うのである。

　次に，3年間で扱うテーマを考える際に大切なことは，それが教科書で扱われている題材に関するものであっても，投げ込み教材から取る題材に関するものであっても，生徒が興味を持つものでなければ，生徒の積極的な取り組みや参加は望めないということである。同時に，設定するテーマは生徒の発達段階や学習段階に応じたものであり，また歴史や文化，環境問題，平和問題，科学的分野などからバランスよく選択されることが望ましい。生徒たちが調べてみたい，考えてみたいと思えるようなテーマ設定ができれば，内容中心の授業の半分が成功したようなものである。

　また，タスクを考えるときに大切なことは，決して欲張らず，生徒の力に応じてスモールステップでタスクを計画していくことである。生徒が授業を通して設定されたタスクを確実にクリアし，「達成感」を感じることができるように適切なタスクを選ぶことが，内容中心の授業の成功と生徒のコミュニケーション能力育成の大切な鍵である。

　最後に，内容中心の授業を継続して実施し，生徒が積極的に参加する状況を作り出すためには，適切な評価をすることが必要不可欠である。内容中心型授業には，従来の単なるペーパーテストによる評価は馴染まず，設定した目標に沿って作られた適切な観点から生徒を評価することが望まれる。生徒が作成したエッセイやプレゼンテーションの映像などをポートフォリオ化し，観点別で客観的に評価することが，生徒の授業に対する信頼感を高めることにもつなが

るのである。(10章3節参照)
② 内容中心の授業を成功させる鍵（その2）
●授業における日常的指導
 1)「スピーキング力・リスニング力の育成」に対して
   ・音読指導（早朝・放課後なども活用する）
   ・CALL教室での授業を活用した発音指導
   ・インタビューテスト（ネイティブ・スピーカーによる）
 2)「羞恥心の克服」に対して
   ・スキットの多用→見られることへの慣れと感情の表出につながる
 3)「プレゼンテーションスキルの育成」に対して
   ・情報科などとの連携授業
●授業外での指導・支援
 1)「生徒への興味づけ，各種テーマに関する情報の提供」に対して
   ・講習などでのテーマ別英語長文問題集の活用→地球温暖化，水問題，インフォームド・コンセント，平和問題等，最新の社会的テーマに触れさせる
   ・有用なインターネットサイト，記事，書籍に関する情報の生徒への提供
   ・TV会議の活用→海外の現状・情報の直接的な把握
   ・教科横断授業の積極的な実施→科学的な分野，社会的な分野に関連するテーマを深めるための他教科との連携
 2)「プレゼンテーションやスピーチにおけるaccuracyの確保」に対して
   ・ALTや日本人教師によるエッセイやスピーチ，リサーチなどの英文添削
 3)「プレゼンテーションやスピーチにおけるfluencyの確保」に対して
   ・ALTによる発音指導，スピーチ指導
   ・校内スピーチコンテストの開催
 4)「より効果的なプレゼンテーション」に対して
   ・プレゼンテーションの内容や構成などに対する助言
   ・パワーポイントなどのプレゼン用ツールを扱うスキルアップ講習の開催
内容中心の授業を成功させるために行う授業内外での指導で大切なことは，生徒に人前でのプレゼンテーションに耐えられる英語力（特にスピーキングに

おける fluency とライティングにおける accuracy）をつけさせるための指導がどれだけできるかである。さらに細かく言えば，従来型の授業では獲得できない英語の fluency を高めるために必要不可欠な発音の指導と羞恥心の克服に対する支援がどれだけできるかである。

　筆者が内容中心の授業を始めたころに悩まされたことは，大切なプレゼンテーションの際の生徒の発音の稚拙さと恥ずかしさからくる声の小ささであった。正確で内容のある発表をさせようと思うあまり，発音や羞恥心を克服して大きな声を出させるというところまで指導の手が回らず，せっかく頑張った発表が全く聞いている側に伝わらず，生徒にも達成感を感じさせることができなかった。相手に伝わってこそ発表の意味があると再認識させられた苦い思い出である。

　ただ，高校生という発達段階にあっては，なかなか初めから大きな声を出させることは容易ではない。日々の音読練習や授業でのスキット練習などを通じて，発音の精度を上げていくと同時に，少しずつ人前で話したり，演じたりすることに対する抵抗をなくしていくことが大切である。また，クラスの中で特に頑張っている生徒を見い出し，その生徒を積極的に支援することにより，クラスの中のロールモデルとして育てていくことも大切である。大きな声やきれいな発音で発表できる生徒が一人から二人，二人から三人，そして五人以上となっていけば，最終的にほとんどの生徒がそのロールモデルをよい意味で模倣し，クラス全体の発音の精度や声の大きさに劇的に変化が現れる時が来るはずである。

　そして，もう一つここで触れておきたいのは，教科横断的授業の重要性である。環境問題であれ，平和問題であれ，英語科教師だけではなかなか満足な情報提供や指導が難しい局面がある。そのときに，総合学習などで積極的に行われている他教科とのコラボレーション授業，教科横断的な授業を積極的に実施していくことが求められる。他教科の先生方が持っている書籍やビデオなどの教育的資源もできる限り活用し，その教科の先生にも授業に入っていただくことによって，授業に動きが生まれ，内容もさらに深く広いものになっていく。

③　内容中心の授業を成功させる鍵（その3）
　●課外活動等での支援→授業外での動機・興味づけ
　1）国際理解講演などの開催

2) 各種海外訪問団の招聘
3) テーマ別修学旅行の実施
4) 海外ホームステイプログラムの充実
5) 交換留学生の積極的な受け入れ

　シラバス作成の際に忘れてはならないのは，授業だけでなく課外活動も含めることである。設定したテーマに対する生徒の興味をいかに喚起するかを考えてシラバスを作成したい。設定されたテーマに関して教科書や副教材などで読んだり調べたりするだけでは，生徒は本当の意味で動機づけられることは少ないと思われる。例えば，教科書のほんの数ページの英文を読んだりするだけでは，世界の水問題に対して正しい情報や知識を得ることはもちろん，その問題に地球市民の一人として取り組もうとするような気持ちはわいてこないであろう。

　大切なことは，さまざまなテーマや問題について生徒が直接触れるような機会を意識的に設け，できるならば3年間のシラバスに組み込んでおくことである。

国際理解講演会の様子

オーストラリアホームステイ研修での交流

海外からゲストを招いて直接話を聞いたり、平和問題や環境問題などテーマ別の研修旅行の機会を設けたりすることにより、生徒本人がそのテーマについて自らの目で見て、感じるような機会を積極的に作ることが、意味のある内容中心の授業を作り出すことにつながるのである。3年間を見通してこのような準備をすることは決して容易なことではないが、生徒が英語力においてだけではなく、人間としても大きく成長する機会となることは確かである。

3　内容中心の授業の成果

下の表は、2004年度に大阪府立長野高校の国際教養科に入学した生徒80名のA.C.E.テスト（桐原書店）における英語の成績を3年間に渡って調査し、その結果を示したものである。

この国際教養科の生徒たちに、高校入学当初から内容中心の授業を実施した。授業は基本的に英語で行い、生徒たちは事前に設定されたさまざまなテーマに沿ってリサーチやスピーチ、発表、ディスカッション、ディベートなどを経験した。

3年間のA.C.E.テストの成績からもわかるように、2年次から3年次にかけての伸びが非常に大きくなっている。これは、従来の訳読中心の授業ではなかなか得られにくい達成感を生徒が感じ、学年が進むにつれてより能動的に自ら学習をするようになった結果だと考えられる。

また聴解力の伸びも同時期に非常に顕著になっている。授業で特別にリスニング対策を実施したことはなく、授業での教師の英語や、ディスカッションや生徒の発表の際のさまざまな英語を常に耳にすることにより、聴解力が自然と身についていったと考えられる。

A.C.Eテスト（桐原出版）によるスコアの3年間の経年変化

実施時期：2004年・2005年・2006年12月
内　　容：語彙・文法（各150点満点）、読解・聴解（各300点満点）、
　　　　　合計900点満点

	語彙	文法	読解	聴解	合計
1年次	66	65	138	152	421
2年次	76	75	153	162	466
3年次	105	92	190	193	580

4 Good-bye, Junk Food—内容中心の授業の実際

　大阪府立長野高校の2年次の10月から11月にかけて実践した"Junk Food"をテーマにした授業の単元のねらいや、指導計画と学習指導案を提示する。

① 単元のねらい

1) 講座「時事英語」全体のねらい
　ア　新聞やテレビなどさまざまなメディアを通して英語に触れることにより、生徒の英語に対する興味を涵養する。
　イ　さまざまな英語活動を通して、4技能（聞く・話す・読む・書く）の伸張を図る。特にコミュニケーション能力（聞く・話す）の育成を図る。
　ウ　自分の意見を発表する積極的な態度を養う。
　エ　意見発表の際に必要なパソコンなどのツールやパワーポイントやエクセルなどのソフトの扱いに慣れる。

2) Good-bye, Junk Food「ジャンクフードよ、さようなら」を通したねらい
　ア　さまざまなメディアの情報を通してジャンクフードの定義や国ごとの事情などについて理解を深める。
　イ　ジャンクフードに関する英語表現を理解し、正しく使うことができる。
　ウ　インターネットによるジャンクフードに関する情報の検索など情報機器の扱いに慣れる。
　エ　班で協力し、積極的に楽しんで発表の準備ができるなど自主的な学習活動ができる。

② 単元の指導計画

●単元について

　健康問題、特に食生活の問題はどのメディアにおいても毎日のように取り上げられている、人々の関心の極めて高い問題である。日本はもちろん、特に欧米では肥満やそれから派生するさまざまな疾病（糖尿病・心臓病など）に悩む人が年々増加し、その主原因とされているジャンクフードに対する風当たりが益々強くなってきている。

　この単元においては、ジャンクフードの定義に始まり、その功罪、さまざまな国の状況やジャンクフードを食べる機会を減らす工夫などを、生徒自らがさまざまなメディアを通して調査した情報をもとに英語で発表できることをめざす。その際に単に発表するだけでなく、スキット形式や情報機器の効果的な使用

など，意見をより分かりやすく伝える工夫をすることも同時にめざさせる。

●単元の指導計画（合計8時間）

第1時
1) ジャンクフードに関するいくつかのニュースを聞いたり，読んだりしながら理解を深める。
2) ALT がジャンクフードに関するイギリス（出身国）の現状を説明する。
3) JTE が「どのくらいの頻度でファストフードレストランに行くか」などを生徒に聞きながら，ジャンクフードに対する賛否をディスカッション形式で問いかける。

第2時および放課後
映画「Super Size Me」の鑑賞
『スーパーサイズ・ミー』（Super Size Me）は，2004年に公開されたアメリカのドキュメンタリー映画（98分）で，モーガン・スパーロックが監督，出演した。モーガン・スパーロック自身が，30日間3食すべてファストフードだけを食べ続けたらどうなるかを記録したものである。この間，カロリー消費のための運動はやめ，自らの身に起こる身体的・精神的な影響について記録した。ドキュメンタリーとしては異例の興業成績を収めた。

第3時
家庭科の先生1名に授業に入っていただき，食品に含まれるカロリーや栄養素などについて講義を受ける。同時に食育の一環として，どのような食事が健康によいのかについても話をしていただく。また，カロリーなどに関するサイトや書籍情報も併せて紹介していただいた。
（執筆時に使用可能サイト例）
お菓子のカロリー辞典 http://k2net.co.jp/kashi/
ドリンクのカロリー辞典 http://www.keeet.com/

第4時
JTE と ALT がこのプロジェクトについて詳しく説明し，生徒を4班に分

けて，役割を与え，準備（リサーチ）を始めさせる。イギリス出身の ALT とインドからの留学生も自国の Junk Food について発表する準備を進める。
  1 班「なぜ Junk Food は人気なのか？：その人気の理由を探る」
  2 班「Junk Food とは何か？：Junk Food の定義づけ」
  3 班「Junk Food の現状を探る：各国 Junk Food 事情（インド・イギリス・日本・アメリカ）」
  4 班「Junk Food 問題の解決策を探る」

第5時～第7時および放課後

1）生徒は班ごとに準備を進める。その準備に必要なできるだけ多くの情報を書籍や新聞，インターネットなどを利用して集める。
2）教師は班ごとの発表原稿に適宜目を通し，英文ならびに内容のチェックを行う。その際必要に応じて改善のための助言を与える。
3）生徒は発表の中の割り当てられた役割に沿って，必要な準備（小道具・パワーポイント資料などの作成）を進め，必要に応じてリハーサルを行う。
4）教師はリハーサルなどに可能な限り立ち合い，よりよい発表になるように適宜指導・助言を行う。

第8時（本時）
・各班のプレゼンテーション

③ 評価
　下記の評価の観点と評価規準を生徒に示し，生徒の学習目標とし，自己評価・相互評価を行いながら学習を進める。
[主な評価規準]
ア　コミュニケーションへの関心・意欲・態度
　a　授業を通して可能な限り英語でコミュニケーションができる。
　b　積極的に意見を発表したり，不明な点について質問したりできる。
　c　相手が理解できるように，大きな声ではっきりと発話ができる。
　d　班で積極的に協力し，楽しみながら準備や学習活動を行うことができる。

イ　表現の能力
　　a　内容を理解したうえで，正しい発音で，大きな声で発表ができる。
　　b　意見や説明を適切な英語を用いて書き，同時にスキットなどを通して効果的に伝えることができる。
　　c　写真，グラフ，PCのソフトなどを利用して効果的に説明ができる。
　　d　電子・情報機器を適切に利用し分かりやすく説明ができる。
　　e　感情豊かに英語で説得力を持って説明などができる。
ウ　理解の能力
　　a　JTEやALTの英語での説明を積極的に聞き取り，正しく理解できる。
　　b　教師からの発話の求めに適切に応じることができる。
　　c　他の班の発表などの大切な内容を聞き取り，正しく理解することができる。
エ　言語や文化についての知識・理解
　　a　外国の事情や文化の違いについて理解している。
　　b　英語の独特な言いまわしや表現について理解し，使うことができる。

④　本時（第8時）の学習指導案

　　　　　　　　　　　　　　　　　　授業者　JTE　東谷 保裕
　　　　　　　　　　　　　　　　　　　　　　ALT　Amy Clements

Ⅰ．日　時　　平成16年11月5日（金）　公開授業（11：25〜12：15）
Ⅱ．学年学級　2年生選択科目「時事英語」選択者　男子6名　女子22名
Ⅲ．授業概要　時事英語（週2単位：ALTとのTeam-teaching）

時間配分	学習活動と内容	授業者の動き	評価
3分	1.挨拶 ・挨拶をする ・本日の授業の流れを説明する	J/A 生徒と挨拶をする J/A 全体に向けて授業の概要を説明する	発表を楽しんでいるか
6分	2.班別プレゼンテーション① 　1班：自作のハンバーガーセットを使ってスキットで， ・Junk Food の現状について ・なぜ Junk Food は人気なのか	J/A 生徒の支援をする	大きな声ではっきりと発表できているか

8分	3. 班別プレゼンテーション② 　2班：パワーポイントを使って実際に例を示しながら ・Junk Food の定義説明	J/A 生徒の支援をする 電子・情報機器の操作	適切に英語を使えているか 協力して発表できているか
20分	4. 班別プレゼンテーション③ 　3班：自作資料を使って紹介する ・Junk Food のお国事情 ・イギリスやヨーロッパの現状（ALT） ・インドの現状（留学生） ・アメリカの現状 ・日本の現状	J/A 生徒の支援をする 電子・情報機器の操作 A イギリスの現状について話す	電子・情報機器は適切に使用できているか 他の班の発表を理解しようとしっかりと聞けているか
8分	5. 班別プレゼンテーション④ 　4班：スキットを用いて ・Junk Food 問題の有効な解決法を探る	J/A 生徒の支援をする	不明な点について質問ができているか
5分	6 全体を振り返って：質問・まとめ ・班の発表内容について，意見や感想を述べ，理解を一層深めあう	J/A 生徒の質問を促し，Q&A セッションをファシリテイトする J/A 生徒の学習活動について評価・コメントし，同時に全体をまとめる	（注）評価は授業全体（プレゼン全体）を通して行う

⑤　プレゼンテーションの内容と様子

　スペースの関係で，1班の「なぜ Junk Food は人気なのか？：その人気の理由をさぐる」のプレゼンテーションと原稿のみを紹介する。

班で作成した特大ハンバーガーセットを用いての説明

1 班の原稿

ナレーター： In recent years, we often have junk food. Now let's think why junk food is so popular.

(At five o'clock in the evening.)

女1： I'm so hungry. I want to eat something. How about going to a French restaurant?

男1： A French restaurant? Oh, just a moment, please. (He checks his wallet.) Look! There is a hamburger shop over there. Let's go and eat hamburgers.

店員： May I help you?
男1： Hi. I want to eat a Big Burger. How much is it?
店員： It's three hundred twenty yen.
男1： Oh, it's very cheap. I'll buy one.
店員： How about you?
女1： I want some French fries. How much are they?
店員： It's only one hundred yen. We can offer the French fries at a special price today.
女1： How lucky! I will buy one.
店員： Here you are. Please enjoy. And could you fill out the questionnaires?
男1： Sure.

(At six o'clock in the evening.)

女2： Today's club activity was so hard. I'm really tired.
女3： Me, too. And I'm so hungry. How about getting something at a hamburger shop?
女2： Oh, that's a good idea. Let's go.
店員： May I help you?
女2： Yes, can I have a cheese burger and coffee?
女3： I want a cheese burger and a coke.
店員： For here, or to go?
女3： For here, please.

店員：　　Your total comes to 950 yen, please. Just a moment, please.

店員：　　Here you are.
女3：　　Oh, how quickly they came! It didn't even take one minute.
店員：　　Thank you. Would you fill out the questionnaires, please?
　　　　　(At seven o'clock in the evening.)
子1：　　I'm so hungry. Is dinner ready yet?
母親1：　No, it isn't.
子1：　　I'm so hungry that I can't wait. Please give me something to eat. Now please.
母親1：　Be quiet, please. I'll take you to a nice place. Let's go to the hamburger shop near the station.
子1：　　Great. Mom, do me a favor? I want a toy.
母親1：　No. I bought you an expensive toy just a week ago, didn't I?
子1：　　Please buy me a new toy, mom. Please. Please.
母親1：　Well, if you buy a happy set at the hamburger shop, you can get a wonderful toy.
子1：　　Sounds great. I can't wait. Shall we go?
　　　　　(The clerk is checking the questionnaires.)
店員1：　This couple visits us three times a month. The reason why they visit us so often is the cheap price. I see.
　　　　　This group visits us every other week. The main reason is that they don't have to wait for a long time. They love our quick service. This family visits us almost every day. The mother is too busy to cook dinner for her daughter, so she brings her daughter here for her convenience. I see, but I feel a little sorry for her.
ナレーター：How do you like our presentation? And what do you think of the present situation of junk food? As you know, junk food is very popular these days because it is cheap, fast and convenient. But we should know both the bright and dark side of junk food. Thank you.

1 班発表後の質問と応答の例
　　Q：What is the cheapest menu at the hamburger shop?
　　A：The cheapest menu is a hamburger. It costs 80 yen.
　　Q：How many hamburger shops are there in Japan?
　　A：There are about 3,000 hamburger shops.

5　最後に

　ここ数年急速に進むグローバル化の流れの中で，内向きと言われる日本の若者が自らの意見を英語でしっかりと外に向けて主張できるようにするためには，一刻も早く従来型の授業を脱却し，生徒が能動的に参加し，自律的な学習者となりえる内容中心型の授業に切り替えていくべきである。その道程は決して平坦ではないかもしれないが，その努力は必ず生徒たちの明るい未来につながっているはずである。お互いに協力して頑張っていきましょう。

（東谷保裕）

2節　プロジェクト型授業－ポスターセッションをめざして

1　目的

　新学習指導要領では，「基礎的・基本的な知識・技能」の習得に加え，「思考力・判断力・表現力」の育成が強調されている。これらの技能を外国語科で育成するには，ペアやグループによる協働学習の形態が必要だと思われる。協働学習の特徴として，秋田（2006）は，①説明や質問を行うことによる自身の理解深化，②集団になることによって得る豊かな知識ベース，③相手の反応などによる，自己の思考のモニタリング，④学習参加への動機づけの4点をあげている。

　秋田が指摘する協働学習の特徴を考慮に入れながら，具体的には，「聞く」「話す」「読む」「書く」および「やりとりする」技能を総合的かつ統合的に指導していくことが「思考力・判断力・表現力」の育成のために重要である。

　そこで，国際問題に関するテーマを扱い，最終的に自分で調べた内容をグループ内の協働学習を通して他のグループに対して発表する「グループ・ポスターセッションができる」ことをめざすプロジェクト型の授業例を紹介する。年間

計画の中で，プロジェクト型の授業をうまく位置づけることができればその効果は学習意欲の観点からもかなり期待できると考えられる。

2 プロジェクト型授業の概要

4技能を総合的に扱い，二つ以上の技能を統合的に活用できるように単元計画を立てる。単元全体として，「聞くこと」→「読むこと」→「書くこと」→「話すこと」の順序を基本にして授業を進めていく。(4章2節参照)

単元指導計画

	内容／技能	教材	生徒活動内容例	評価
1時	ミニ・スピーチ[*1]	定型表現リスト	①30秒であるテーマについて話す ②質問する／質問に答える	○[*3]
	背景知識	写真・絵	③teacher talk の内容理解 ④質問に答える	
	リスニング	ハンドアウト	⑤新出語彙の練習 ⑥全体把握 ⑦詳細把握 ⑧空所補充 ⑨音読	
2時	リスニング＆リーディング		①音読 ②Q-A ③ディクテーション／ディクトグロス[*2]	○
3時	リーディング	教科書＆ハンドアウト	①新出語彙の練習 ②背景知識の確認 ③全体把握 ④音読	
4時			①新出語彙の練習 ②詳細把握 ③音読	
5時			①新出語彙の練習 ②詳細把握＋文構造などの理解 ③音読 ④Q-A（内容）	
6時			①音読 ②Q-A（内容）（意見）	○
7時	ライティング	教科書	①ライティングによるサマリー	
8時	スピーキング	カード	①口頭サマリー	●[*3]
9時	プラニング＆英文作成＆リハーサル	ネット情報など	①情報交換 ②ポスターセッションへ向けた準備	

10時	ポスター セッション1 ＊グループA の発表	画用紙	①発表1 & Q-A ＋ディスカッション1 ②振り返り	
11時	ポスター セッション2 ＊グループB の発表		①発表2 & Q-A ＋ディスカッション2 ②振り返り	●

＊1 ミニ・スピーチは毎時間の初めに5分程度で実施
＊2 ディクトグロスはディクテーションの一種であるが, ある程度の分量の英文を聞き取った後, ペアやグループで協力しながら, 元の英文にできる限り近いものを再生する活動
＊3 ○トレーニングの成果を見るための評価　　●評定に直接関係する評価

単元教材

Child labor

① An estimated 246 million children/ between the ages of 5 and 17/ are engaged in child labor,/ according to the latest estimates/ from the International Labor Organization (ILO)./// Of these,/ nearly 70 percent,/ or 171 million children,/ work/ in hazardous situations or conditions,/ such as in mines,/ with chemicals and pesticides in agriculture/ or with dangerous machinery in factories/ to make carpets, matches, soccer balls and even toys/ for 1 (richer /poorer) children/ at their own age/ in developed countries.// Some 73 million of them/ are less than 10 years old.//

② Children in domestic service/ are among child laborers.//Many of these are 2 (boys/girls) ,/ and in many countries/ domestic service is seen/ as the only avenue for a young girl.// Children working in domestic service/ are generally paid little or nothing.//

③ Street children are living and working/ on the roads and public squares of cities all over the world.// Most street children 3 (are/are not) orphans./ Many are still in contact with their families/ and work on the streets/ to augment the household income.// Many others have run away from home,/ often in response to psychological, physical or sexual abuse.//

④ Child labor is the result of poverty.// In very poor countries,/ children are forced to work.// Under ordinary circumstances,/ these young children/

4 (would be /would not be) studying at elementary school.// But their families are so poor/ that they have to 5 (work/study) /for their families/ instead of 6 (working/studying).// When their parents borrow money/ from moneylenders,/ they are forced to use their children/ as security/ for the loan,/ and if it is not repaid,/ the children will have been tied to the place/ for the rest of their lives.//

⑤ Working children's physical 7 (maturity/immaturity) / leaves them/ more exposed/ to work-related illnesses and injuries/ than adults,/ and they may be 8 (more/less) aware of risks/ involved in their occupations and place of work. // Illnesses and injuries/ include breaking or complete loss of body parts,/ burns and skin disease,/ eye and hearing impairment.//

⑥ But it is not only injury, sickness and even death/ that children risk/ when involved in hazardous labor.// They also often miss out/ on an education/ that would provide the foundation for future employment/ in 9 (more/less) dangerous occupations/ when they become adults.//

(UNICEFのホームページの情報をもとに作成)

＊ ／は意味のまとまり，//は文末を表す

3 各時間の授業の進め方
ミニ・スピーチ（帯活動5分）

　スピーチ＋メモ取り　→　交替　→　確認＋質問

　ミニ・スピーチとは，決められたテーマ（家族，旅行，学校生活など）について家庭学習として準備させ，30秒〜2分程度で原稿を見ずに行う帯活動である。ペアになり，一人が話しているときに，ペアの相手はその内容のキーワードをメモしていく。そして，時間がくれば交替する。お互いのミニ・スピーチが終われば，相手が話した内容についてメモを見ながら確認を行い，いくつかの質問をする。例：You went to Disneyland with your friend last weekend, right? How did you go there?
＊上記の活動後に，スピーチの内容を書かせ，回収して誤文訂正や誤答分析を行い，今後の指導に役立てると効果的である。

★留意事項

この活動はウォームアップとして授業の初めに 5 分程度で行う。話し手よりむしろ聞き手の育成という点で大切なトレーニングである。同じテーマを続けて行うか，いくつかのテーマをローテーションで行う。同じテーマの場合は，内容を深化させるよう励ましていくことが大切である。

初期段階では，確認や質問することよりもスピーチに重点を置くほうがよい。西（2010）は「ワードカウンター」という手法で，スピーチの目標語数を設定し，ペアの相手がその語数を数えるという例を紹介している。

① 背景知識（第 1 時）

Teacher talk（背景知識の説明及び新出語彙導入） → 質問 → ディスカッション

テーマ導入の際に，写真・絵を使って簡潔な英語で teacher talk を行う。また，数語の新出語句（リスニング活動やリーディング活動で出現）をさりげなく導入する。黒板に新出語句の日本語のみを書き，それを指しながら英語で説明する。また，生徒の経験や身の回りの生活に関する発問を行い，盛り上がるようならペアで日本語または英語でディスカッションを行う。

★留意事項

Teacher talk は一方的にならないように，クラス全体や個人に質問しながら行う。また，Did you understand what I said?/Explain what I said. のような内容理解の確認にあまり時間をかけず，生徒の反応を見ながら teacher talk の英語の難易度を調整したり，生徒が持っている知識や情報を引き出したりして会話を楽しみながら行うことが大切である。その意味で教師の「生徒のみとり」が重要で，プロジェクト型授業の成否の最初の鍵となる場面である。

② リスニング（第 1 時，第 2 時）

新出語彙練習 → 全体把握の質問 → 詳細把握の質問 → 空所補充 → 音読 → ディクテーション／ディクトグロス

リーディング教材すべてをリスニング教材として使うことは，一般的には負荷が高すぎる。4 技能統合型授業やプロジェクト型授業の中でリスニング活動を位置づけるには，リーディング教材とリンクした内容および言語材料（語彙，文構造など）を含む少し易しめのスクリプトを用意する必要がある。そのスクリプトはリスニングのトレーニングでも，プレ・リーディング教材としても使える。以下に前掲のリーディング教材に基づいて作成したリスニング教材を紹介する。

Would you be happy if you were forced to work as a student ?

A: I wonder if you could come to my house to study together next Sunday, Mike?

B: Sorry, Jane. I can't, because I have to work at convenience store on that day.

A: You have a part time job! But why? We are not allowed to have a part time job as a student.

B: I know. But I need money.

A: Why do you need money? Do you have to help your family with the money?

B: Not really. I would like to buy a computer. I am interested in computer science and I will major in computer technology at college. Without a computer, I will not be able to study when I enter a college.

A: I understand what you mean, but you must study much harder before you go to college. And after you pass the examination, you could have a part time job any time. You don't have enough time to have a job now. I dont think you should have a part time job as long as you don't have to help your family. Don't you know the situation in which children in developing countries are forced to work? They have to work by themselves for their family though they are very young.

B: You mean children such as 10 -year-old boys?

A: Yes! Not only boys but girls at an early age are forced to work in some cases.

B: I think they have to support their family if their parents are in trouble economically.

A: What if the children could not go to school or play with their friends at all? Actually, some children take care of their brothers and sisters or go on the street to sell something all day and night. They have no rights they deserve as children.

B: If so, they would not have to study at school. If I were them, I would be happy.

A: You should know better!
We should think we are lucky enough to go to school and to study. We can live a happy life even if we don't work outside. Our parents take care of us and we don't have to worry about our daily lives owing to them.

リスニング活動の具体的な手順は以下の通りである。
1) 新出語彙の練習
新出語彙の英語および日本語をリスト化したものを用意し，発音練習および英語→日本語，日本語→英語の練習を行う。
★留意事項
クラス全員による発音練習の後，個人練習時間を設け，その後，ペアによる練習を行う。ただし完璧さを求めすぎないようにする。
2) 全体把握
概要に関する質問と四つの答えの選択肢が書かれたハンド・アウトを用意する。

CDを流す（1回目）→ 答えの一斉確認 → ヒント1＋CDを流す（2回目）→ ヒント2＋CDを流す（3回目）→ 答えの提示

★留意事項
　CDを1回聞き終わった後に，教科書の表面を選択肢1，裏面を2，縦側面を3，横側面を4として，生徒は教科書を一斉に揚げ自分の答えを示す。教師はすぐに正解を提示せず，ヒント1を与えて2回目を流す。生徒の状況によって3回目を流すかどうか決める。すぐに正解を提示すると正解でなかった生徒は，なぜ正解でなかったのかの原因究明ができない。そこでヒント2を与えながら聞くポイントを絞りこませていくのである。1回目でできている生徒も2回目以降で確認作業ができる。
　例：質問　BはなぜAの誘いを断ったのですか。
　　　　答え　1　Aのことが嫌いだから　　2　他の友人と約束があるから
　　　　　　　3　アルバイトで忙しいから　4　母の手伝いをするから
　　　　ヒント1　みなさんが食べ物を買ったりする場所と関係しています。
　　　　ヒント2　I can't, because の後に答えが出てきます。

質問と答えは生徒のレベルに応じて英語による表示でもよい。また，全体把握に関する質問を最初に行うのは，クラス全員が概要を共通の背景知識として理解し，その後個人作業として詳細情報を理解するほうが授業の流れがスムーズになるためである。

3) 詳細把握

ここでは，各個人が cassette player, iPod などを使って詳細情報に関する質問に答えていく。

| 個別に聞く | → | ペアで相談 | → | 教師のチェック | → | 不正解の場合はヒントをもらい再度聞く |

→ | 全部正解したペアから，空所があるスクリプトをもらい，再度聞きながら空所補充 |

→ | 制限時間後，全員で答えの確認 | → | スクリプトの提示 |

★留意事項

個別で行う時間，ペアで相談する時間，再チャレンジの時間について制限時間を設けるほうが授業にテンポが生まれる。また全員で解答するとき, 再度，音声を流しながら確認する。早くできたペアには空所補充のスクリプトを渡し，遊びの時間をつくらない工夫をする。

4) 音読

リスニングが苦手な生徒を対象にする場合でも，1)～3)までをテンポよく行い，音読活動により多くの時間を割り当てたい。

★留意事項

音読はさまざまな方法が考えられる。教師のモデル音読後に繰り返す listen & repeat，各自が自分のペースで音読する buzz reading，空所を設けた英文を読む空所音読，4回連続音読し1回読み終わるごとに立っている向きを変える四方読みなど，生徒を飽きさせない手法をとる。中でも read & look up という手法は重要である。筆者は生徒にまず1文を黙読させ，その後顔を上げてつぶやくような声量で数回繰り返した後，文字を見ずに通常の声量で発音させる。特に重要語句を含む箇所や，自己表現活動で使える箇所をこの手法で行うと，後の活動をスムーズに行うことができる。

5) Q-A

内容理解ができたところで Q-A を行う。ここでの Q-A は，内容の確認をすべて英語で行うことと賛否について自分の意見を述べることである。例えば，

What did A say about having a part time job? Do you agree with A? Why?

のように，内容を確認した後で個人の意見を求める。このことは技能統合型授業において重要なポイントである。本当に英文の内容を理解したかどうかを確認でき，またそれに基づいて自分の意見を述べることは，批判的な聞き方ができるようになるトレーニングとなる。さらにオール・イングリッシュの授業を成立させるためのポイントになる場面である。

★留意事項

英問英答ができない場合は，教師が答えとなる箇所を言い，それをリピートさせる。Read & look up の手法で英文を読ませた後，文字から目を離して言わせてもよい。また，同じ質問を複数の生徒に答えさせることも大切である。多くの生徒ができない場合は，全員で答えとなる箇所を read & look up する。

自分の意見については，しばらく時間を取って，書かせた後で述べさせてもよい。ただし，発言するときは，極力，文字から目を離すように指導する。教師が次々と別の生徒の意見を求めたり，ある生徒の意見に対して別の生徒の意見を求めたりするなど，クラス全体がテーマについて関われるようにすることが非常に重要である。これらのトレーニングはリーディング活動においても有効に働く。つまり，批判的な読みを促進するのである。

例：Taro said that he agrees with A, because it is the most important to study as a student. What do you think of Taro's opinion?

6）ディクテーション/ディクトグロス

リスニング活動の最後に行う活動である。4）で read & look up を行った箇所や，やや長めの意識してほしい文法事項や文構造を含む箇所を空所にする。当然，もとのスクリプトは見ずに行う。

★留意事項

ペアで相談しながら，空所に入るべき英語を意味のつながりや文法・文構造の観点から理由づけしていく活動はディクトグロス（164 頁参照）と呼ばれている。音読活動後のテストとしてディクテーションやディクトグロスを行うこともできる。

③ リーディング（第3時，第4時，第5時，第6時）

背景知識やリスニング活動を通して得た情報をもとにリーディング活動を行う。「内容（情報）を理解すること」と同時に「英文の形式に慣れ，次の表現活動につなげること」がその目的である。英文の理解は，ポーズが入った音声

教材を使いながら何度も繰り返し読む（鈴木，1998）活動を通して行う。

新出語彙の練習 → 背景知識の確認 → 全体把握 → 詳細把握＋文法の練習 → 音読 → Q-A → 意見

1）新出単語の確認

リスニング活動と同様に，全体練習，個人練習の後に，ペアでリストを使って英語→日本語，および日本語→英語を行う。

★留意事項

英文が長く新出語句が多い場合，各パートに分けてそこに出てくる語彙のみを扱ってもよい。その場合，全体把握や詳細把握も各パートごとに行うことになる。そのため，単元指導計画の作成時に，全体の英文を最初にまとめて扱うかパートに分けて扱うかの判断が必要である。

2）背景知識の確認

すでにリスニング活動などで行ってきた内容の確認を簡単に行う。

★留意事項

読む目的を持たせることは大切である。例えば，「あなたは新聞記者です。この度，ユニセフより児童労働について重要な情報が発表されたので，一般読者に分かるように簡潔にまとめなさい」などと指示すると読む目的が明確になる。

3）全体把握

教師のモデル音読1 → 解答の確認1 → ヒント1＋モデル音読2 → ペアで相談 → 解答の確認2 → ヒント2＋モデル音読3 → 解答提示

チャンク（意味のまとまり）ごとにスラッシュの入った英文を用意する（単元教材参照）。チャンクは生徒の状況に応じて長さを調整する。リスニング活動と同様に，ハンドアウトで次頁の例のように概要に関する質問を選択肢と一緒に提示する。リーディング活動では，CDの代わりに，教師がモデル音読し，生徒はそれをペースメーカーとして聞きながら英文を読んでいく（モデル音読1）。あとはリスニング活動と同様に教科書を使って一斉に解答の確認をする。すぐに正解を示さずに，ヒント1を与えたうえでもう一度教師のモデル音読を行う（モデル音読2）。その後，ペアで一度解答の相談をさせて，一斉に解答の確認を行う。それでも正答率が低い場合は別のヒント2を与えたうえで再度モデル音読を行う（モデル音読3）。最後に解答を提示する。

例：質問　働いている小学生はなぜ学校に行かないのですか。
　　　答え　1　学校が嫌いだから　2　親が先生の代わりに教えてくれるから
　　　　　　3　家庭が経済的に貧しいから　4　近所に学校がないから
　　　ヒント1　家族の状況と関係しています。
　　　ヒント2　so poor 以降が答えです。

★留意事項

　教師のモデル音読は，チャンクごとにポーズを置いて音読する。ポーズは意味のまとまりを意識させたり，意味を考えさせたり，英語を頭の中で反芻させたりするためである。CDを流してもよいが，教師による音読のほうが，生徒のレベルに合ったポーズを置きやすい。

4) 詳細把握＋文法など

　通常のリーディング指導では，詳細把握も全体把握と同様の方法で行うが，プロジェクト型授業の場合，アウトプットすることが目的のため，ここでは，生徒各自のペースで行う。制限時間を設け，それぞれのタスクについて，個人で取り組む時間とペアで相談する時間を設定する。

| タスク1（詳細情報） | → | タスク2（文脈理解） | → | タスク3（文構造の理解） |

例：タスク1　child labor はどんな仕事をさせられることですか，最低二つの
　　　　　　例をあげなさい。
　　　　　　　＊すべての解答を要求しないことがポイントである。
　　タスク2　1〜9で正しいものを選びなさい（単元教材参照）。
　　タスク3　次の英文の述語（メイン動詞）を□で囲みなさい。
　　　例：The number of children involved in domestic service around the
　　　　　world is unknown, since formal employment contracts are rarely
　　　　　involved and official data are therefore not gathered.

★留意事項

　各タスクについて個人の活動およびペアでの相談の制限時間を設ける。答えさせるとき，その理由を問う。これは文脈や文構造を意識しながら読むリーディング・ストラテジーを育成するためである。

5) 音読

　ある程度内容がわかった段階で音読活動に入る。あまり細かい意味理解に時間を割くよりは，音読しながら，また後に行われる表現活動を通してより深い

理解をさせていくほうが効率的である。

|listen & repeat| → |buzz reading| → |ペアによる確認| → |四方読み| → |read & look up|

　上述の流れは一例だが，一人ひとりの生徒が音読ができているかどうか確認しながら進めていく。

★留意事項

　複雑な文構造やキーワードまたは表現活動で使える表現が入っている文は，read & look up の手法で負荷をかけながら音読活動を行う。先述したように read & look up のトレーニングはスピーキング力の育成に直結するものなので，必ず取り入れる。個人やペア，またはグループ単位で行うなど学習形態を工夫しながら行い，必ず教師がその成果を確認する。

6）Q-A

　リスニング活動での Q-A と同様，ここでの Q-A は英問英答を指す。これができるかどうかが次の表現活動の登竜門になる。

例：Could you explain child labor? What kind of jobs are children forced to do?/ Why do those children have to work?/ What risks do those children face by working?

★留意事項

　英文を見ないで行えるようになるまで何度も同じ質問を繰り返す。できないなら，教師がその答えとなる箇所を本文中で指摘し，そのうえで，read & look up の手法で教師の後にリピートさせる。同じ質問を何度も異なる生徒にし，ほとんどの生徒ができないようなら，練習時間を取る。また，質問する内容は，後に行うサマリーに必要な情報を中心に行うと効率的である。

7）意見

　プロジェクト型授業の最も大切な一つが「自分の意見を述べることができること」である。この場面でいきなり質問するというより，内容理解（全体把握・詳細把握）の中で少しずつ質問していく。

　ミニ・スピーチの項で説明したように，確認の後に意見を述べさせる順序を意識して指導する。例えば，Why is child labor a big problem? と質問し，6) の Q-A で練習した内容を引き出す。その後，What do you think you can do to solve this problem? などと質問する。

★留意事項

　意見が出にくいときはノートに書かせた後に発言させるとよい。ただし，発言するときは，これまで述べてきたように文字から目を離させることが重要である。

④　ライティング（第7時）

　ここでのライティング活動の目的は，「キーワードを用いてパラグラフ構成を意識して英語でサマリーができること」である。教科書の英語をそのまま書いてもよいが，少しでも自分の言葉でパラフレーズして書くことを勧めたい。

|フォーマットの提示|→|本文を見ずに書く1|→|本文との比較・校正|→
|教師のチェック|→|音読|→|本文を見ずに書く2|

例：Child labor is one of the biggest problems in the world.
　第1パラグラフ：児童労働の数と職種
　第2パラグラフ：児童労働の原因
　第3パラグラフ：児童労働に伴う危険や不利益
　第4パラグラフ：自分が考える解決策

★留意事項

　ここでは，教師が提示するフォーマットをもとにパラグラフ構成を意識させることに主眼を置いてライティングさせる。つまり，トピックセンテンスとその後に続く情報との関連性をしっかり考えさせる。まず，本文を見ずに記憶に残っている情報だけを頼りに書き出す。次に本文を見て自分の書いた英文との違いに気づかせる。教師が本文の英文の趣旨を反映しているか点検し，本文とまったく同じ英文ばかりで書かれているときは，ヒントを与えて可能な限り自分の言葉で書かせる。

　そして，完成したサマリーを何度も音読する。スムーズに音読できるようになった段階で，再度サマリーを書かせ定着を図る。

⑤　スピーキング（第8時）

　ここでのスピーキング活動は，ライティング活動で行ったサマリーをキーワードだけを見て口頭でサマライズする活動である。

|キーワード選択|→|個人練習|→|ペア練習|→|グループ内発表|→|代表発表|

　まず，生徒は，自分が書いたサマリーの中から内容を思い出しやすい語句（3語以内）を五つ程度選び，それをカードに書き出す。そのカードに書いた語句

を見て，ライティング活動で行ったサマリーを口頭で言えるように練習する。個人→ペア→グループと発表相手を広げていき精度を上げる。聞き手は eye contact, fluency, accuracy, prosody などに関する助言を行う。

★留意事項

　1分以内などの制限時間を設けることは fluency を高めるのに役立つ。またこの活動を通して，ポスターセッションへ向けた共通の情報（ここでは child labor）を英語で共有できるだけでなく，協働学習へ向けたチームワークの形成に役立つ。

　録音するなどして評価することも大切である。また，評価する場合，再チャレンジの機会を与えると，よりこの活動に意欲的に取り組む。

⑥　リサーチからポスターセッション，ディスカッションへ（第9時）

　「児童労働に関する各国の状況を調べたうえで，高校生として，現地でできる援助活動計画を立てる。その計画が有益で実行可能なものであれば，政府から派遣される」という課題設定で，リサーチおよびポスターセッションの準備を行う。

　リサーチ　→　プランニング＋英文作成　→　リハーサル

1) リサーチ

　宿題として，インターネット情報や書籍などから，調べたい国について以下の情報を収集する。

　1　Basic information about the country（location, population, literacy rate, life expectancy, economic conditions, etc.）
　2　What kind of jobs do children in the country do?
　　 What is the number of those children?
　3　What are the problems about those children?

2) プランニング＋英文作成

　グループ内で調べてきた情報のすり合わせを行う。また，高校生として現地で何ができるかを話し合う。英語で話し合うことができれば理想的だが，日本語でもよいことにする。

　プランニングが終われば，上記の情報と合わせ英文を作成する。パラグラフ構成は以下のように分類し，パラグラフごとに4人で分担する。

　第1パラグラフ：調べた国の基本情報（国名，地理的位置，人口，社会情勢，

経済情勢など）
第2パラグラフ：児童労働の種類と数
第3パラグラフ：児童労働に伴う問題点の指摘
第4パラグラフ：高校生として何ができるかの行動計画

★留意事項

次の例のように，各段落の書き出しを提示しておくと比較的書きやすくなる。また，「事実」と「意見」の区別を意識して各段落を書かせることが大切である。

作成された英文は教師がすぐに添削してもよいが，グループ内で生徒同士で確認させ，どうしても判断できない場合のみ教師に尋ねるように指示し，ポスターセッション後に教師が主な英語上の誤りを指摘する方法も有効である。

例：第1パラグラフ：I (We) did research on Indonesia. Indonesia is located in ～

第2パラグラフ：According to the information from UNICEF, the number of child labor is ～

第3パラグラフ：I think there are mainly three problems about child labor. First, ～

第4パラグラフ：In my opinion, we could ～ For example, ～ What do you think of my ideas?

3) リハーサル

一人1枚の絵・写真・グラフなどの視覚教材を準備し，自分の分担の英文を暗唱する。グループ内でお互いに聞き合いをして，アドバイスし合う。

⑦ ポスターセッション，ディスカッション（第10時，第11時）

ポスターセッション1 → ディスカッション1 → ポスターセッション2 → ディスカッション2

ポスターセッションでは，いくつかの小グループが同時にプレゼンテーションできるため，一つのグループだけが発表するより効率的である。

1) ポスターセッション1

4人グループ10組（40人学級の場合）をA，Bの二つに分け，A1～A5グループがプレゼンター，B1～B5グループが政府審査団（聴衆）とする。A1～A5は教室の5か所に分かれてプレゼンテーション（A1～A5は5回のプレゼンテーション）を行い，B1～B5はローテーションで各A1～A5のプレ

ゼンテーションを聞く。以下にポスターセッションの手順を示す。

　ア　2分以内の制限時間を設ける。4人がそれぞれの分担箇所を視覚教材を使いながら説明する。

　イ　制限時間がきたら，Bグループは1分以内に不足情報やより詳しく知りたい点などについて質問する。質問の仕方は，確認してから，質問する（ミニ・スピーチの項を参照）。BグループはAグループの発表の内容をメモする。

　ウ　1回のプレゼンテーションと質問を合わせて3分以内とし，Bグループは時間がきたら次のAグループのところへ移動する。

★留意事項

制限時間を設けるのは，英語の流暢さを促進するためと時間切れで言えなかった内容について質問できる時間を少しでも確保するためである。

●ポスターセッションにおける発表例（抜粋）

　We are going to tell you about the situation in Sierra Leone. First, education. It is difficult for children in Sierra Leone to receive education. Please look at this graph. According to the survey, about two-thirds of the people cannot read and write. (中略) In addition, half of children at the age of 5 to 15 are engaged in child labor. They have to work instead of going to school. Therefore they cannot have enough education.

　Second, safety. There is no safety in Sierra Leone. Kidnapping is one of the biggest problems there. Some of kidnapped boys become child soldiers. They are forced to take drugs and fight with the enemies. Half of kidnapped children are girls. They often suffer from sexual abuse. (中略)

　As we have mentioned, the situation is devastating. There seems to be little high school students can do to help children in Sierra Leone. But at least we should know more about Sierra Leone, and convey the information we've got to as many people in the world as possible to raise their awareness.

2）ディスカッション1

　Bグループはグループごとに議長（司会者）一人とスポークスパーソン（連絡係）一人を決める。各グループで英語でディスカッションを行い，A1〜

A5の行動計画のうちベストのものを決定する（5分程度）。スポークスパーソンはグループ内で決定したベストのAグループ名をBグループのスポークスパーソン全体会（5人）の中で公表し，最終的にベストグループを決定する。以下に，あるグループのディスカッションにおける生徒の発言例を示す。

例：I think A1 is the best group, because the plan seems to be possible to carry out. For example, they are going to tell Japanese fairy tales to the children. I'm sure that they can learn the language and humanity through them. What do you think, Mr. __?

★留意事項

Aグループは，この間に振り返りシートを記入する（次頁の振り返りシート例参照）。

Bグループのスポークスパーソン全体会（5人）でもグループ内でのディスカッションと同じように代表議長および代表スポークスパーソンを決めて行う。結論が出れば，代表スポークスパーソンがAグループのベストグループ名をアナウンスする。この間，残りのBグループのメンバーは自分たちの発表の準備を行う。

3）ポスターセッション2 & ディスカッション2

AグループとBグループの役割を交代して同様の活動を行う。

★留意事項

Aグループのスポークスパーソン全体会（5人）が行われている間，残りのAグループのメンバーは，振り返りシートの続きを記入する。

4 まとめ

高校生時代に英語を使って人と話し，ものごとについて調査・分析し，そして自分と対話する経験をすることは，英語の学力のみならず，広い意味で思考力を培い，多文化共生の時代と言われている21世紀に生きるために必要な資質の育成に大きく寄与すると確信する。その意味で，プロジェクト型授業は，教科書の理解活動に終始することを超えた高校生なりの現実問題への関与と，実践的コミュニケーション能力を養成する英語学習を融合するものである。

ただし，英語の技能がある程度のレベルに達していないとスムーズにプロジェクト型授業における理解活動と表現活動とがつながらない。設定される

テーマとそこで必要な下位技能の関係を分析し，4章2節で一部分を紹介した神戸市立葺合高校の到達度尺度のようなテーマ学習と英語の技能の関係を記述していくことは有効であろう。　　　　　　　　　　　　　　　（竹下厚志）

[参考文献]
秋田喜代美（2006）『授業研究と談話分析』東京：放送大学教育振興会.
鈴木寿一（1998）「音声教材中のポーズがリーディング・スピードに及ぼす影響に関する実証的研究」ことばの科学研究会（編）『ことばの心理と学習』pp.311-326 東京：金星堂.
西　巌弘．(2010)『ワードカウンターを活用した驚異のスピーキング活動22』東京：明治図書.
八島智子，Lori Zenuk-Nishide，東谷保裕（2006）「日本の学校でコンテント・ベースの英語教育はどこまでできるか」（平成18年度関西大学英語指導力開発ワークショップ）.

[資料] 振り返りシート

---

1. 自分たちのポスターセッションについて
   ①うまくできましたか（満足度）→ 1　2　3　4　5（とても満足）
   　その理由は何ですか
   ②メンバーと協力できましたか→ 1　2　3　4　5（とても協力できた）
   　具体的に
2. 他のグループのポスターセッションについて
   ①印象に残ったグループはどこですか→グループ1　2　3　4　5
   　その理由は何ですか
3. ディスカッションについて
   ①うまくできましたか（満足度）→　1　2　3　4　5（とても満足）
   　その理由は何ですか
4. ポスターセッション活動全体を通して得たことについて
   ①どの英語の技能が伸びたと思いますか
   　Listening　Speaking　Reading　Writing　特になし
   ②今後の英語学習の目標を具体的に書きましょう

7章 授業改善のための指導技術

　授業を通して，生徒に英語の基礎学力とコミュニケーション能力を育成するためには，指導/到達目標を反映した教材と生徒を動かす指導法，指導技術が不可欠である。ところが英語授業改善の議論において，指導技術は単なるテクニックという考えからか，ややもすれば軽んじられてきた傾向がある。しかし，例えば英語による教師発話（teacher talk）の工夫によって，生徒に英語に慣れ親しませたり，発問や指名の工夫によって生徒の学習意欲を高めさせたり，学習方法の指導の工夫によって学習習慣や一人ひとりの生徒に合った学習方法を身につけさせたり，等々の成果が大いに期待できるのである。

　教師が授業運営に疑問を抱いたときや生徒の反応がもうひとつ良くないと感じたとき，毎日の授業で何の疑いも感じずに使っている指導技術を一度見直してみて，問題があれば改善することが大切である。

　本章は，以上のような視点から授業改善に役立つ指導技術に関して次の5項目を取り上げ，それぞれの指導技術の授業における役割や活用法，活用にあたっての留意点について考える。

- 英語による授業の進め方
- 学習意欲を高める発問，指名の工夫
- ペアワーク，グループワークの活用法
- ICT機器の活用法
- 学習者の自律を促す学習方法の指導

（樋口忠彦）

1節　英語の授業は英語で―英語による授業の進め方

1　英語で授業を進めることの意義

　英語で授業を進める目的の一つは，英語を聞いたり話したりすることに慣れさせることや，英語がコミュニケーションの手段だと実感させることである。それゆえ，教師が英語を使う姿は生徒にとって身近なモデルとなり英語学習の

動機を高める可能性は非常に大きい。

　文法・訳読中心の授業では，生徒が予習として訳してきたものを教師が確認と修正を行い丁寧な解説を加えるというのが一般的で，生徒の英文を読む回数も限られており，英語のインプット量は決して多くない。また，解説が中心となるため授業中の言語処理速度が遅く，結果としてインプットの質と量が落ちてしまう。さらに，生徒の多くは訳が最終目標だと考えるようになり，英語学習に対する興味・関心が低下し，英語を使う能力がなかなか身につかない。

　一方，例えば高校で英語で進める授業では，リスニング・インプットとして題材や内容に関する背景知識を英語で口頭で導入（oral introduction）し，英語で内容に関する質問を与えて読ませるのが一般的であり，英語で答えの確認を行うなどインタラクションの機会が多くなる。このように音声と文字によるインプットを連続して行うため英語に触れる量が多くなり，言語学習の4条件（Willis, 1996）の一つである豊かな exposure が確保できる。概要から細部に至る内容理解と文法説明の後に，目的に応じた豊富な音読練習を行うことで言語材料の定着が図れ，アウトプット活動を通して自分の弱点や誤りに気づき，修正をしたりする過程で言語習得の促進が期待できる。英語で授業を進める最大のメリットは，このような気づきが授業中のあらゆる場面で起こるということである。

2　教師発話の工夫

　生徒の言語学習を促進する理解可能なインプットとして，教師発話（teacher talk）は重要な役割を果たす。まず，Krashen & Terrell（1983）が指摘する教師発話の六つの特徴—①ゆっくり話す，②ポーズを長く取る，③具体的でやさしい語句を用いる，④短く単純な文を用いる，⑤難しい文法構造を易しく言い換える，⑥繰り返しを多く用いる，を留意しておきたい。

　次に，授業を英語で行うには，普段から英語を聞くことや，英語の質問に答えることに慣れていなければ，教科書の内容について英語で質問されてもうまく答えることはできない。英語での簡単なやりとり（interaction）に慣れさせる手段として，日常の話題などについて教師が2, 3分間の話（small talk）をして，生徒に考えや意見を求めるような質問を行い，授業を英語で進める素地を作りたい。

また，授業で扱う本文の内容や背景知識などを oral introduction をする方法がよく用いられるが，読む前に内容がほとんどわかってしまうと読解力養成の妨げになるので，多くの情報を話しすぎないよう注意したい。特に，難しい教材は，導入するポイントを選び出し焦点化する必要がある。話題の中心となる具体的な事実やデータがあれば，クイズ形式でクラス全体に問いかけ挙手で答えさせるようにすれば，授業への参加度も上がり生徒の理解度も把握できる。例えば，「左利きの科学と社会学」に関するレッスンであれば，"How many of you are lefties?" や，"Make a guess. How many people in the world are lefties?" などの質問を投げかけ，一斉に答えさせたり，ペアで考えさせたりすれば良い導入になる。

　なお，使用する英語は，前掲の Krashen & Terrell の六つのポイントに加え，次の点に留意したい。抽象的な内容を話す場合は具体例を列挙し，理解しやすくなるよう工夫する。また，絵や写真などを見せながら行うというのも効果的だが，過度な使用は聴解力養成の妨げになることもあるので，生徒の実態に応じ必要最低限にとどめたい。教師が話す英語は，学習段階に応じて速度の調節を行い不自然にならない程度の短いポーズを入れることで，英文のフレーズを前から順番に理解する習慣が身につき，聴解力ばかりでなく読解力の向上も期待できる。

3　英語で進める授業の実際

　以下に筆者が日頃行っている授業の流れに沿って英語で進める授業の実際について紹介する。

実践例

　使用教科書　*POLESTAR English Course I*, Lesson 6, The Trip That Changed My Life ― Hoshino Michio（数研出版，2007 年）

① リスニング・インプット

1) Small Talk ― 日常の話題，あるいは教科書に関連づけた話題を提示する。生徒が理解できる簡単な英語を使用し，あまり長く話さないよう注意する。

　Raise your hands if you have been to a foreign country. I see. One, two, three, four .... Only eight students have been abroad. Raise your hands if you want to go to a foreign country. Wow! Many of you want to go abroad.

As for me, I have been to some Asian countries, such as China, Vietnam and Singapore. I like all these countries because they have their own unique cultures. Also each country has different style of cooking and different way of life. People in each country are a little different from us, but they are all nice. I enjoyed talking with them. In the near future, I want to go to Canada or Alaska if I have a chance because it has a lot of nature and many kinds of wild animals.（カナダ，アラスカの風景写真を見せる）

2) **Oral Introduction** ─ できるだけ多くの生徒とインタラクションを行ないながら，教科書の題材に関連する情報を話す。難しい語や新出語は易しい英語で言い換え，内容を簡単な英語で要約し導入すると効果的である。

T: Let's start today's lesson. Open your textbook and look at the picture on page 67. Do you know who he is?（生徒を指名する）
S1: No.
T: He was a famous nature photographer named Hoshino Michio. Here's a collection of photographs taken by him.（星野の写真集を見せる）What do you think of these photographs?（生徒を指名する）
S2: I think very beautiful.
T: You think they are very beautiful.（それとなく訂正（recast）する）
Do you know where these photographs were taken? They were taken here.（生徒を指名し，黒板に世界地図を貼り，アラスカを指さす）
S3: Canada.
T: No, it's Alaska. These photographs were all taken in Alaska. Hoshino Michio once lived there. These photographs are beautiful, aren't they? They make me understand how much Hoshino loved Alaska.
He went to Alaska for the first time when he was nineteen. <u>After he graduated from Keio University, he entered University of Alaska to study biology.</u> He was fascinated by the nature and wild animals in Alaska all through his life.（下線部のような教科書に掲載されていない情報を付け加え，生徒の興味をいっそう高める努力をする）

② リーディング・インプット

本文の内容理解を英語で行う場合は，読解活動をトップダウン・リーディン

グからボトムアップ・リーディングの流れに沿って整理し，それに応じた英語の質問を段階的に用意しておくことが重要である．

1) First Reading（大まかな内容の理解）——適切なスピードで読ませるために，音声CDか教師の音読に合わせて教科書を黙読させる．事実やデータなど簡単な情報に関してあらかじめ英語で質問を与えておき，読むポイントを明確にしておく．

Look at Part 1 on page 68. I'm going to read it out loud. So, please read the text silently according to the pace of my reading, and you have to find the answers of the following two questions. What did Hoshino become interested in when he was in his teens? And what did he find at a bookstore in Tokyo?（生徒の実情によっては，黒板に英語の質問を書く）

After reading it, answer these questions. Are you ready?（ポーズをゆっくり置きながら教科書を読み，戻り読みをしないよう注意する）In my teens I became deeply interested in ....（以下，略）

OK. Now, I'm going to check your answers. What did Hoshino really become interested in when he was in his teens?（生徒を指名して答えさせるのが一般的であるが，ペア・ワークが機能していれば，In pairs, take turns telling your own answers to your partners. と指示し，答えを共有化させる）

2) Second Reading（詳細な内容の理解）——ここでは，根拠・理由，主人公の感情，筆者のメッセージなど，テキスト内容と生徒の実態に応じて細部について尋ねる．

OK. Now, I have three questions focusing on the details in the text. Look at the questions on the worksheet. Read the questions and think of the answers. I can give you 10 minutes.（歩いて生徒の回答をモニターする）

Worksheetの例

① Why did Hoshino become deeply interested in the scenery and wildlife of Hokkaido and northern places?
② What did Hoshino think when he saw a photograph of a village called Shishmaref? （以下，略）

Please stop it. Now in pairs, take turns telling your answers to your partner.（様子を見て，終わった頃に）Are you finished? I'm going to pick some of you to check your answers. When I call your name, stand up and tell us your answers in a big voice. Can we start?

　なお，正解が出ない場合は，すぐに次の生徒を指名するのではなく，例えば二つ目の質問であれば，Hoshino had a question about people in the small village in his mind. What was it? などのヒントになる情報を与え，正解に導くようにする。

　3) 文法説明 ─ インプットの最終段階として日本語による文法，語法，構文などの説明は不可欠である。また，実態に応じて日本語訳を提示する。

③　音読

　「読む」活動を他の技能へ発展させ4技能統合型の授業を行うためには，インテイクを促す音読活動は不可欠である。(3章1節，4章2節参照) 繰り返し練習し，語彙や構文などをライティングやスピーキング活動で使えるようにしたい。(英語でのやりとり例省略)

④　アウトプット活動

1) ペアQ&A─異なる質問とその答が書かれている2種類のプリントを配布し，生徒がペアで交互にプリントの質問を読み上げる。答える生徒は，教科書を見ずに内容を思い出して答える。答えに詰まるようであれば，質問する側の生徒がヒントやキーワードを言って手助けする。この活動に慣れれば，生徒が質問を作る創造的なペアQ&Aに移行する。自分で質問を作ることができれば，インタビューなどコミュニカティブなスピーキング活動の可能性が広がる。

T:　Partner A, you have a question and its answer on the paper. Please ask the question to your partner. If Partner B doesn't know the answer or makes a mistake, please give your partner a hint or a key word. Partner B, close your textbook. Are you ready?

S1:　What did Hoshino become deeply interested in when he was in his teens?

S2:　He become deeply in … (沈黙) Please give me a hint.

S1:　(ヒントを与えすぎないよう指示されている) the scenery and …

S2:　Thank you. He became interested in scenery and wild animals of Hokkaido and northern places.

S1:　the scenery and wildlife

S2: I see. He became deeply interested in the scenery and wildlife of Hokkaido and northern places.

S1: Perfect!

2）ストーリーリテリング（Story Retelling）—Q&A 活動に慣れれば，ストーリーリテリングに進みたい。この活動はあらかじめ与えられたキーワードをもとに，教科書の概要や要点をなるべく自分の英語で話す活動である。

　Now we will move on to the next activity called "Story Retelling." Partner A, please tell your partner about the text. I will write some key words on the blackboard as hints.（あらかじめ模造紙に書いておくとよい）You can look at the key words when you try to retell the story. You have 5 minutes to do it. In five minutes, partner B, please tell your partner about the text.（相手の生徒は教科書を見ながら手助けする。支援の様子は Q&A のやりとりを参照）

4　おわりに—英語で授業を進めるために

　さまざまな中学校を卒業した生徒を迎える高校入門期や，クラス替え直後の2年生，3年生の新学期の授業で英語の授業に慣れていない生徒が多い場合，small talk や oral introduction など授業の前半部分だけを英語で行うようにする。他の活動は時期を見て一つずつ順番に導入し，ゆっくり慣れさせるように工夫する。新しい活動を導入するときは，やり方や注意点を日本語でしっかり説明し，上手くいかないときはアドバイスを与え支援することが大切である。最初は上手くいかなくても，生徒と一緒に粘り強く続けていくことで，徐々に授業を英語で行えるようになる。

　また英語で授業を進めるためには，自己研修として英字新聞などの英文を要約する練習や，授業をビデオに撮り分析を行うことは有効である。筆者の経験では，長期休暇ごとに ALT も含め英語科全員で実践報告会を英語で行ったことが「指導技術」と「英語で説明する技術」の向上に役立ったと考えている。

（平尾一成）

2節　学習意欲を高める発問，指名の工夫

　英語の1時間の授業の内容や流れを大きく左右する要因に教師による発問や指名が考えられる。生徒に対する発問の内容や仕方，指名の仕方を変えたり，工夫したりすることによって，授業が大きく変わることがある。この節では，生徒の学習意欲を引き出したり高めたりする観点から，教師による発問，指名のあり方について考えたい。

1　学習意欲を高める発問の在り方
① 　生徒の学習段階に応じた発問を

　発問の在り方を考える場合，まず考慮すべきことは生徒の学習段階であろう。生徒の学習段階を十分に把握し，生徒の理解可能な発問を心がけるべきである。習得語彙や表現が限られている初期の学習者に "Please explain the meaning of acid rain." といった発問を与えるのは無理があろう。学習者の身につけている英語力を踏まえて，それに応じた発問を考えることが大切である。T: Do you know acid rain?　S: No, I don't.　T: It is rain. It has acid in it. It's '酸性雨' in Japanese. Where does it come from? といったように学習者のレベルに応じて発問の内容や仕方を変えることが必要である。

　また，英語授業における発問は英語力を養うためにも英語で行うことが望ましいが，内容把握を重視する場合などは日本語で行うことも必要であろう。

② 　全体から個人へ

　教育実習生などの授業を見ていて，よく耳にする発問は，"Tanaka-kun, what did you eat for breakfast this morning?" とある一人の生徒に問いかけることである。なかには質問をする生徒のそばに近づいて，その生徒に向かって発問をする光景を目にすることがある。それでは，他の生徒は質問を聞こうとはしないであろうし，質問に対する答えも考えようとはしないであろう。全員に参加を促すには，"Did you watch any TV program last night?" とクラス全体に質問を投げかけてから，"How about you, Tanaka-kun?" と個人に答えを求めることである。

③ 　生徒の考えを引き出す発問を

　"How's the weather today?" といった発問は，生徒に構文や語彙を身につけ

させるために，学習の初期においては必要であろうが，こういった機械的な英問英答だけではなく，できるだけ生徒に考えさせる発問を工夫したい。"Today is Halloween. What is the big pumpkin called?" といった知識を問う質問や，"What does Jack-o'-lantern mean?" といった考えさせる質問を投げかけることが必要である。

また，生徒は教師から与えられた質問に正しい答えを回答する者という固定概念にとらわれるのではなく，生徒から発話を引き出す工夫も心がけたい。"Please tell me what you know about Halloween." や，"Will you ask our ALT what you want to know about Halloween?" といった発問をすることによって，生徒に自分たちの知っていることや知りたいことを英語でおのずと話し出させるようにしたいものである。

2 積極的な参加を促す指名の仕方
① 生徒の主体的な発表を促す

教師の発問を受けて，どの生徒に発言をさせるかを決めるのが指名である。もちろん指名の権利は教師にあるので，教師主導で指名を進めていくことは可能である。しかしながら，生徒主体の授業づくりをめざす視点から，できるだけ全員の生徒に質問の意味と答えを考えさせる時間を与えて，自主的に手を挙げて答える習慣づくりを心がけたい。発表した個人やグループにポイントを与える方法も，中学校低学年，やり方によっては中学校高学年や高校生にも自主的な発表を促すうえで効果的である。

② 全員に発言の機会を

次に留意すべきことは，自主的に発表する生徒だけでなく，それ以外の生徒にも発言の機会を与えることである。自ら手を挙げることができない生徒は教師が指名して発言を促すようにする。その場合，個々の生徒の学力を考慮して与える質問を考えることが必要である。できれば1時間の授業においてクラス全員の生徒に発言する機会を与えたい。一人ひとりの生徒に「今日は授業で発言できてよかった」といった満足感を与えることが大切であろう。全員が発言できたかどうかは，次に示すような座席シートを活用することで確認することが可能である。

(座席シート例)　　　　　　　　（記入例）

	Mizuki			Nozomi	
2/1	○	◎	2/1	○	
2/2			2/2	○	
2/4	○		2/4	○	◎
2/5	○		2/5		

・生徒の座席を四角で表示する。左の例は1ペアの座席を示す。
・左の列に教師が指名した日付を記入する。
・右3列に自主的な発表を○で記録する。◎は暗唱発表など特別な活動を示す。

指名の仕方としては，座席や列ごとに順番に指名する方法も考えられるが，全員の生徒を質問に集中させるためには，順番ではなくランダムに指名する方がよいであろう。

③ 全体と個人のバランスを

指名の目的は個々の生徒の回答を通して，その生徒の理解度や習熟度などを確認することであるが，授業展開を考えた場合，個人指名のみで授業を進めることは効果的ではない。また，個人指名の場合，即座に答えが返ってくることもあれば，生徒によってはすぐに答えが返ってこないこともあり，当然ある程度時間がかかる。それゆえ，生徒一人が発言する機会は限られてくる。それに代わるものとして，クラス全体に答えさせる方法が考えられる。"Please answer, everyone." や "Can you answer together, class?" と言えば，クラス全員から一斉に答えが返ってくる。たとえ答えられない生徒がいても，他の生徒の答えを聞いて学習することが可能である。二者択一ではなくて，大切なことは，場面に応じて両者の方法を使い分けることであろう。

④ 生徒による指名－タッチ式

いつも教師は質問者，生徒は回答者と考えるのではなく，たまには生徒自身に指名をさせてはどうだろうか。もちろん生徒が主体的にプレゼンテーションをする場面などでは，生徒が司会者として他の生徒を指名することも可能であろう。それ以外に，生徒による指名を行わせる方法がある。タッチ式（リレー式）による発表である。これは，発言した生徒が，次に発言する生徒を指名することによって，次の生徒，次の生徒へとタッチ式に発表をつなげていく方法である。S1: What day is it today, S2?　S2: It's Thursday. What's the date today, S3? と質問をつなげていけば，生徒自身が習った表現を使って楽し

雰囲気で復習していくことができる。

⑤　ペア・グループの活用

一つの発問に対する答えも生徒によって違ってくる場合がある。"What did you do last night?"とクラス全員に聞いても答えはさまざまであろう。そんな場合，個人指名で何人かの生徒に聞くことも考えられるが，ペアやグループの活用を考えてはどうだろうか。"What did you do last night? Please ask your partner."とか，"Talk about what you did last night with your group members."といった指示を出すだけで，生徒は一斉に自由に自分たちの経験や考えを述べることができる。

3　読み物教材における発問，指名の具体例

O. Henry の有名な作品に After Twenty Years がある。20年前に再会を誓って別れた親友が20年後にそれぞれ警官と泥棒になっていたという話である。ここではこの教材を扱った授業展開をみていくことにしよう。

　（教材）　　　　　After Twenty Years（520 words）
　（学習時期）　　　中学3年　2学期
　（単元の展開）　　第1時：物語の導入，小集団による読解
　　　　　　　　　　第2時：小集団による読解，音読練習
　　　　　　　　　　第3時：音声劇録音

① 導入時の発問・指名

導入時は教師が一方的に説明をするのではなく，作者の O. Henry やその作品について生徒の背景知識を引き出すように発問・指名を行う。

　T： Have you heard O. Henry?
　Ss： Yes, I have. / No, I haven't.
　T： Oh, Haruko knows O. Henry. Haruko, please tell us about him.
　S1： He is an American writer.
　T： What did he write?
　S1： He wrote '最後の一葉.'
　T： Yes, 'The Last Leaf.' Did anybody else read 'The Last Leaf?'
　S2： I read it, too.
　T： Oh, really? Was it a long story?

S2: No, it wasn't.

T : Yes, he wrote some short stories. His stories are very interesting. This story was also written by O. Henry. The story is as follows; twenty years ago two men promised to meet again. Tonight is the night when they are going to meet....

② 物語の内容に関する発問

本単元では，クラス全体で一斉学習を行うのではなく，小集団によるグループ学習を行ったため，単元の最後に理解確認のために物語の内容に関する質問を与えることとした。また質問には事実情報だけでなく，O. Henry 特有の複雑なストーリーが理解できているかを確認できる質問を含めた。内容に関する主な質問は次の通りである。

(1) What was the man doing near the dark shop?
(2) Why was the man waiting for his friend?
(3) A tall man in a long coat came to the waiting man. Was he Jimmy?
(4) Who was he?
(5) Did Jimmy come to meet Bob?

③ 生徒の想像力を引き出す発問

上の (5) の質問の後に，"Please make your original questions." という指示を与えた。そうすることによって，生徒はさらに深く物語を読んだり考えたりするものである。生徒は次のような物語の内容の中心に迫る質問を考えた。

・Why did Jimmy come to meet Bob?
・What did Bob do to be successful?
・Why didn't Jimmy arrest Bob by himself?

また，グループの読解の課題として，物語の最後の Jimmy から Bob への手紙の中身をブランクにしておいて，"What did Jimmy write to Bob? Please write the letter in your groups." という発問を行った。グループの中で物語に対する理解を共有することによって，互いの理解を深めることが主なねらいである。それに対するあるグループの書いた手紙である。

Bob : I was glad to meet you. But we have to arrest you. I don't want to arrest you by my hand. So I asked this man to arrest you. Sorry and good-bye.　　Jimmy

4　よりよい発問，指名のために

　授業は教師と生徒との信頼関係で成り立っている。「今日は先生はどんな質問をするだろうか？」，「今日は手を挙げたら当ててもらえるだろうか？」生徒たちはいつも期待と不安を胸に授業に臨んでいる。そういった生徒の思いに応えるためにも教師は生徒の考えや思い，想像力を引き出す発問や，生徒が学習に意欲的に参加できる指名を心がけるべきであろう。

　ここで取り上げた例はほんの一部にすぎず，他にもさまざまな発問・指名の工夫が考えられるはずである。ある方法がうまくいったからといって，それが全てのクラスに当てはまるわけではない。それぞれの教室に合った発問や指名を考えていくことが求められよう。ただ，教師として大切にしたいことは生徒を信じて，生徒の想像力を引き出すための機会を与えることである。もちろん生徒の力とかけ離れた発問は避けるべきであるが，「こんな質問をしても生徒は答えられないだろう」，「あの子にはこんな設問は無理であろう」と決め込むのではなく，生徒の可能性を見つけ出せる発問や，すべての生徒に発表の機会を与える指名をめざしたいものである。

（和田憲明）

3節　ペアワーク，グループワークの進め方

1　ペアワーク，グループワークの意義

　授業で教師が生徒とのインタラクションによって導入や説明を行い，それに伴う活動を「教師対生徒」という形態で進めるだけでなく，適宜，ペアワークやグループワークを取り入れ，協働学習に取り組ませると，生徒は互いに協力し合いながら理解を深め，高め合い，より自律的に活動することができるようになる。以下にペアワーク，グループワークの効用として次のようなことが考えられる。

① 一斉に全員が活動することができる。
② 相互に確かめ合い，励まし合い，高め合うことができる。
③ 相手の反応があり，楽しく活動できる。
④ 相手を思いやる態勢ができる。
⑤ 他者との実際のコミュニケーションの場面で input したものを活用して練習をするので，intake するチャンスになる。

⑥ 相手とのやりとりにおいて，intake したものを自己表現として output する実践トレーニングができる。
⑦ より良質のコミュニケーションをめざす意欲を持続させることができる。
⑧ 発想豊かにアイディアを出し合い，意見交換がしやすい。
⑨ 協力して作業の分担ができ，スケールの大きな創作活動やプロジェクト学習にも取り組むことができる。

2 ペア，グループの作り方
① 座席ペア

教室の座席でペアを決めておく方法で，授業中ペアを組むのに時間がかからない。座席は生徒と学級担任，さらに教科担任との話し合いで，学級での生活や学習面で支援し合えるように考えるとよい。席の隣同士をペアA（生徒①と②／生徒③と④）とし，ペアでの基本となる活動を行う。そのため，特に支援体制のとれる生徒同士であるように配慮する。さらに，前後をペアB（生徒①と③／生徒②と④），斜めをペアC（生徒①と④／生徒②と③）などと名づけておくと活動時に指示しやすい。そのときペアA，ペアBは主にリーダーがリードしながら学びあう関係，ペアCはだいたい同等の表現力を持った生徒同士になるようにしておくと，互いに「競争心」を発揮したり，「隠れたリーダー性」を見せたりする機会を与えることができる。グループ活動においては，この4人（生徒①②③④）が一つのグループとなり，ペア活動を通して培った「人間性の相互理解」を土台とした学習支援を展開することができる。

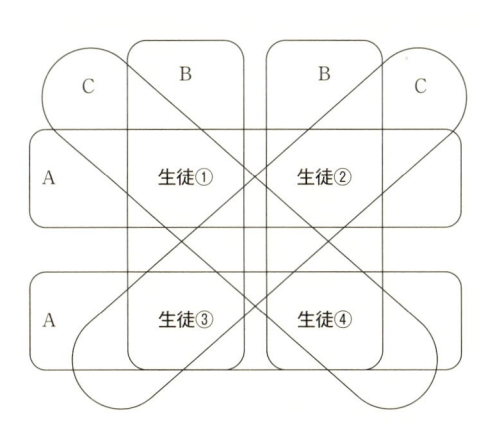

ペアで会話などをしても，ペアの相手が異なれば，タイトルや話題は同じでもあいづちや返事の仕方が変わり，話の展開にもひと味違った面白さが出る。このようにペアA，ペアB，ペアCをシステム化することにより，クラスのサポート関係も広がり，互いに高め合うことができる。

さらに，次の②に述べるペアを

随時活用すれば，クラス全体が「誰とでも心を開いて語り合える」仲間へと育っていく。

② スライドペア，アトランダムラインペアと自由ペア

座席ペアの片方の列の生徒が一つずつ座席を前後に移動して作る「スライドペア」，隣以外の列と任意にペアを組む「アトランダムラインペア」，活動内容によっては生徒全員が自由にペアを組む「自由ペア」を取り入れることもできる。ただし，人間関係や学習状況によって活動が緩んだり停滞したりすることがないように，常に授業者の生徒観察や支援が必要である。

3 授業過程におけるペアワーク，グループワーク活用の実際

毎日の授業のどの場面でペアワークやグループワークを取り入れるかは，生徒の状況と学習内容を考慮して指導過程を練る段階で考えておく。また授業では，生徒たちがペアワークやグループワークに取り組むことができる確かな学習状況であることの見極めや，活動前の教師による的確な指示やモデルの提示が大切である。以下，授業におけるペアワーク，グループワーク活用の実際を具体的に紹介する。

① 理解を確かめ，アドバイスし合う活動

1) 既習事項について

主に授業始めの帯学習などの復習場面で，既習事項についてペアやグループになって互いに質問形式で行う。

2) 新出事項について

教師による新出事項の導入，説明および練習の後などに，ペアやグループになって互いに理解を確認し合う。また教師の指示により，それらを使った練習や創作活動などを行う。

3) 音読について

板書された英文や教科書などの音読練習を全体で行った後，互いの音読を確認し合い，その正確さや表現力を高める。以下，ペアやグループを活用した音読練習の具体例を紹介する。

ア 全文の発音チェック

全体での音読練習後，ペアやグループになって，一人1文ずつ順番に音読し，互いに読めない箇所を皆無にしていく。さらに表現力もアドバイスし合う。

イ 「声量」を意識させた音読

 30センチ程度離れて背中合わせに立ち，一人が1文〜数文を音読する。次の人は前の人が読んだ続きから始め，同じように1文〜数文を音読する。もし相手の声が小さければ "Excuse me?" と言い，互いに明瞭ではっきりと「聞き手を意識した声量」で音読する。

ウ 内容把握をする力を養う読み

 教師役の生徒のみ本を開け，本文を声に出して読む。そして随時，音読をストップする。教師役以外の生徒は，本を閉じたままでストップした箇所の次の単語を言う。もし，次の単語が浮かんでこなければ "Hint, please." と言い，教師役の生徒からのヒントを参考に答えを出す。教師役は正解であれば "Good." と言い，音読を再開し，また同じ活動を繰り返す。1回目が終われば，教師役を交替して，再度行う。生徒はペアで楽しみながら内容を追いかけ，全文の理解を深めていく。また教師役は相手にとってわかりやすいヒントはどんなものであるかを考え，工夫して，ジェスチャーで表現したり，英英辞典のように自分の英語でヒントを与えたりするようになる。

エ Read and Look-up

 教師がクラスの前で指示をして，全生徒を一斉に read and look-up に取り組ませることが一般的であるが，それをペアやグループ活動としたものである。一斉に取り組ませたときには全体の中に埋もれてしまう個々の生徒の声も，ペアやグループ内であれば確実に拾うことができる。また個々の生徒の力量に合わせたスピードで活動できるので，英文復唱の成功率を100％に伸ばす活動となり得る。英文1文ずつが難しい場合には，チャンクごとに区切って活動させるとよい。生徒にとって，友だちからの励ましや褒め言葉は宝物となって，次の活力となる。

オ 発問やテストの解答の振り返り

 教師の発問やテストなどの解答に関して全体指導後に，わからなかった問題や理解が不十分であった問題について，ペアで協力して互いにアドバイスし合って理解を深める。問題の解き方や考え方を説明し合うことによって，いっそう理解度を高めることができる。

カ 英語で要約する

 見たり，聞いたり，読んだりした内容を，協力し合って英語で要約する。例

えば，教科書の読み物教材を対話形式に要約して発表したり，見たり，聞いたり，読んだりした会話の内容を互いに確かめ合って叙述文に要約し，ノートに書いてまとめるなどの活動が考えられる。互いに適切な表現方法を相談し合うことができる。

4 課題学習におけるペアワーク，グループワーク

　英字新聞や学校案内のビデオの制作，スキットや紙芝居の創作と上演，CMやTVのニュースショーの制作と上演といった課題解決型の学習は，ペアやグループ，特にグループでの活動が適している。これは，与えられた課題を成し遂げるために，さまざまな創意工夫や作業が要求されるからである。すなわち，課題解決型学習では計画から発表に至るまでの各過程で，メンバー全員でアイディアを出し合い，教え合い，学び合いながら，一人ひとりのメンバーが持ち味を発揮して自分の役割を果たすことによって，はじめて納得できる結果が得られることになる。それゆえ課題解決型の学習を通して，ペアやグループのメンバーは協働の喜びや大切さを実感することになる。また，課題解決型の学習を終えると，出来栄えの善し悪しに関係なく，メンバー全員で協力して課題を成し遂げた充実感から，多くの生徒は，課題解決型学習にまた挑戦したいとか，次は友だちと力を合わせてもっと優れたパフォーマンスを行いたい，と動機づけられるようである。

　ペアあるいはグループで，生徒たちの個性や創造性を引き出す課題解決型の学習に，少なくとも学期に1回は取り組ませたいものである。　　　（稲岡章代）

4節　ICT機器の活用

　「授業でICT機器を活用して，生徒の顔があがった」とか，「興味・関心が高まった」という声をよく耳にする。確かに，絵や写真をふんだんに使うことで，生徒の興味を一時的に引くことができる。しかし，生徒が興味を持って絵を見て内容を理解したとしても，その日学んだことがどれほど生徒の中に残ったのか疑問を感じる場合も多い。特にデジタル機器で表示されたものは，黒板のそれとは違い，速いスピードで通り過ぎるものなので，一斉授業での使用にあたりこの点に注意が必要である。それゆえ，ICT機器の使用については使

用することのみを目的にするのではなく，いかに普段の授業に取り入れ，より高い効果を生み出すのか，という視点が必要である。ここでは，普通教室でのICT 機器の活用方法を紹介するとともに，生徒に学習方法を確立させ，自律した学習者に育てるうえで考慮すべき点についても言及したい。

1 音声機器の活用
① リズムマシンを使用した発音，リズムの指導

　リズムマシンを使用すると，生徒たちはリズムに合わせて英語の発音を行うため，より自然な発音の指導を行うことが可能となる。筆者が使用しているリズムマシンはローランド社の Dr. Beat DB-90 である。授業で使用するのであれば，同社の Dr. Beat DB-30 でも代用できる。また，パソコンを教室で使用できる環境であれば，パソコンでリズムマシンとして使用できるソフトをダウンロードして使用することが可能である。ただし，リズムマシンやパソコンの使用時には，スピーカーを準備しなければならない。筆者が使用しているスピーカーはヤマハ社の NX-U10 である。これは USB でつなぐだけで，パソコンから電源をとり，音声を出力し，音量も教室使用であれば十分なので，パソコンを使う人にとっては非常に便利である。

　このようなリズムマシンを使って次のようにチャンツを一工夫して指導すると自然な英語の発音，リズムの習得に効果的である。まず次頁のようなチャンツを掲載したハンドアウトを配布し，リズムマシンでチャンツを聞かせた後，連結，同化，音の脱落や弱化などの現象について解説する。チャンツを使い，これらの現象についてチャンツで十分練習した後，普段の授業で教科書本文の CD や教員のモデルを聞く前に，生徒に自力で読ませる。生徒にチャンツで学んだことが実際に活用できることを実感させることで，主体的に英語を読もうとする態度の育成につながるだろう。

ハンドアウト例

```
1. 連結
  Present chants                    つながる音（linking）：子音
   A: Here is your present.          で終わる単語の直後に，母
      Here is your present.          音で始まる単語が来ると，そ
   B: Oh, thank you. Can I open it?  の部分がつながって一語の
   A: Do you like it? Do you like it? ように発音される。
   B: Yes, I do. I like it a lot.

2. 同化①                           変化する音 ①：二つの単語
  "Is this yours?" chants（変化する音①） 間で，/s/ + /j/，/z/ +/ j/
   A: Is this yours? Is this yours?  の組み合わせがあるとき，二
   B: No, it isn't. It's not mine.   つの音が一つになって，そ
   A: Where is yours? Where is yours? れぞれ /ʃ/，/ʒ/ に変化する。
   B: I don't know where it is.              （以下，略）
```

② パソコンを使用した音読指導

　自然な抑揚で英語を発話する力やリスニング力の育成を目的として，音声知覚の自動化を促進するために，パラレルリーディングやシャドーイングを行うが，生徒の英語力に合わせて音声のスピードを変えると効果的である。その際，授業でパソコンを使用できる環境であれば，簡単に音声スピードを変えることができる。

　Windows Media Player を使用する場合，「再生」→「再生速度」をクリックし，「速く」を選択すれば1.4倍，「遅く」をクリックすれば0.5倍に，音質を変えずに再生速度を変えることが可能である。ただし，事前にCDからMP3形式，WMA形式などで，パソコンに音声を取り込んでおく必要がある。

　もう少し細かく再生速度を設定したい場合は，「表示」→「プレイビュー」を選択し，画面上を右クリック後，「拡張設定」→「再生速度の設定」をクリックする。そうすると，再生速度を変更できる画面が出てくるので，ここで再生速度を設定する。生徒の家庭にパソコンがあれば，家庭でリスニングや音読などの学習を行う際に，このソフトを活用することも可能である。

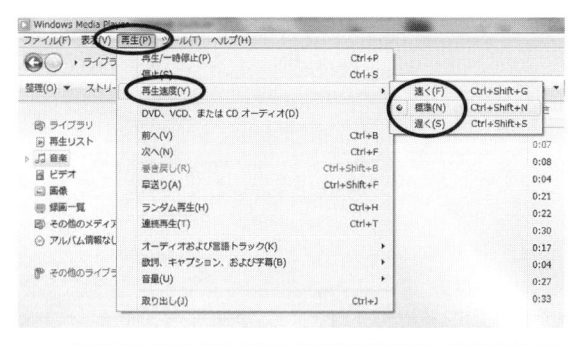

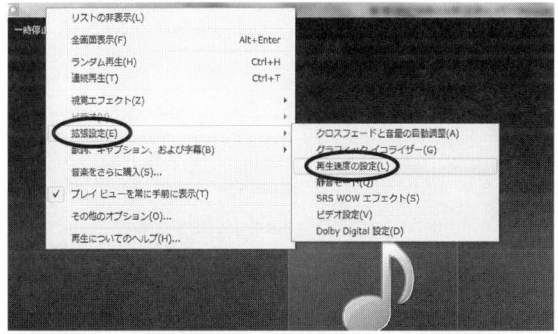

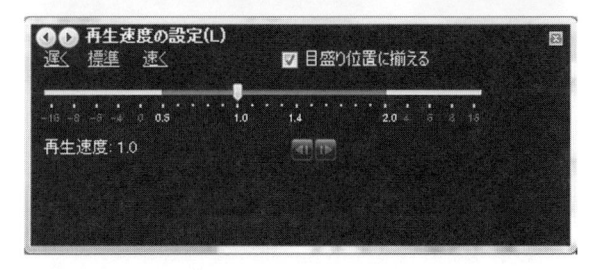

2 パワーポイントなどの画像の授業における使い方

　教科書本文の内容の導入時にパワーポイントで静止画を見せたり，動画を見せたりすることで，生徒に視覚的に情報を与えると，題材に興味を持たせたり，本文の内容のオーラルイントロダクションを進めるうえで効果的である。また，まとめの活動としてストーリーリテリングを行う際，視覚的補助教材として使用すると，生徒から英語を引き出し，生徒の英語使用を増やすという点でも大いに役立つ。

　しかし，画像を使用するにあたってひとつ留意しておきたい点は，生徒が本

文を読む前からすべて易しい英語で説明してしまったり，絵や動画で内容がすべてわかる状態を作ってしまったりしては，生徒が独力で英文の意味を理解する力をつけることはできない，ということである。背景知識や大まかな内容については絵や写真を利用して説明し，本文の核となる内容については，本文を読まなければ答えられないような質問を投げかけるなどの仕掛けが重要である。

　また，新出単語や文法事項についても，すぐに日本語を与えるのではなく，ある程度文脈の中で意味理解する力を身につけさせることも重要であり，絵や写真を使いながら，文脈の中で類推し，考えさせたい。ここでは，パワーポイントで情報を与えながら，キーワードとなる新出単語導入の実践例を紹介する。

　Another common error in hand-drawn maps is the tendency to make Europe too large and Africa too small. People from all parts of the world tend to draw the world this way, including the Africans! There are several factors that may be involved here. One factor may be the influence of old maps made with the "Mercator projection." This technique for drawing maps makes areas nearer the North Pole, including Europe, seem extra large. (以下，略)

Element English Reading Reading Skills Based Lesson 1 （平成18年版　啓林館）

　このパラグラフのキーワードは"Mercator projection"である。これを以下のような手順で意味を理解させる。

（生徒に白紙の紙を配布する）
T:Draw a map of the world on the paper.（生徒は配布された紙に地図を描く）
T:Okay. Look at the map on the screen.（図1）This map shows the accurate

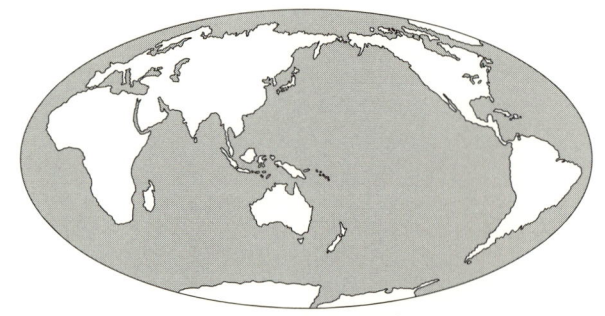

図1　モルワイデ図法

size of the continents. In pairs, look at your partner's map. Can you find any differences? Mr. A, did you find any mistakes your partner made?

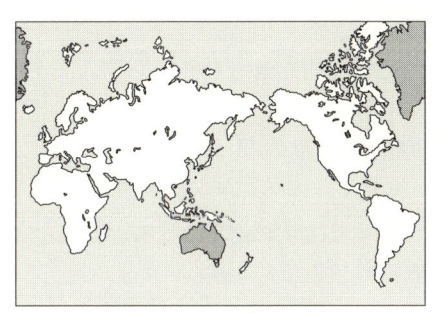

図2 メルカトル図法

S1: I think Africa in S2's map is too small.

T : I see. Many people make this mistake. Many people make Africa too small. Why do you think people do that? Look at the next map. (図2) This is the map you usually see. On this map, Africa looks smaller than it really is. This map is made based on the Mercator projection. ("Mercator projection" を板書する) The first map is made based on the Mollweide projection. Can you see the difference? (以下, 略)

　このように, パワーポイントなどを使いながら, 生徒の背景知識を活性化するとともに, 新出単語の意味を生徒に類推させることにより, 日本語の訳に頼らず, 文脈の中で語彙を理解しようとする態度を育てることが可能となる。

　文法事項の導入においても, 例えば現在完了が使用される場面を, 図や写真を見せながら導入することで, 現在完了の形だけでなく, その使用場面や意味を容易に理解させることができるであろう。

　この節では, ICT 機器の効果的な使用について述べた。ICT を活用することで, 授業を効果的に運営できるだけでなく, 生徒に日本語に頼らず英文の内容を考えさせたり, 生徒が英語で発話する機会を増やしたりする, といったことも可能となる。授業の目的に応じて, いつ, どのように ICT 機器を活用するのか, という視点を持つことが大切である。

(松下信之)

5節　学習者の自律を促す学習方法の指導

1 自律した学習者とは―自律した学習者を育てるために

1 なぜ今「自律的学習者」なのか

　20～21世紀にかけて科学技術は大きく進歩し人類に多大な恩恵をもたらしたが，その結果，私たちは現在，環境問題，高齢化社会といった地球規模の問題に直面している。私たちが今教えている生徒はそのような時代を生きていかなければならない。そこには決まった答えのない問題が山積している。社会に出てからも多くの知識やスキルを身につけないといけないだろう。そのような社会で主体的に生きていく前提として，また，生涯学習という点から「自律的学習者」が社会的に要請されているといってよい。また「自律」と「動機づけ」は密接に関連しており，「自律」を促す取り組みは，とりもなおさず学習者の内的動機づけを促進する取り組みでもある。

　親は，子どもが自分の手元を離れてからも，健やかでたくましい人生を送っていってほしいと願っている。教師の願いも同じである。教師は授業，学級運営，校務分掌，部活動，さまざまな雑務などで多忙な日々を送っている。しかし，教師には目の前で起こっていることを見る眼と，目の前の生徒が卒業後，学校で学んだことを糧として，たくましく生きていく姿を見通す眼の，二つの眼を持つことが大切である。足元を見つめる眼と，遠くを見通す眼。足元だけを見ていれば，自分がどの方角に進んでいるのかわからない。遠くだけを見ていると，足元の障害に足を取られてしまうだろう。教師にしろ，生徒にしろ，それぞれ置かれている状況や条件は多様である。さまざまな課題や問題を解決したり乗り越えたりしていくのに万能薬は存在しない。乱暴に言うと，自律とはまさしく自分で「考える」ということである。考えないところに自律はないし，答えばかりを求める者には結果的に答えはもたらされないのだ。

2 「自律的学習者」は学校教育の中で育成される

　教師は，これまで以上に「自律的学習者」を育成することの重要性が高まっているとなんとなく感じつつも，内心は，抵抗を感じているのではないだろう

か。それは教師という職業の存在理由にかかわる問題であり、教師はそもそも「生徒には教師が必要だ」、「教師がいないと生徒は勉強しない」という思い (teacher's beliefs) を抱いているからである。

確かに「教師がいなくても学習することができる者」は、「自律的学習者」といえるかもしれない。しかし、それだけが「自律的学習者」ということはできないし、いきなりそのような「自律」を獲得できるものでもない。教材やICTをあてがわれたとしても、孤立した環境の中では決して「自律」は育成されない。

「自律的学習」は、教師や生徒同士のインタラクションの中でこそ培われるものである。だから「自律的学習者」とは決して学校や授業と相反する概念ではない。英語教育という点から考えても、周りの人々とのコミュニケーションを欠いた「自律的学習者」などは考えられないのである。

3 「自律的学習者」とは何者か？

Holec (1985) は、「自律的学習とは、『己の学習に責任を持つ能力』」と定義したが、具体的には、「自律的学習者」は次のように記述できるであろう。
- 学習者が自分の英語能力に自信があり、向上心を持って学習に挑んでいる。
- 自己を対象化し自分の英語能力を客観的に捉えることができる。
- 授業内外で積極的に英語に触れる機会を自ら設けようとしている。
- 積極的な授業参加や他者との協力のもと学習をすることができる。

ここで、留意しなければならないのは、学習者は、それぞれ多様に「自律的学習者」であることができるということである。一面的・固定的に捉えるものではないということだ。さまざまな状況や制約の中で、自らの行動を律していくことこそが「自律的学習者」の資質であって、状況によって、「ここは教師に依存する」ということを選び取る力も「自律的学習」に含まれると考えてよい。

ただ、「自律的学習者」を育成するためには、おのずと教師の役割も伝統的な知識伝授的な授業スタイルから変容せざるを得ない。

「自律的学習」というのは、決して教師から生徒へ知識として伝授できるものではないし、同時にそれによって教師の責任が剥奪されたり免除されたりということでもない。

教師は，ファシリテーター，コーディネーター，アドバイザーといった役割を併せ持つことになるであろうし，「教師中心の授業」から「学習者中心の授業」への移行も必然的に伴うであろう。

4 「自律的学習者」を育てるための留意点
① 選択肢と責任

Holec (1981) は，「自己の学習に責任を持つ能力」を言い換えて「学習に関わるすべての決定を行う能力」と言っている。もちろん，この能力を育成するために，日本のような EFL 環境では，学習目標，教材，進度などの決定を全て生徒に任せるというのは非現実的である。しかし，部分的に，もしくは，教師の与えた枠組みの中で選択肢を与え，その中から選ばせるということは可能である。生徒自身が選択するということは，その責任も一緒に負うということである。「先生が勝手に決めたから……」などというエクスキューズは許されない。例えばライティングの課題を与える際にも，常に二つ以上の課題を用意し，そこから選ばせるという工夫は簡単にできる。授業や単元の中で生徒が選べる選択肢を提供する工夫をしたい。

② 振り返り

自己を対象化し，自分の英語能力を客観的に捉えるといったいわゆるメタ認知能力を高めることは，非常に大切である。確かに生徒は，テストの「点」などで自分の能力の一端を知り得てはいる。しかし，それは他の学習者との「相対的比較」にしか使われないことが多い。まず，テストとは別に，自分の英語能力を意識的に振り返らせる機会を設けることが必要である。振り返りシートのようなものを毎時間，または考査毎に記入させるのも一つの方法である。その際，できるだけ文章化・言語化させるようにしたい。「〜ができるようになった」，「〜ができないので，できるようにしたい」といったポジティブな表現がたくさんできるように教師が導いてやりたい。

③ シェアリング

他者との協力の中で学習が進められるということも，重要な「自律的学習者」の資質と言える。「個別学習」「個人学習」ではなく，「集団」だからこそ身につく能力が「自律的学習」なのである。教師は，このことに留意し，教室内での人間関係を最大限活用することが大切である。教室の中でどれだけシェアリ

ングが起きているかがその目安となる。「振り返り」で,自分の英語能力を「文章化・言語化」させると言ったが,「文章化・言語化」されたものは他の生徒とシェアしやすい。また授業で,ペアトークやグループディスカッションなどをした際も,ペアやグループ内で終わらせておくのではなく,常にクラス全体にレポートバックさせ,シェアするといった工夫がほしいところである。こういったことができる前提条件として,教室内で生徒が安心して自分のことを語ることができるような環境が整っているということが大切であり,教師は日頃から生徒たちが属する学習環境の整備に努めたい。

④ 生徒の声を反映させる

　教師は学習内容の決定にあたり,生徒の声を反映させる工夫も必要である。例えば,生徒に興味のある話題やテーマを聴きだし,それを授業の中の一部分として教材にしたり授業で取りあげたりしたい。このようなちょっとした工夫が,生徒の「自律度」「動機」を促進させるのにたいへん効果的である。アンケートなどでフォーマルに生徒の声を拾う方法もあるし,日頃の生徒との会話の中で生徒の興味・関心をすくう方法もある。教師は常に生徒の「声」に耳を傾けているべきである。教室の中に多様な「声」を響かせたい。

⑤ プロセスを大切にする

　「自律的学習者」を育てるためには,結果ではなく,プロセスに注意を向ける機会を設けたい。生徒はすぐに答えを知りたがるし,すぐに答えが提供される環境も整えられている場合が多い。しかし,問いに粘り強く向き合い,考えたり,話し合ったりすることは非常に大切である。定期考査などで出てきた誤答の分析を生徒自身にさせることもできる。その際,教師がすぐにどこが間違っているのかを解説したり正答を与えたりするのではなく,生徒同士で,どこが間違っているのかを考えさせる,ペアワークで,どこが間違っているかをパートナーにことばで説明する,などの工夫をするとより効果的であろう。

⑥ 扱いたいトピックやテーマ

　「自律的学習」は,ラーナートレーニングなどと密接に関連していることもあり,結果として,「学び方」「気づき方」など「方法論」に偏ってしまう傾向がある。しかし,生徒の生涯学習を考える際,その知的基盤は中学校・高校段階で培われると言っても過言ではない。もちろん英語力,言語力も含まれるが,「人権」や「平和」というメッセージ性を持ったトピックや中・高時代にこそ

考えてほしいテーマを授業で扱うことも大切である。たとえば受動態を扱うときに，"Spanish is spoken in Mexico."という例文を使ってみる。ヨーロッパの言語であるスペイン語がどうして南米のメキシコで公用語の一つとして使われているのか，などと考えさせることができる。そうすると，英語が今日のようにリンガフランカとしての地位を築いた背景には，大英帝国の植民地支配と第二次世界大戦後のアメリカの経済的覇権が大きく関係しているという歴史的事実が見えてくる。「ネイティブ信仰」（他律）に陥らず，自ら学んでいる英語を相対化して捉えることは，「自分の英語」（自律）を育て，使いこなすためにも非常に大切である。

5　生徒の自律の前に教師の自律

Little（1995）は「学習者の自律の前提には，教師の自律が育っていることが必要である」と言っている。まさしく，教師の自律なくして生徒の自律はあり得ないのである。検定教科書を選択する権限はなくとも，その教材をどのような順番でどのように提示するのが一番効果的であるか，複数の選択肢を自ら考え，さまざまな条件の中で最適と思われるものを選択しているだろうか。「長年こういうやり方でやっているから」，「隣の先生がそうやっているから」では自律とは程遠い。これが教師の「選択と責任」である。

自分の授業を振り返って授業の改善を図ることも必要である。定期考査の平均点が悪ければ，「生徒の学習が unsuccessful だった」と決めつける前に，「自分の teaching が unsuccessful だったのではないか？」と考えてみたい。これが「教師の振り返り」である。

教室の中で自分の声だけがこだましていることはないか。生徒の表情や振る舞いにも注意を払い，自分の授業をコントロールすることができているか。教師であっても学習者として，英語の研鑽に努めているかどうか。教師としてだけではなく，学習者として，自らの生徒に向き合うことができるかどうか。学習者の自律を促進するのに，小手先のテクニックだけではうまくいかない。教師の自律こそが，生徒の自律を促す最大の契機といっても過言ではない。

教師には，現実を分析する力，そして，自らの理想を語り，それを保ち続ける力が必要なのである。

〔平田健治〕

2 中学校における学習者の自律を促す学習方法の指導

　週4時間の授業だけでは英語を習得させることは難しい。生徒の英語力を向上させるためには，適切な指導のもとに望ましい学習習慣・学習方法を身につけさせることが必要である。そしてその成果を実感させ英語学習に対する動機づけを図ることによって，自律した学習者を育成し，学力の向上を図りたい。以下，自律した学習者の育成をめざす学習方法の指導の進め方を紹介したい。

1　毎日の授業における学習方法の指導
　毎日の授業中の学習方法の指導において次の3点を心がけたい。
　1)　授業で学習方法とその目的を紹介する。
　2)　学習方法を授業で体験させる。
　3)　学習方法の成果を実感させる。
① 授業の流れに沿ったプリントの利用

Lesson 6-3　A Family Trip to the U.K.
Ⅰ New words and phrases / idioms

1 wild		5	（絵）を書く
2 by the way		6 Shall we ?	
3	土地	7	お茶

（以下，略）

Is there ～（主語）…（場所）?「…（場所）に～（主語）がありますか？」
Are there ～（主語）…（場所）?「…（場所）に～（主語）がありますか？」

Ⅱ Put them in order
　1. (room / a / is / bed / the / there / in)? 部屋にはベッドがありますか。
　2. (any / are / in Kobe / there / interesting places)? 神戸にはおもしろい場所がありますか。

Ⅲ True or False
　　湖水地方のB&Bに宿泊しているジュンたちは，朝食後，今日の予定を話します。
　1. There are some interesting places in the Lake District. (　　)
　2. Peter Rabbit's hometown is in the Lake District. (　　)
　3. Beatrix Potter wrote *Peter Rabbit*. (　　)

（以下，略）

Ⅳ Listen to the CD, and fill in the blanks

Mari:	(① 2語) any interesting places around here?	このあたりは何かおもしろい場所があるの。
Mom:	Yes, (② 2語). Peter Rabbit's hometown, (③ 2語).	ええあるわよ。例えば、ピーターラビットのふるさと。
Mari:	Really?	ほんとう？
Dad:	(④) we go there for (⑤ 3語) tea?	そこへ行って紅茶を1杯飲むかい。
Mari:	Sounds good.	いいわね。
Jun:	(⑥ 3語), who wrote Peter Rabbit?	ところでピーターラビットは誰が書いたの？ (以下，略)

Ⅴ Questions and Answers
 1. Are there any interesting places in the Lake District?
 2. Who wrote Peter Rabbit?
 3. What did she like to draw?

(以下，略)

Ⅵ Copy the key sentence
 1. Are there any interesting places around here? このあたりにおもしろい場所がありますか。

(以下，略)

ONE WORLD English Course2 Lesson 6-3　　教育出版（平成18年版）

　授業の流れを具現化したワークシートを作成し，使用することによって授業のフォーマットを定着させたい。題材や言語材料によって多少の違いはあるが，基本的な授業の流れを理解させると生徒は安心して授業に取り組める。毎時間集めて点検し，コメントを書き，次の授業までに返却してやると，生徒は授業にきちんと取り組むようになる。教師も生徒の授業に対する理解度や参加度が把握できる。生徒にとって復習の際にも授業の内容を容易に思い出すことができるので家庭学習の助けになるだけでなく，しだいに授業に合った学習方法を身につけていく。

② 基本文の暗唱と確認テスト

一つの単元が終わったら，基本文の確認テストを行う。対訳の基本文一覧表を配布し，授業の中で下記の順序で指導する。

1) 英文の構造と読み方を確認する。
2) 英文を見て日本語訳を言えるようにする。
3) 英文を何回も音読する。
4) 日本語訳を見て英文を言えるようにする。
5) 日本語訳を見て英文を書けるようにする。

基本文一覧表の最初の数文を使って学習方法を授業中に体験させる。まず全体で内容確認後，1)〜5)の順序で個人やペアで練習させる。全員が4)までできることを目標にし，上位の生徒には5)まで要求する。残りの基本文については家庭学習にする。テストの目的・出題形式などを事前に生徒に伝え，無理のない範囲で出題する。出題形式は基本的には整序問題とする。完全に綴りまで暗記できなくても文法や文構造が理解できていればよしとする。記述式の問題にすると下位の生徒に負担が大きくなり，成果を実感させることが難しくなるからである。中間・期末テストにも連動させて頑張った成果が実感できるようにすることが大切である。

③ 内容的にまとまりのある自己表現活動

単語の綴りを覚えたり，基本文を暗唱したり，和文英訳をしたりするのが苦手な生徒でも，コミュニケーション活動には喜んで取り組む。各学期末にその学期に学習した文法や文構造を使用して，内容的にまとまりのあることがらを表現する活動に取り組ませるとよい。例えば2年生の1学期末に夏休みに行ってみたい旅行について"My Dream Trip"というテーマで未来表現を使うスピーチをさせる。生徒は書きたい内容や話したい内容があるときには，あらゆる知識や方法を総動員して表現しようと懸命に取り組む。既製の教材よりも自分の考えや気持ちが入った自作の英文の方がはるかによく覚え，より感情を込めて表現する。「英語を使って何かをやりとげた。自分の考えを英語で表現できた」という達成感は，次の学習への動機づけとなる。このような達成感の積み重ねが自律した学習者を育てるうえで不可欠である。

④ 協働学習

2，3年生になると学力差も大きくなり，上記のような自己表現活動やコミュ

ニケーション活動において，下位の生徒には一人で課題を消化することが難しいこともある。このようなときには小グループによる協働学習が効果的である。役割分担を決めて調べ，整理し，まとめ，発表準備をして発表させるのである。互いに相談し，一人ひとりが「貢献できる役割と責任」を持ち，協力して真剣に課題に取り組むことになる。その結果「個性を発揮できる場」を見つけ，「自己有用感」を持つことになる。

また上記以外の授業場面でも協働学習は有効である。教科書本文の音読をチェックし合ったり，テスト直しの教え合い学習をさせたり，グループ内でスピーチ発表後にコメントし合ったり，などである。

2　家庭学習における予習・復習の指導

家庭学習は，生徒に「何を，どのように，何のために」するのかを理解させたうえで取り組ませることが大切である。

低学年では特に予習の必要はない。復習に力を入れることの方が大切である。「繰り返すこと，継続すること」の重要性を周知徹底させたい。家庭学習の内容として教科書の音読，本文または新出文法や文構造の暗唱，新出単語の綴りの記憶，教師手作りの復習プリント，教科書準拠のワークブックなどが考えられる。学習内容に加えて方法についても具体的に指示を出すことが大切である。

例えば教科書本文の音読練習を課す際にも，「家で10回読んできなさい」といったことに加えて，注意すべき点をはっきり説明することである。「ポーズをおくところを考えて」とか，「イントネーションに注意して」など教師がクラスの生徒に必要だと思うことを明確に示す必要がある。

また教師手作りの復習プリントをさせる場合でもスモールステップを踏んだ内容にするべきである。いきなり「次の日本文を英語に訳しなさい」というような問題では下位の生徒には無理がある。授業中に習った新出事項の復習・確認をさせてから，整序問題，記述式問題と段階を踏んで取り組ませたいものである。そして余裕のある生徒には，学習した文法や文構造を用いて，自学帳に自己表現作文を書かせたりするなどの発展的な学習を促したい。そして自学帳を提出した生徒に丁寧なフィードバックを与えてやりたい。その結果，教師と生徒との信頼関係が生まれ，生徒の個性・創造性を伸ばすことにもつながる。授業中の活動と同様，家庭学習でもそれをやった成果を実感させることが自律

した学習者を育てる秘訣である。

3　授業と家庭学習をどうつなぐか

　板書事項や授業中に配布するプリントは，生徒が家庭学習をするときに，授業内容を容易に思い出し，理解しやすいようにすることが大切である。授業のポイントや覚えるべきことなどを簡潔にまとめた内容にしたい。

　授業と家庭学習をつなぐための手段の一つとして宿題が考えられる。この出し方にも工夫がいる。宿題は授業の復習をさせるだけでなく，生徒が自分に合った学習方法を見つけたり，学習習慣を身につけたりするためのヒントを提供するものでもある。

　また宿題はすべてのレベルの生徒が取り組める基本的なものを課し，他教科の課題もあるので分量にも配慮が必要である。授業中に十分理解されなかったことや，時間が足りなくてできなかったことを家庭学習にまわしてはいけない。例えば宿題に本文の音読をさせるとすれば，授業中に十分に内容理解をさせたうえで，自力で音読ができる状態にしておくことが大切である。宿題の一部を授業中に学習しておくと生徒の取り組みがよくなる。家庭学習と授業は，分離したものでなく，どこかで重なる部分を作っておきたい。宿題はまず生徒にその目的を理解させ，次の授業で必ず確認することが鉄則である。書かせた宿題はディクテーションや単語テストで確認，音読の宿題は個人に読ませたり，音読テストをする，ワークブックは答え合わせをするなどである。

　留意しておきたいことは，家庭学習のための課題を出した後は必ずフォローすることである。出しっぱなしでは下位の生徒は置き去りになり，出した分だけ学力差が広がる。生徒が頑張ってやってきたことに対して，教師が誠意を持って点検・助言し，努力を認めることが大切である。最も効果が上がるのは生徒に宿題・家庭学習を通して力がついたと実感させることである。

　家庭学習を継続的に支援していくと，学習集団としての力も増す。そして「家でできないことでも，学校で先生や級友と学ぶことで解決できる」ということを実感し，安心して意欲的に英語学習に取り組むようになるだろう。

（田中昭允）

3 高等学校における学習者の自律を促す学習方法の指導

　今までできなかったことを努力によって成し遂げることができたときは，誰でも大変嬉しいし達成感を得る。その喜びが推進力になり，積極的な次の学びへとつながっていく。高校生は受身的な学びに終始するのではなく，学ぶ責任を自覚し，積極的に学ぶ姿勢を前面に押し出してほしい。学ぶ楽しさを知り，学びを生かして考えを深め，問題を解決し行動していってほしいと願っている。そのような自律した学習者を育成するためにはどのような指導が必要だろうか。

　まず，個々の生徒の自律性を高める取り組みについて考えてみたい。次に，授業の中で生徒が学び合うことで，個々の自律度をあげるグループワークの取り組みを紹介する。最後に，授業外の活動として，学んだことを活用し，体験を通して生徒の問題解決能力，実践的コミュニケーション能力を育成する活動を紹介する。

1　個々の生徒の自律性を高める取り組み
① 「マイゴールの設定」

　まず，生徒の学ぶ目標を明確にし，意欲を高めるために，「なぜ英語を学ぶのか」を考えさせたい。そして「何を学ぶのか。どのような技能を身につけるのか。どのような方法で学ぶのか」を生徒に示したい。生徒たちは，具体的な方法がわかればやってみようとするし，成果が目に見えれば，やる気も増す。やる気が出れば工夫しながら学びを進めていこうとし，その結果，一人ひとりが自律した学習者をめざすことになる。

　教師は，授業が新しい課（ユニット）に入るときには，観点別の目標と授業の予定表（授業のあるそれぞれの日に何を学ぶのか）を生徒に渡して説明する。生徒は，ユニットの目標を理解した後，自分の弱点も考慮に入れて，このユニットで努力したいこと，達成したいことを「マイゴール」として記入する。例えば，テキストの内容が「ユニバーサルデザイン」で，ユニットの最後の自己表現活動が，「学校にユニバーサルデザインの考えを導入するために，あなたの提案をクラスメートに語り，その後質問に答える」であったとする。ある生徒は，マイゴールを「テキストのユニバーサルデザインについて内容を理解し，習った表現を使ってユニバーサルデザインについて説明し，自分の意見を言え

るようにする」とした。これはユニット後半のアウトプット活動までに段階を踏まえて力をつけていくことを考えたゴール設定になっている。またある生徒は，「日々の1分間スピーチで自分の意見を話せるようにする。ペアの相手のスピーチをしっかり聞いて，その場で相手に質問できる」として，話す力とやりとりする力を伸ばすための取り組みをゴールに設定していた。他の生徒も，ユニットの目標を理解し，自分の伸ばしたい点を中心に「マイゴール」を決め，工夫しながら取り組んでいた。当初は「集中して取り組む」など態度的なものをゴールにする生徒が多かったが，徐々に思考的なものや表現活動に結びつくものを設定する生徒が増え，自分で目標を意識しながら学習に取り組んでいた。

　生徒の中には，学んだことを活用してスピーチやスキットなどの表現活動を行うにあたり，どのような成果が望まれているのかイメージがつかめない者もいる。そのようなときに上級生のパフォーマンスを映像で見る機会があると，達成するべきことがはっきりとわかり，さらに高い目標を設定して優れた表現活動をしようとしていた。

② 学習方法を身につけさせる授業中の指導

　英語学習における「学習ストラテジー」には，「背景知識を活性化させる」「論理的に推測する」「イメージを利用する」「グループ化する」（大学英語教育学会，2006）などがあり，これらを授業中に体験しながら身につけていけば個人で学習を進める際に大いに役立つ。例えば，リーディングの事前活動においては，主題と生徒の経験を関連させる問いを出して，生徒の読みたい気持ちを高める。また，内容の理解を促進するために，大意を問う設問から，細かな内容を問う設問へと徐々に理解が深まっていくように問題を配列する。さらに，理解したことをまとめたうえで自分の意見を書かせるなど，表現活動へとつなげる。教師は授業で生徒が学習ストラテジーを意識し身につけられるように計画に盛り込んでいきたい。

③ リフレクションと課題の確認

　生徒に各授業後とユニット終了時にリフレクションを書かせることで，生徒自身に，達成できたことと難しかったことに気づかせたい。まず，毎授業後，学んだこと，難しかったこと，家庭学習（宿題・復習）の項目をユニットスケジュールの横に記録する。わからない点はもう一度考えてみて教師に質問するなどの方法で，できるだけ早く解消し，宿題を計画的に行う。2～3分程度の

振り返り活動なので，習慣化すれば生徒は自分の学習を管理することができる。

各ユニット終了時のリフレクションで，生徒は「学んだこと」「難しかったこと」「自分の課題」など文章表記する。教師はそれらを丁寧に読み，ヒントを書いて返す。これは教師と生徒をつなぐ個別のインタラクションなので，生徒個人が日頃頑張っていることをとらえて励ましたり，気にかかっていることを書いたりする。「自分の意見が英語ですらすら話せない」と書いてきた生徒には，「意見をどのようにまとめているの？ 習った表現を活用しようとしているの？」と，できるだけ生徒が改善方法を考えるきっかけを与えるように問いかけ，「問題点が見つかったら教えてね」，「授業でやった練習を繰り返してみよう。わからなかったらいつでも聞きに来て」と書く。教師は授業中に説明しているつもりでも，生徒には届いていないこともあるし，間違って理解されていることもある。自律した学習者を育てるには根気強い支援が必要である。自律を促すということは，教師は進むべき大きな目標を示すが，小さな目標作りは生徒に任せ，学びの方法に気づかせて励ますことではないだろうか。

④ 家庭学習の内容と指導

英語力の向上には，毎日の継続した学習が欠かせない。高等学校では宿題を課すことで，生徒の学習を習慣化させ，定着を図っている。授業時間内には，生徒一人ひとりに学んだことを定着させるだけの十分な時間が取れないし，与えられたテーマについて熟考し，構成して作文をする時間もない。授業と宿題をうまく組み合わせることで，つながりのある学習をすることができる。また，全員対象の宿題ではないが，自ら進んで，チャレンジ問題を解いたり，英字新聞やインターネット上の英語の記事をノートに貼って，難しい単語を調べたり，要約したりと，自分にとってやりたかったり必要だと感じることを進んで学ぼうとする生徒もいる。教師がノートを見て，コメントを書くなど生徒を励ましながら続けさせると英語力の大きな伸びにつながる。さらに，英語力を伸ばす方法として紹介された教材の多読や多聴への取り組みや各種英語検定試験の準備なども生徒の自律性を高める活動である。生徒が自分の学びを見つめ，軌道修正するスキルを持っていれば，それが生涯にわたり学び続ける礎になる。

2　自律性を高める生徒のグループ活動の取り組み
① 思考課題・表現課題
　学校とは，教師と生徒が互いに協力し，学びを深めていく場所である。授業の中で，例えば，「なぜ〜が起こったのか，文化的，歴史的背景から考えてみよう」などの思考問題を解答するとき，生徒が一人で考えるよりも，グループで考えたほうが，多角的に考えられる。他の生徒も同じ意見であれば，自信を持ってさらに自分の考えを深められるし，全く異なった考えに出会っても受容するゆとりがあれば視野を広げることができる。また，グループで考えをまとめて発表する表現課題においても，一人では限りのある解答が，「こんな表現も使えるのではないかしら？」，「この表現よりもこちらの方が言いたいことを的確に伝えることができるのでは？」など，よりよい答えを導く方法も話し合って深めることができる。生徒は，クラス全体の中で意見を求められると発言しにくいと感じることがあっても，数人のグループであれば一人ひとりの議論への参加度も必然的に高くなり，積極的に取り組む姿勢を身につけることができる。

② 問題解決型プロジェクト学習
　大きな課題が与えられ，仮説を立てて検証したり，調べたことから分析して新たな提案をするような問題解決型のプロジェクト学習では，グループのメンバーが互いのアイデアや知識や能力を生かして，学び合い，協力し合い，豊かな作品ができる。プロジェクトの完成の過程で自分がグループに貢献できたと思えたら，大きな自信につながる。生徒は考えの広がりや深まりを体験したり，少しずつでも技能を身につけることができたと実感すると，成長するものである。知的にも技術的にも一人ではできなかったことを，グループで協力したからこそ完成することができたとしたら，達成感はさらに強まる。学校において，生徒の自律に欠かせないのは学び合うことができる環境の設定である。教師の役割は，きめ細かな指導計画を立て，生徒を信頼して，イニシャティブを渡し，一人ひとりの生徒を見守りながら，スローラーナーを支えることである。

3　自律性を高める授業外活動の実施
　授業という日常の場を離れて，生徒が英語を使って実際にコミュニケーション活動をする場を設定することは，生徒の英語学習への意欲を飛躍的に高める

ことにつながる。生徒は，実際に英語を使って外国人とコミュニケーションできたという喜びと自分の可能性を実感し，次への希望と勇気を持つのである。日本人生徒は他国の生徒に比べて，自分に自信のない生徒が多い。これは日本の文化的な土壌が原因かもしれないが，外国語の学力は間違いを繰り返しながら向上していくものなので，間違いを恐れず積極的に英語を使用させ，間違った事実よりも，できたことに主眼点を置くことを大切にしたい。以下，神戸市立葺合高等学校が行っている授業外活動を紹介する。

① インターナショナルデイ

1年に1回，市内の中学校・高等学校に勤務するALTや近隣の大学院の留学生を約35名招き，校内で1年生全体を対象に午後から2時間（講堂での全体会1時間と教室での分科会1時間）で行う，国際理解推進のための学校行事である。

まず，全体会では参加の外国人が，国旗を持ったり民族衣装を着たりして講堂のステージに上がる。各自の簡単な自己紹介の後，国別に準備をしてきたクイズやスキット，ときにはダンスや演奏を通して，生徒たちに各国の基本的な情報を紹介する。フロアーの生徒からの質問も受け付ける。次の分科会では，各クラスに4～5名の外国人が訪問する。司会の生徒によるクラス紹介の後，生徒は8～10名程度の小グループになり，一人の外国人ゲストと15分程度の交流をする。その後，ゲストが一斉に次のグループに移動して，2回目の交流が始まり，これを3回ほど繰り返す。生徒たちは前もってクラスに来るゲストの国について調べ学習をし，ゲストに招待状を書くことで，期待感を持って彼らを迎える。また生徒は分担して学校のことを説明できるように準備したり，ゲストへの質問も作っておく。当日，教師は教室の隅で見守っているだけで，運営のすべてを生徒に委ねる。少々言葉が通じなくて混乱しても，双方の工夫と配慮で何とかなるもので，その困難をどう乗り越えるかが一番大切な経験であり，学びの場面なのである。必要に迫られて，間髪入れず英語をコミュニケーションの手段として使っていくことの高揚感を体験し，生徒は英語を学ぶ楽しさと大切さを実感するのである。

② イングリッシュキャンプ

1年生の夏休みに有志を募り，使用言語は原則英語のみという約束で，校外の宿舎を借りて，1泊2日の合宿を行う。（毎年約100名参加，参加率は約

40%）近隣の中学校や高等学校にお願いし，参加してくれる ALT を募る。ALT 一人につき生徒が8名以下になるように設定する。インターナショナルデイに比べて時間も長く，生徒が ALT と話す機会も断然増える。

　当日宿舎に到着すると，参加 ALT の紹介，施設の使い方やスケジュールなど，教員はすべての連絡を英語で行う。生徒たちの活動は体験型でグループ単位のものが多いので，互いに助け合いながら，英語で積極的に質問して楽しんでいる。異文化体験アワーでは，各国の紹介の部屋をいくつか設置し，生徒たちはグループに分かれて順番に訪問する。生徒は ALT から出身国についてパワーポイントや写真を用いて説明を受けたり，ゲームをしたり，各国特有のお菓子を食べたり，音楽やダンスを体験したりと，体全体で異文化に接する。夕食後は，各グループに一人ずつ ALT が加わって，グループ対抗創作スキット大会の準備をする。筋書きを考え，台詞を書いて覚え，小物を作り，立ち稽古をするなど，ALT と必死のコミュニケーション活動が夜遅くまで続く。朝は英語版のラジオ体操から始まり，ALT による『日本に来て戸惑ったこと』というトピックのスピーチを聞いて笑いがあふれる。スキット大会を経て閉会式が終われば，「英語漬けの1泊2日は大変だったけど，楽しかった」と生徒たちは充実感にあふれた笑顔で帰宅するのである。

③　テレビ会議

　生徒が2年生になって社会問題について英語で考えるようになってから，海外の高校生と，e-mail 交換や，ネット上の掲示板に書き込み式の意見交換をしたり，スカイプでテレビ会議を行ったりする。テレビ会議の場合は，時差の関係で会議の時刻を合わせるのが困難な地域もあるが，訪問が難しい国の高校生同士が，顔を見ながら話ができるのは貴重な経験である。以前イランの高等学校と，防災教育について互いのプロジェクトを発表し合ったことがあった。そのとき，本校生が，イランの生徒のベールの制服に興味を持ち，制服の形や規則について質問をした。以前に比べて交信状態は改善されているが，双方にとって英語が外国語である場合は聞き取りにくく，費やす時間の割には内容が薄いこともある。しかしスクリーンで互いの顔を見ながら話ができるので，親近感が強くなるし，その場で質問の答えが得られるという即時性も高く評価できる。

④　学校外の各種セミナーへの参加

　最近いろいろな機関が国際人を育てるために，高校生対象の英語を使用した

学習会や体験セミナーを開催している。日本国際連合協会主催の「国連高校生セミナー」やJICAのセミナーを始めとして，他校の生徒とともに英語で学び討論する機会が参加者に与えられる。グローバル化が進む世界に生きていく高校生にとって，知的な刺激になり，次代を担う若者としての責務を感じることにもなるだろう。

(茶本卓子)

[参考文献]
田中武夫・田中知聡（2009）『英語教師のための発問テクニック』東京：大修館書店．
大学英語教育学会　学習ストラテジー研究会（編著）（2006）『英語教師のための「学習ストラテジー」ハンドブック』東京：大修館書店．
奈良女子大学文学部附属中等教育学校英語科（2011）「中等教育学校における6年一貫英語カリキュラム―自律的学習の視点から―」第61回全国英語教育研究大会．
樋口忠彦編著（1995）『個性・創造性を引き出す英語授業』東京：研究社．
増渕素子（2010）「『鴨の水掻き』もまた楽し　意欲を引き出す日々の提出物指導」『英語教育』第59巻第7号東京：大修館書店．
吉田達弘・玉井健・横溝紳一郎・今井裕之・柳瀬陽介（編著）（2009）『リフレクティブな英語教育をめざして　教師の語りが開く授業研究』東京：ひつじ書房．
Benson, P（2001）Autonomy　Edinburgh: Pearson Education Limited.
Holec, H.（1981）Autonomy in Foreign Language Learning: Oxford: Pergmon（First Published 1979, Strasbourge: Council of Europe）.
Holec, H.（1985）'On Autonomy - Some Elementary Concepts' In Riley P.（Ed.）, "Discourse and Learning" pp.173-190. London: Longman.
Krashen.S & T.D.Terrell（1983）The Natural Approach: Language Acquistion in the Classroom. Oxford: Pengamon Press.
Little, D（1995）'Learning as dialogue: The dependence of learner autonomy on teacher autonomy' In System, 23（2）pp.175-182.
Willis, J（1996）. A Framework for Task-Based Learning. Harlow: Longman.

8章

学力不振生徒の意欲を高める授業

　筆者の前任校の大学では，英語学習につまずきを感じている学生が多く，現在は習熟度別クラス編成を実施することで対応している。そのなかでも私は習熟度が最も低いクラスを担当するのが好きであった。そして，学生たちが中学・高校時代に苦しんできた「英語」に対する否定的な感情を修正することが私の役目だと感じていた。

　このようなクラスでは，アルファベットを見ただけでも拒否反応を示し，英語学習にかなりのコンプレックスを抱いている者も少なくない。ゼロからのスタートであれば指導はしやすいが，すでに「英語アレルギー」を抱いているマイナスからのスタートであるから，なかなか手強い。しかしながら，ほとんどの学生は英語（学習）は苦手，嫌いだけど「英語をしゃべりたい」「英語を話せばかっこいい」という思いを抱いている。

　私はこのような学生に対して，学校での英語学習が最終の場である大学では，「英語（学習）に対してポジティブな態度を持って卒業させたい」という思いで毎回の授業に臨んでいた。たとえ，いま英語が苦手，嫌いでも，少しでも英語学習に対してポジティブな感情を持っていれば，卒業後も必要とあれば自主的に学習してくれると信じているからである。

　以下，この章では英語学力不振者の実態について把握し，学力不振の中・高校生のつまずきの原因と意欲を高める対処法について考える。　　（加賀田哲也）

1節　学力不振者の実態

　筆者はここ20年余り，アンケートや面接調査を試みながら英語嫌いの大学生の実態把握につとめてきた。本節では，まず，筆者らが実施した調査（加賀田他，2007）をもとに，英語嫌いになった時期及びその原因について触れてみたい。（なお，本稿では，「英語学力不振者」=「英語嫌いな学習者」，「英語学習につまずきを感じている学習者」として捉えていきたい。）

1　英語（学習）が嫌いになった時期

　大学1回生820名を対象とした本調査では，まず「英語が好きか」という質問項目に4件法で回答してもらい，「嫌い」（35.5％），「どちらかと言うと嫌い」（39.6％）と回答した615名（75.1％）を対象に，嫌いになった時期について調査した。その結果は表1の通りである。現在，英語が嫌いと思っている大学生の多くは，中学1，2年という学習初期段階においてすでに英語嫌いになっていることがわかる。またBenesse教育研究開発センターの調査（2009）によると，中1の後半に苦手意識を持つ生徒が非常に多くなっている（1章参照）。さらに，表1からは高1でも英語嫌いが増える傾向にあることがわかる。

表1　英語が嫌いになった時期　（N＝615，数字は％）

中1	中2	中3	高1	高2	高3	合計
36.8	33.0	9.0	15.2	5.2	0.8	100.0

2　英語（学習）が嫌いになった原因

　上記615名に対し，英語（学習）が嫌いになった原因についても調査した。結果は表2の通りである。なお，ここでは17項目の選択肢から回答率が40％以上の項目をあげている。

表2　嫌いになった原因（N＝615，複数回答可）

	内　　　容	％
1	文法が難しくなったから	74.8
2	自分があまり努力しなかったから	51.5
3	英語の勉強の仕方がわからなかったから	48.3
4	単語や構文の暗記中心の授業が嫌だったから	44.0
5	勉強する習慣がついていなかったから	42.5
6	担当教師とうまくいかなかったから	42.3
7	発音が難しいから	41.8
8	英語学習の目的がわからなかったから	41.5

この結果をもとに，英語嫌いになった原因を大別すると，①知識や技能面に関すること（「文法が難しくなった」，「発音が難しい」）②学習方法，学習習慣，学習目的に関すること（「英語の勉強の仕方がわからなかった」「自分があまり努力しなかった」「勉強する習慣がついていなかった」，「英語学習の目的がわからなかった」）③授業の在り方に関すること（「暗記中心の授業が嫌だった」）④教師との人間関係に関すること（「担当教師とうまくいかなかった」）の四つに分けられる。ただし，これら四つの要因は決して独立して存在するのではなく，相互に絡み合っていると考えられる。たとえば，本調査では最も主な原因として「文法が難しくなった」があげられているが，これは「暗記中心の授業（文法指導）」や「勉強の仕方がわからなかった」とも密接な関係があると考えられよう。

3 学力不振生徒の意欲を高める指導

次に，上記四つの観点から，学力不振生徒の意欲を高める指導について総括的に考え，具体的な指導方法等については，2節および3節で考える。

① 知識や技能面に関すること

ここでは，文法指導と発音指導の在り方について取り上げることにする。

文法指導については，教師は次の点を把握しておかなければならない。教師と生徒，あるいは成績上位群と下位群の生徒では難しいと感じる文法項目が異なる場合があること，また生徒が理解レベルでつまずいているのか，あるいは運用レベルでつまずいているのか，ということである（樋口，1996）。これらを把握したうえで，実際の指導では，「コミュニケーションを支えるための文法指導」の観点から，知識としての文法指導（パタン・プラクティスや文法練習）に終始することなく，使用場面を設定したうえで実際に生徒に運用させながら，「意味・用法」と「形」を身に付けさせることが大切である。つまり，「学びながら使う，使いながら学ぶ」機会を設けることが必要となる。

導入にあたっては，新出の文型・文法事項を既習のものと対比して導入したり（たとえば，「現在進行形」を導入する際には，「現在時制」と対比させる），関連する文型・文法事項を一括して導入する（たとえば，「現在完了形」を導入する際には，三つの用法を個々に導入するのではなく，過去のある時点から現在までのことを表すということを理解させ，その後に個々の意味，用法を理

解させる）ことも学習者の理解を促進する（樋口，前掲）。また，教師は一度教えたことは生徒は理解していると思い込む場合が多いが，ことあるごとに復習の機会を設け定着を図る必要がある。

次に，発音指導についてであるが，まず綴りを見て正確に発音できるよう指導したい。そのためには，新出単語においてはフラッシュカードを見せて，しっかり発音練習をさせることや，綴りと発音の関係に気づかせながら指導することが必要である。テキストの新しく学習する本文に対しては，内容を理解させた後に必ず音読練習を位置づけ，しっかり練習を行うことが大切である。

発音記号の指導については，現在，多くの公立中学校ではほとんどなされていないのではないだろうか。高等学校でもあまり指導されていないように感じられる。しかしながら，自律した学習者を育成するためには，綴りと発音の関係（フォニックス）に加え，適当な時期（中2あるいは中3くらい）から発音記号の指導は必要であろう。ただし，発音記号は覚えさせることが目的ではなく，あくまでも発音練習のための補助として用いるようにしたい。

生徒が「発音が難しい」というとき，「単語レベルの発音が難しい」ことと「リズムやイントネーションがうまく発音できない」や「音読できない」ことを含んでいる。よって，授業では単語レベルでの発音練習とともに，ウォームアップに歌，チャンツ，ナーサリーライムを使いながら，英語のリズム，イントネーションに慣れ親しませたり，教科書本文の音読練習を日頃からしっかりさせることが大切である。

② 学習方法，学習習慣，学習目的に関すること

ここでは，前掲調査の「英語の勉強の仕方がわからなかった」，「自分があまり努力しなかった」，「勉強する習慣がついていなかった」，「英語学習の目的がわからなかった」ことが含まれる。英語嫌いになる生徒が学習初期に集中していることと併せ考えると，とりわけ入門期の指導が大切となる。教師はよく「頑張れ！」と激励の言葉をかけるが，そうではなく，「頑張り方（学習の仕方）」を丁寧に教えてあげなければならない。たとえば，単語の覚え方，音読の仕方などを教師が幾通りか具体的に提示したうえで，自分に合った学習方法を生徒に選択させるようにする。ただし，学力不振生徒はどの学習方法が自分に適しているかわからない場合が多いので，教師は生徒が最も適した学習方法を発見するための支援を怠ってはならない。単語や音読の学習の仕方に加えて，予習・

復習の仕方，ノート整理の仕方，辞書の使い方を丁寧に教示することも重要である。

「自分があまり努力しなかった」や「勉強する習慣がついていなかった」ことで英語嫌いになった生徒には，まずは「英語学習が楽しい」と感じさせることを優先すべきであろう。そのためには，授業では，歌・ゲーム・クイズなどのどちらかといえば「遊び的な楽しさ」を伴う活動を多く取り上げ，徐々に達成感や満足感を感じさせる「知的な楽しさ」を伴う活動に移行しながら，生徒の学習意欲を高めていきたい。英語学習の楽しさやわかる喜びを感じることができれば，積極的な学習態度の形成へとつながるはずである。

また，英語学習の「目的」（生徒自身と英語との「かかわり」でもよい）を考えさせることも学習意欲の高揚につながる。まずは教師自身が「英語学習者のよきモデル」として，自身の英語学習体験や英語学習に対する思いを熱く語ることが大切である。学習に意味を見いだせば，生徒の学習意欲も高まる。多くの中学・高校生にとっては「受験」が英語学習の最たる理由であるかもしれないが，もしそうであれば，受験が終われば勉強しなくなる可能性がある。そうさせないためにも，英語学習を生涯教育の一環として捉え，英語学習の目的（生徒自身と英語とのかかわり）について，常に「受験」以外にも考えさせておくことが大切ではなかろうか。

③ 授業の在り方に関すること

教師は，よく「ここは大事だから覚えておきましょう」，「試験に出るから覚えておくように」と連発することがある。そうなると「英語学習」イコール「暗記科目」となってしまう。たとえば，文法指導が教師の一方的な説明に終始すれば，暗記学習になるのは当然のことで，このような授業はわざわざ学力不振生徒を育成しているようなものである。そうではなく，学習者自身に文法の規則を気づかせたり，ゲームなどを取り入れ多量の練習をこなさせるなかで無意識に新出の単語や文型・文法事項の習熟・定着を図ったり，また学習者の個性・創造性を発揮できるような自己表現活動・コミュニケーション活動に取り組ませたりすることで，暗記学習の域を脱することができるのである。今後，教師主導型の「画一的な授業」から学習者主体の「創造的な授業」への転換がさらに求められよう。そのためには，適切な課題を設定し，ペアやグループ活動を伴う協働学習の機会をこれまで以上に積極的に取り入れることが，より一層重

要視されることは言うまでもない。

④ 教師との人間関係に関すること

　教科の好き嫌いは担当教師のもつ魅力や人間性，その教師への憧れなどの影響が大きい。とりわけ，他者とのコミュニケーションを大切にする「英語」はその傾向が強いのではないだろうか。教師との人間関係に支障をきたし英語嫌いになった生徒は，のちに教師から見捨てられているといった被害感情を抱く傾向が強く，「見捨てられ感情→嫌い→できない→褒められない→見捨てられ感情……」という悪循環を形成していく。この負のサイクルを断ち切るためにも，教師は生徒との信頼関係を（再）構築することが不可欠となる。

　そのためには，教師は低学力の生徒に対し尊重と尊厳の念をもって接しているか，教師は権威的，抑圧的になっていないか，教室は生徒が間違っても受け入れてもらえる環境となっているかなど，いま一度問い直してみる必要がある。教師は，生徒のほんの些細な進歩や輝いた瞬間があれば素早く察知し，皆の前で褒めてあげる。皆の前で褒めてあげることによって，クラス内でのその生徒の所属や承認の欲求をより一層充足させ，居場所の確保につなげる。授業外でも，生徒とさりげなく対話を交わしたり，普段から生徒たちと自由に話し合えたりするような雰囲気をつくっておく。英語学習に対して嫌悪感を抱いている生徒こそ，教師に受け入れてもらいたいという気持ちが強く，教師からの温かい救いの手が差し伸べられるのを待ち望んでいる。教師はそのような生徒の内なる声を瞬時に察知し，共感できる能力を備えていなければいけない。教師の生徒一人ひとりをかけがえのない存在として受け入れようとする姿勢は，生徒が教師とのこれまでの人間関係を見直したり，英語学習に対する新たな学びの可能性を導き出す一助となり得る。現在，逸脱行為を繰り返している生徒であっても，教師はその生徒の心の奥底にある可能性と自己成長力を信じながら，決して見捨てず，常に寄り添い，励まし続けていくことが大切である。

　以上，学力不振生徒の意欲を高める指導について四つの観点からみてきたが，最後に，次の３点を追加しておきたい。一つ目は，学習意欲を高めるテスト作りに努めること。そのためには，生徒たちの学力の実態に応じた問題の内容や種類，問題構成に配慮する必要がある。二つ目は，教科書を創造的に活用すること。生徒の実態に合わせ教科書の活動にスパイスを加えたり，教師の持ち味を最大限に生かせるような教科書の活用を試みることが必要である。三つ目は，

年度初めに指導／到達目標（年間目標，学期や単元の目標）を明確に，かつ具体的に示し，学年終了時の「目標」について具体的なイメージを抱かせておくことも学習意欲を高めることにつながるであろう。　　　　　　（加賀田哲也）

2節　中学校でのつまずきの原因と対処法

　外国語の学習は容易なはずがなく，誰にとっても難しいことである。しかし本格的に英語を学び始めた中学生たちに，英語学習を切り立った崖や難攻不落の要塞と感じさせるか，頂上ははるか彼方に見えるけれど「この山に登ってみたいな」と思わせるかで大きく違ってくる。そのためには，①「中学生は外国語を習うということがどんなことかわかっていないし，日本語を客観的に捉えたこともないこと」を教師がよく理解し，日本語と英語の違いや文化の違いを気付かせる過程を授業に組み込むこと，②文字よりも音声が先行する指導をすること，③一度で覚えさせようと思わず，何度も何度もスパイラルに学習させること，④英語使用の多様な魅力に触れさせ，何度でも，どこからでもチャレンジしようとする学習者に育てること，が大切である。

　逆に言えば，これらのことへの配慮を欠くと生徒は英語学習につまずきやすくなるのである。こういった点を念頭に置き，英語嫌いやつまずきの原因とその対処法を考えていきたい。

1　英語がうまく聞き取れない，発音がうまくできない

　大切なことは中学1年生の1学期の指導である。オーラル中心にしっかり活動させ「聞くこと」や「話すこと」に抵抗感をなくさせること，「書くこと」は文字と音の関係を理解させながらアルファベットを丁寧に指導し，難しい単語や文を書かせることを急がないことである。発音，聞き取り，聞き取った音をアルファベット文字で表記することの三つは互いに関連しているからである。

　発音は，教師が英語音の作り方を生徒の「腑に落ちる」よう説明したい。名人と呼ばれる先生の説明やフォニックス指導の初歩の本などを参考に自分の説明を作ろう。また生徒がうまく英語音を作れるかどうかは個人差がある。例えば，th の発音にしても舌先をどの程度動かせば th 音が作れるかは一人ひとり異なる。生徒の口元を見て，発音をしっかり聞いてやり個別にアドバイスをし

たり，上手にできなくても叱らず決して恥をかかせないことである。また一度ではなく機会を捉えて何度も指導する必要があることを肝に銘じておく。

　生徒が「発音がうまくできない」と嘆くときは，個別の音以外にイントネーションやリズムがうまく発音できない場合も多い。英語らしいリズムやイントネーションの対話文をたくさん聞かせ，文字に頼らず再生させる。また，チャンツや英語の歌を利用する，小道具を使って寸劇仕立てにする，などの方法で飽きさせず楽しく練習させることである。

　中学2年生や3年生から指導する場合は，上記のことを考慮して毎時間5分間でも粘り強く指導する。基本的な母音，子音の練習，単語や文のディクテーション，チャンツ，リスニング練習などを続ける。リスニング練習は単に聞かせるだけでなく，スクリプトを見ながら音声を確認させ，聞き取れなかった原因を分析させることや聞き取りのコツを教えたい。

2　単語の綴りが覚えられない，単語や文を書くのが嫌い

　方策として次の三つが考えられる。

① 意味のある小テストやドリルを継続的に実施する

　単語の綴りが覚えられない生徒が多いとき，教師は単語テストに頼りがちである。しかし単語テストは教師が指導計画を持ち，生徒にうまく動機づけがなされないと，苦手な生徒をさらに追い込みかねない。②で説明する文字と音の関係の理解度を確認するために教師の発音した単語を書かせたり，文単位のディクテーション，教科書本文の空所に基本的な単語を書かせるクローズテストといった方法を取りたい。ただし，生徒にとっては小テストのために単語を覚えてもそれを使う場がなければ意味がない。単語の綴りを覚えることで表現力の幅が増えるなど，生徒にメリットが感じられるように工夫するのが教師の仕事である。

② 中学1年生の1学期の文字指導を丁寧に行う

　まずアルファベットの各文字の持つ単音を掴ませながら文字に慣れさせる。単音が足し算されて単語の発音になること（dog, cat, desk など），続いて ch, sh, th, ck, ee, oo といったよく使う2文字ルール（sheep, clock, book など），子音で終わる英語の特徴（テストと test, サラダと salad など）などを教えながら，次第により長い単語や文に進む。一方で固有名詞や日本の食べ物などをヘボン

式のローマ字で書く練習も少ししておく。また，教えたルールに合わない単語もあることを伝えておく。

特に，1年生の語彙はフォニックスルールで説明できない語が多いし，頻度の少ないルールまで教えるのは生徒の学習負担を増し本末転倒になる。ひらがなを読み書きする感覚でアルファベットを使いこなすように生徒を導き，聞こえた単語を少々綴りは間違えても書こうとする態度を育てる。

次の段階は教科書の文の筆写やオリジナルな文を書くことだが，十分発話練習した文を書かせ，読めない文は筆写させない。またbとdの勘違い，大文字と小文字のまちがい，符号のつけ忘れなどにおおらかに対応してやることが必須である。そういうミスの指摘はしても，だいたいできているとして○をやり，「1年生の終りまでには間違えないようになろう」という方針で指導する。「英語で書くのは簡単」と感じさせるように，しかし段階を追って指導することで生徒の書く意欲も力も高まるであろう。

③ 合理的な定期テスト問題を作成する

第一に，読んで理解できればよい単語や難しい文と，書くことまで要求すべき単語や文を分別してテスト問題を作る。そして解答の方法も記述式ばかりではなく，語順の並べ替え，記号選択など，教科書の音読がしっかりできていれば答えられる解答形式も混ぜる。これだけでも，単語の綴りを覚えるのが苦手な生徒たちもテスト勉強に前向きに取り組むようになり，基本的な語彙や表現が書けるようになる。こうすれば2年生や3年生から指導する場合も，テストに対してひいては授業や家庭での音読に前向きに取り組むようになるだろう。

またテスト問題には，正確さを要求する問題と表現力（流暢さ，量，構成，独創性）を要求する問題を取り入れる。前者の問題では綴りを厳しく採点し，後者の記述式の作文問題では細かな間違いよりも表現力に重きを置いて採点するようにする。また，生徒の中にはどう努力しても単語の綴りを覚えるのが苦手な者もいる。いろいろなタイプの生徒がそれぞれの個性を伸ばしながら英語力をつけていけるよう指導したい。

3　文法，語順がわからない

「文法はルールを説明しドリル練習をさせること」と教師が誤解すると，生徒は「文法は難しいし，現実の英語使用に役に立たない」と感じる。また，そ

ういう文法説明を暗記しドリル問題に答えることが英語の学習と誤解する生徒もいる。すると文法のドリルはできてもいざ文を書くとなるとさっぱり書けない。また，そういう単純な英語学習観のもと「英語はできる」と思い込んでいたのに，高校に進んで本格的な長文に接すると歯が立たないと感じる生徒も多い。教師がすべきことは，次の三つである。

① 使うために文法を教える

　使えない通貨を貰っても嬉しくないし，豊かにもなれない。文法はいわば買い物に使うお金のようなものである。生徒が文法を使えるように仕組んで指導する。そのために，新しい項目に入ったとき，一度にたくさん文法ルールを教えないようにし，その時間の終りに，生徒たちが新出事項を用いてある程度まとまりのある内容を英語で表現できるように指導内容を精選する。

　生徒は文法事項を使って新しい表現活動に取り組むと「もっと表現したい。これも言いたい」となるので，そこを予測しておき，次の時間は復習と同時に少し詳しい内容や新しいルールを教える。第3時以降も同様に復習しつつ少し詳しい内容や新しいルールを付け加えていく。すると，学力不振の生徒も第1時に習った部分は最低限理解でき，使えるようになるだろう。文法の複雑なルールを全て覚えられないからといって文法事項が使えないとは限らないのである。

② 表現活動と文法事項の学習が結びつくように指導する

　過去時制を習ったら日記が書けるようになった，現在完了（経験）を習ったら過去の経験について相手から情報を引き出すことができるようになった，というように，文法事項と表現活動が結びついて学習されるように指導する。

　例えば，一般動詞の過去形を用いて日記を書かせる際も，一度にたくさんの単語が覚えられない生徒たちのためにこんな指導はどうだろう。一日の出来事を4コマの漫画で表現し，各コマ絵の横に動詞の過去形を含む文を1文書いて説明する。日常生活を取り上げた，① I got up at 10. ② I did my homework. ③ And then I called Tomomi. ④ We played tennis in Aoyama Park. という内容でも，絵が添えられると面白い日記になる。生徒が英語をうまく思いつけないコマは，教師が既習の表現から選んで教えてやればよい。この際，次のような例を与えて「ウソ日記」を書くことも教えると，生徒たちはもっと喜んで書く。右は生徒作品である。

教師の与えた4コマ漫画の例

(アフリカ地図、Hello!!)	I visited Tanzania.
(ライオンとクリケット)	I played cricket with a lion.
(ライオンとコーヒー)	We enjoyed coffee together after the game.
(Jambo! Hello!)	And then, I learned Swahili from the lion.

What did you do yesterday?

New zealand (地図)	I visited New zealand.
Hand bell	I played handbell with a sheep.
honey toast	We enjoyed honey toast together after the game.
Maori language (こんにちは Tena koe / ありがとう kia ore)	And then I learned Maori language from the sheep.

③ 教科書本文の音読と文法学習のセットで語順を教える

　文法のルールは，水先案内人というよりも忘れ物を点検しながら最後にバスを降りるガイドさんのような役割ではないだろうか？　生徒たちがライティングで，ある程度のスピードで正しい語順で書けるのは，文法の知識だけでなく繰り返し音読した英文のモデルが頭にあるからである。思いついた文を文法のルールで点検しながら話したり，書いたりしているのである。

　となれば，意味や感情を読み取る本文読解と意味や感情を伝える本文朗読をしっかり指導して連想できる英文を増やすことが，正しい語順でたくさん書けることにつながるだろう。そして要所では文法説明を行い，文法のルールに従うことで，意味が正確に伝えられることを生徒たちに理解させるとよい。

　音読は中学生だけでなく高校生にもしっかり指導したい。そして「語順に迷ったときは口に出して何度か言ってみよう。言い易いと感じられるほうが正しい場合が多いよ」というアドバイスも与えておこう。

4　音読が苦手

　中学の英語教師の第一任務は，自立して音読ができる生徒に育てることであるといっても過言ではない。英語で書かれた単語や文を音声化できない生徒は自律して学習できない。受験勉強も音読ができるようになっている生徒は独力

でも問題集に取り組めるが,書かれた英文を音声化できない生徒には難しい。

中学では,1年生の2学期以降,三単現の動詞の語尾変化や前置詞句,副詞句などが加わるようになるあたりから,音読を難しいと感じる生徒が増える。丁寧に粘り強く指導したい時期である。その指導も,大きい声で何度も読ませるだけが指導ではない。弱強のリズムやイントネーション,区切って読んでいいところといけないところ,音の同化や脱落なども指導し,上手に読むコツを教えていく。コツがわかると生徒はよく練習するようになる。

また1年生の2学期から2年生1学期にかけての1年間は,生徒が家庭学習として何度も音読練習する習慣がつくよう,ディクテーション,暗唱,音読の回数チェックや音読テストをしたり,音読をしていればできる問題を定期考査に出題したり,といった指導の工夫をする。暗唱した対話文を気の合う相手とスキットで演じる,といった指導も音読上手を増やす指導法である。

5 テストで点が取れない

オーラルの活動は参加できるが,テストになるとさっぱりという生徒がいる。英語が好きでもテストの点数が毎回悪いと英語が嫌いになるだろう。テストで点が取れない悩みを持つ生徒に対する手立ては次の二つがあげられる。

一つ目は,ペーパーテスト（定期考査）以外に,スピーチ発表やライティングのテスト,ALTによるインタビューテストなど,英語での表現力を試すテストをすることである。生徒にはこういうテストが評価に占める割合をきちんと伝え,英語の力はペーパーテストだけでは測れないことを説明しておく。

二つ目はテスト問題の構成の工夫である。まず,授業内容が反映されたテストにすること,評価計画に沿ったテストであることが大切である。そのうえで,授業をしっかり受けていればできる基礎的な問題,真面目に勉強すればできる問題,文脈の読み取りなどを要求する難問,表現力を問う作文など,多様な問題で構成し,「点数は悪かったが,ここはできた」という達成感を味わえるテストや,「この問題は面白かった」という感想が出るような問題作りをしたい。

6 英語を勉強する意義を感じない

生徒が外国語学習に興味が持てない理由の一つは,外国文化を知らないからである。ある民間の教育研究所が行った英語が苦手な理由調査(2008年〜09年)

で，教師が予測した理由は，1位：単語が難しい（68.8％），2位：文法が難しい（45.7％），であった。一方，生徒があげた理由は，1位：文法が難しい（78.6％），2位：単語（約60％）に続き，44.8％もの生徒が「外国や異文化に興味が持てない」をあげていた。教師でこれが原因とみたのはわずか7.0％であった。

　中学生にとって英語学習というのは英語を学びながら異文化に目を開かれていくことでなければならない。自分が信じて疑わない日本の価値観や習慣がときに相対的なもので，日本と外国とでは風土，歴史，発想，価値観，習慣などにときとして驚くような違いがあること，そしてまた案外普遍的な共通点があること，を学ばせていく必要がある。このことが外国語や外国文化に対する興味・関心を掘り起こし，外国語学習の意義を実感させることになるのではないだろうか。

　このことに関する中学1年生の指導例をひとつ紹介したい。目標文は"You're a good cook." "Thanks." で，"You are～." とほめてもらったら素直に "Thank you." と答える英語圏の習慣を教えた。そして授業の終わりに，アメリカ人ALTが「日本でよく家庭に招待されて夕食をご馳走になるけど，ひとつだけ困ったことがある」と説明し，日本人教員がアメリカ人ALTの役，ALTが日本人の主婦役を演じてスキットを見せた。ALTは，出された料理を客がほめるたびに「とんでもない。私は料理が下手でごめんなさい。どれもこれも失敗作で，こんなものしか出せなくてごめんなさい」とひどく謙遜する日本人主婦役を演じた。説明も演技も全て英語で行い，演技後「ALTの先生が困ることって何？」と日本人教員が質問した。生徒たちは爆笑しながら先を争って答えた。「料理がおいしいからおいしいと言っているのに，素直に受け取ってもらえない，それがストレスになっている！」

　生徒たちは，日本人役のALTの姿を通して，日本人がほめられても素直に受け取らず，謙遜し，"Thank you." と言わないので，コミュニケーションが成立しない感じがして落ち着かない，という相手の気持ちを理解したのである。

　生徒たちは豊かに感じ取る力を持っている。教師は固定観念に縛られることなく，外国文化を理解することや外国語が使えることの楽しさや苦労を伝えていきたいものである。

（加藤京子）

3節　高校での学力不振生徒の意欲を高める授業

　学力不振で意欲を失っている生徒の多くは，高校入学以前のどこかでつまずき，英語に苦手意識を持ってしまい，学習の意義を感じられなくなってしまっている。また本人が志望して入学した高校ではないという場合もあり，前向きに授業に参加できない生徒も多い。生徒たちは授業で達成感を味わうことがなく，「授業がわからない」→「学校がおもしろくない，嫌い」というように，所属している学校を非難したり，「授業がわからない」→「自分はだめだ」と，自己を否定的に捉えたりする傾向が見られる。そこで，活動を考える際，生徒に「おもしろそう」→「やってみようかな」→「やってみたらできた」→「もしかしたら英語ができるようになるかもしれない」と思わせる活動を仕組むことが重要である。生徒にとって，学校生活の中心は授業である。授業での達成感が，所属している学校や生徒自身の肯定感につながれば，彼らの学びや生活も変わる。以下，筆者が以前勤務していた，入学前にすでに英語に苦手意識を持った生徒が大多数を占める高校における実践を紹介する。

1　英語を学習する意義を感じない

　英語が苦手な生徒ほど，課題がどのように成績に反映されるのかを気にする傾向がある。そのため，「本文や板書内容をノートに写す」といった課題を出すと，しばらくは行う。しかし，長続きはしない。生徒にとって，何のためにその課題をするのかが明確でなく，それに取り組み続ける意義を感じられないからである。そこで，年度初めの授業で，年間の到達目標（一年間授業を受ければ何ができるようになるのか）を生徒に明らかにすることが大切で，さらに下位目標として，各学期や各単元の到達目標を生徒に示してやると一層効果的である。中学時代に英語がわからなくなってしまい，意欲を失ってしまった生徒であっても，「英語が話せるようになりたい」と考えている生徒は多い。そのため，到達目標については，英語による表現（特にスピーキング）の目標を具体的に設定することが有効である。例えば，1学期は「自分が行きたいレストランや，見たい映画に行けるように相手を説得することができる」，2学期は「説得力のあるコマーシャルを作成することができる」，3学期は「季節について簡単なディスカッションやディベートができる」などである。具体的な

到達目標を示すことで,「何をすれば点数がもらえるのかではなく,何ができるようになればよいのか」が明らかになるため,英語が苦手な生徒も,授業の目的や意義を納得したうえで授業に参加することが可能となる。教師や前年の生徒が実際にその活動を行っている様子のビデオを見せることができれば,生徒にとって到達目標が一層明確なものになるだろう。

2　発音が苦手である,音読ができない

中学時代に英語学習に苦手意識を持った生徒は,授業での成功体験が乏しい場合が多い。特に音声面においては,日々の学習の中で小さな達成感を与えることで,生徒のやる気を高め,授業に対して前向きに取り組む態度の育成が可能となる。ここでは,歌やチャンツを使った例を紹介する。

授業で歌やチャンツを使用しても,生徒の声が出ない場合がよくある。声を出さない理由を生徒に聞いてみると,多くの場合,「自信がない」,「発音がわからない」といった答えが返ってくる。確かに自信のない歌を人前で歌うことは難しい。しっかり練習し,自信がつけば生徒は大きな声で歌うようになる。そこで,数時間にわたって,授業の最初の5分間に帯学習として歌やチャンツを使用し,少しずつ歌える(言える)部分を増やしていくことが有効である。以下,"Christmas Eve" を例に,具体的な指導方法を示す。

最初に英語詞と日本語詞や,音のつながり,脱落について記号で示した次のようなプリントを配布する。

① All alone I watch the quiet rain　　雨は夜更け過ぎに
　 Wonder if it's gonna snow again　　雪へと変わるだろう
　 Silent night, Holy night　　サイレントナイト　ホーリーナイト
②は略

1回目の授業では冒頭の5分間で①のパートの内容と文法の確認,および発音の確認と練習,次の授業では②のパートの内容,文法,発音というように,段階的に歌える範囲を増やしていく。

以下,毎時間の具体的な活動の手順を示す。
①その日のパートを聞く(生徒が各自英語を指さしながら)。
②内容や文法,発音について確認する。
③音読する(教師の後に続いて全員でリピート)。

④リズムに合わせて全員でリピート練習，続いて個人練習をする（教師が机をたたいてリズムを取る。リズムボックスがあれば活動をスムーズに行える）。
⑤歌の初めから，その日練習したパートまでを全員で歌う。

　5分間であれば生徒は集中しやすく，毎回の授業で歌える量が増えてくることが実感できるため，やる気も高まる。また，歌やチャンツを授業の初めに使用することで，英語の授業が始まる，という雰囲気づくりにもなる。

3　文法が苦手で，主体的に活動に参加しない

　生徒が自分の経験や考えを英語で話せるようにさせたいが，いきなり自分の意見を英語で，というのは無理である。しかし，英語に苦手意識を持つ生徒は，英語を習得するために不可欠な反復練習や文型練習を積極的に行わない場合が多い。そこで，授業で文法の規則や定型表現を理解し身につける段階から，少しでも生徒が自分の言いたいことを入れた文を作る機会を設けることが有効である。ここでは，ダイアログを使用した指導例を紹介する。

　このレッスンでは，自分の好きな映画を話題に，相手の意見に対して理由をつけて反論する表現— "I don't agree with you." や "It's true, but I think ～ ." などを学ぶことを目標としている。文法項目としては，分詞形容詞をターゲットにしている。まず，ダイアログを導入する前に，映画の種類やそれに関連する形容詞といった，生徒が創造的な活動を行う際に使用できる次のような語彙リストを配布し，語彙の意味を確認し，音読練習を行う。

語彙リスト

> **Action Movies**
> 　Good points : exciting , thrilling, amazing, cool
> 　Bad points : scary, violent, strange, difficult
> **Romance movies**
> 　Good points : heartwarming, touching, moving
> 　Bad points : slow, boring, dull　　　　　　　（以下，略）

　次に，右のようなモデルダイアログについて学習後，オリジナルのダイアログを作成させる。

〈モデルダイアログ〉

```
A: Hey, ___名前___. Let's go see a movie.
B: That's a good idea.
A: What kind of movie do you want to see?
B: I want to see a romance movie.
A: Really? Why?
B: Because they are heartwarming and touching.
A: I don't agree with you. I think they are slow and boring.
B: What do you want to see then?
A: I want to see a comedy. Comedies are funny.
B: Okay.
A: Let's go.
```

① リスニングによるダイアログの内容理解

　モデルダイアログを聞かせ，質疑応答しながら内容を確認させる。

② 音読練習

　モデルダイアログが書かれているハンドアウトを配布する。音読練習（コーラルリーディングやペアリーディングなど）を行う。

③ スキットのオリジナル化（1）

　生徒たちにペアで相談し，下線部を自由に変え，自分たちの好きな映画についてオリジナルのスキットを作り，それを暗唱するよう指示する。暗唱ができたペアは，教室の前に出てきて教師にそれを発表する。教室の後ろにビデオカメラや音声を録音できる機器を複数用意しておくと，複数のペアが一斉に発表することが可能となる。

④ スキットのオリジナル化（2）

　③の発表もしくは録画，録音できたペアに，③で作成したスキットの一文を変えて再度オリジナルのスキットを作るよう指示する。「一文を変える」というのは不可能に近い。それゆえ，多くの場合，「もっと変えてもよいか」という質問がくるだろう。そうなれば，生徒たちは自分たちで考え，より創造的なスキットを作り始める。

　生徒たちは，単語や文を変えることによって，オリジナルスキットを作るたびに発表，もしくは録画，録音を行う。そしてこのスキットを発表もしくは録

画，録音の回数を評価の項目の一つにすれば，生徒の意欲を一層高めることができる。また，発表の際，ハンドアウトを見ないように指示しておくと，繰り返し音読し，暗唱しようとするため，オリジナルでスキットを創作，練習する中で，知らず知らずのうちに，語彙，文法，定型表現の定着が促進されるのである。また，その中で良かった作品，ユニークだった作品をクラスに紹介すると，紹介された生徒は自己肯定感をもつようになり，活動により積極的に取り組むようになる。次のスキットは，オリジナルスキットの生徒の作品例である。

A: Hey, ＿＿名前＿＿. Let's go see a movie.

B: No way. I don't feel like going to a movie.

A: Why not?

B: My boyfriend broke up with me.

A: Really? I am so sorry.

B: That's okay.

A: If you go see a comedy movie, you will laugh and feel happy.

B: I don't agree with you. I don't think a movie will make me happy.

A: You will be happy if you go. I promise. Let's go.

B: Okay.

4 教科書を使用する授業にのってこない

　英語に苦手意識を持っている生徒の中には，英文を理解することに苦手意識を持ち，文法を中心とした説明を聞いてもなかなか理解ができず，やる気をなくしてしまっている生徒も多い。そういった生徒にこそ，教科書を使った授業でも，主体的に英語を発話するような活動を仕組みたいものである。ここでは教科書の内容を使い，英語が苦手な生徒であっても最終的にアウトプットにつなげる授業について紹介する。

　In Nepal many children cannot study because there aren't enough schools. In 1998, students at Nagayoshi High School in Osaka heard about this. That summer, they ran five hundred kilometers for six days through many cities and towns, and collected money. Since then, many students have run for the same purpose. As a result, four schools were built in Nepal.

　　　　－ *Lingua-Land English Course I* Lesson 10（平成 18 年版，教育出版）

教科書の内容を利用したアウトプット活動としてストーリーリプロダクションが実施しやすい。まず，生徒に発話させたい英文を教科書の本文から考え，それらを引き出すような質問を作り，生徒に配布するハンドアウトに載せておく。解答形式については，生徒の英語力に応じて (1) 英文で答えさせる，(2) 空所を補充させる，(3) 選択問題のいずれかにする。また，ハンドアウトの裏面に本文のオーラルイントロダクションで使用する絵や写真を載せておく。

〈質問例〉(1) What did Nagayoshi High School students hear?
(2) Why did Nagayoshi High School Students run through many cities and towns?
They ran to (　) (　) .
(3) As a result, how many schools were built?
(a) Two schools were built.　(b) Three schools were built.
(c) Four schools were built.

具体的な手順の概略は以下の通りである。

① 内容理解

絵や写真を見せながら教師が本文の内容をオーラルイントロダクションする。生徒はそれを聞きながらハンドアウトの質問に解答していく。その後，生徒は本文を見ながら各自で答えを確認し，内容理解を深める。

② 音読

教科書本文のコーラル→バズ→ペアリーディングを行う。

③ ストーリーリプロダクション

オーラルイントロダクションで使用したハンドアウトの裏面の絵や写真を使ってペアでストーリーリプロダクションを行わせ，数組のペアに発表させる。

授業の最後に常にストーリーリプロダクションのようなアウトプット活動を位置づけることで，教師の英語での説明が，生徒のアウトプット活動のモデルとなるため，生徒は教師の英語を集中して聞くようになり，その結果，主体的に授業に参加する態度の育成が可能となる。

(松下信之)

[参考文献]

Benesse 教育研究開発センター (2009)『第1回中学校英語に関する基本調査 [教員調査・生徒調査]』東京：(株)ベネッセコーポレーション.

加賀田哲也, 小磯かをる, 前田和彦 (2007)「英語学習についての調査研究－大学生を対象に」『大阪商業大学論集』第144号, pp.13-32.

樋口忠彦編 (1996)『英語授業Q&A―教師の質問140に答える』東京：中教出版.

9 章

コミュニケーション能力の育成と受験指導

1 入試英語はコミュニケーション能力を測定しているか

　コミュニケーション能力に関しては第6章の冒頭でも議論した。Michael Canale と Merrill Swain によりコミュニケーション能力は4能力でまとめられている。すなわち文法能力，談話能力，社会言語学的能力，方略的能力である。これらの力がバランスよく入学試験で測定されているとは言えない。しばしば，「入試英語」があるから「話せない」ということが「ぶつぶつ」語られるが，このような断定は安易である。文部科学省の「英語教育改革に関する懇談会」の答申（2002）や「外国語能力の向上に関する検討会」の答申（2011）などで提案されている英検やTOEIC，TOEFLなどの外部テストの導入は，経済界などの声であることはよく知られている。他方，教師たちが，入試制度に関して具体案を示して改善に向けた大きな運動をするということはあまり聞かない。仮に高等学校入学試験問題作成者や大学入試問題作成者たちを動かすとなれば，「コミュニケーション能力」とは何かを明確にし，その能力育成のために何を入学試験に求めるのかを公にする必要がある。入試問題の改善には「百年河清を俟つ」状況からいち早く脱却せねばならない。

　入学試験の状況を一概に論じることは不可能であるが，今日では文法用語を先行させる文法問題はほとんど姿を消しているが，「文法能力」を試す問題は出題されている。また「談話能力」を試す問題も少しは出ている。しかし，「社会言語学的能力」や「方略的能力」を試す問題はほとんど出題されていない。確かに，文法能力以外の力をペーパーテストで測るのは相当困難である。

　コミュニケーション能力を「聞く」「話す」能力であると誤解した形で議論をすれば，入学試験では「スピーキングテスト」が課されていることがほとんどないのであるから，センター試験の「リスニングテスト」だけでは，その能力の測定は不十分である。しかし，コミュニケーション能力は「読む」「書く」能力も当然含むものであるから，「入試」は欠落はあるものの，コミュニケーションに関わる多くの側面を測ろうとしているとも言える。

大胆に言い切ると，現在の「入試英語」はコミュニケーション能力を相当程度測定している。国公立大学の2次試験の出題内容は，入学後の教育を意識したものであると聞く。それが本当ならこれ以上一律に変更を求めても無駄だ。

2 コミュニケーション能力育成と受験指導とを対立させない指導

中学校および高等学校学習指導要領では，「文法については，コミュニケーションを支えるものであることを踏まえ，言語活動と効果的に関連付けて指導すること」，「文法事項などの取扱いについては，用語や用法の区別などの指導が中心とならないよう配慮し，実際に活用できるよう指導すること」とほぼ同じ文言である。

学校における「受験指導」は，わが国の上級学校への入学試験が，ほとんどペーパーテストであることから，「読む」「書く」「聞く」「話す」という優先順位で，しかもおおむね「読む」「書く」を圧倒的に重視して行われてきた。また，多くの場合，数行から10行程度の英文を50分間かけて，教師主導の懇切丁寧な授業が展開されている。

その内実は「英文和訳」方式で，新出単語を確認した後CDを1回聞き（聞かせないことも多い），生徒が一文を声を出して読み（ほとんどの場合，英語のプロソディーをほとんど無視したカタカナ式音読），その後で，日本語訳を言う。その和訳に問題がなければ，「はい，つぎ」という形で次の生徒が指名されていく。その間，文法説明やそれに関連した例文，単語にまつわる派生語など，さまざまな情報が黒板に示され，生徒はノートに熱心に書き写す。

このような指導法だけでは，「入試」の英文問題に対応できない可能性も高いため，「進学校」と呼ばれている学校では「問題集」類を積極的に活用して「読む」力の育成を図っており，英語塾での同様の訓練も経て，当面の入試への対応には成功している。これに費やされるエネルギーは多大である割に，「使える英語」，特に発信のための「英語力」の育成につながってない場合が多い。このような現状ではあっても「入試」をなくせば「使える英語」の力を育成できるようになると考えるのは軽率である。むしろ，「入試準備」という学習の必要性をうまく活用することによって「使える英語」力の育成を図るのが賢明である。わが国の高校生は概して勤勉であるのに，英語の指導法において，「ことばは元来，音である」ということを軽視し，「学んだことを使わせてみる機

会を与えていない」という二つの欠落があるために,「使える英語」という点で,累々と英語力獲得失敗者を輩出してきた。

　生徒, 教師, 保護者の意識変革は今なお相当困難だが, 入試に配慮した指導の中で, コミュニケーション能力育成を図ろうとするのが, 最も効果的であるという認識を広げていく必要がある。ちなみに, 最近の予備校の講師たちによって書かれたものでは,「文法, 訳読」偏重の主張ではなく, 音読の重要性や表現力の育成を意図したバランス感覚に満ちた英語指導理念を見受ける。むしろ, 高等学校の教師側に, 何十年来変わらぬ「入試英語＝文法・訳読」観の化石化現象がみられるのではないのだろうか。最近見た北京市内の中学（高校1年）の英語授業では, 音声を重視した英語授業を受験用問題集の学習と平行して行っていた。生徒たちの音声面での能力の高さに圧倒された。

3　受験指導をコミュニケーション能力育成につなげる

　明治時代以降今日まで, 日本の経済, 産業および科学技術の興隆は, 外国語, とりわけ英語を通して, 西洋の文明を摂取して成し遂げられたという事実はまぎれもない。したがって, 学校英語教育における「英文読解」には大きな意味があった。このことは基本的に今後も変わることがない。ただ, 大きく変化したのは, 情報の伝達時間が「瞬時」になったということである。今や飛行機で1日で渡英できる。夏目漱石の時代には渡英に船で40日を要した。数十年前に, ようやくテープレコーダーが一般に普及するようになった。今やインターネットでさまざまな映像と音声情報が溢れている。CNN や BBC も簡単に視聴可能である。映画や DVD も即座に入手できる。新聞や雑誌も同様である。

　この時代の急激な（文字通り日進月歩の）変化に対応することが求められる。従って, 英語学習に「スピード」が求められる時代に入った。

　幸いというか, 入学試験には時間制限がある。しかも最近では課題の英文が長くなっている。限られた時間内に英文を読む指導が必要である。また, 自由作文が課せられることが多くなったことから, 内容的にまとまりのある英文を速く書く指導が必要にもなった。かつては, 外国人と英語を話す機会というのは, 多くの生徒にとっては教室にときどき ALT が現れたときだけだった。しかし, 最近では, 日本人ばかりの英語教室でもスピーチをしたり, Show and Tell を行ったり, 意見交換を行ったりと英語を口に出す機会や英語を聞く機会

も珍しくなくなってきた。もう一つ幸いなことに，公立高校入試やセンター入試にはリスニングテストも既に導入されている。

4 受験指導の今後

　音声を重視（優先）する授業を組み立てることである。音声を優先・徹底させる授業は，生徒に集中力を求めることになり，緊張も伴うため，教室の活動に張りが出てくる。また音声を優先させる指導では，英語のスピードを不自然なほど遅くできないから，最初から一定のスピードに慣れる効果がある。

　英語を話す指導になれば，その話すスピードには個別の差異があってしかるべきであるから，「速くしゃべれ」などと急がせる必要はない。しかし，リスニングは，いかに「方略的な能力（I beg your pardon?, Would you speak more slowly?, What do you mean by 〜?)」を活用したとしても，教室ではともかく，実際のコミュニケーションの場面では，相手の話すスピードへの対応は「使える英語」力の養成には不可欠の要素である。「速く話される英語」にも慣れさせておくことが重要である。この点で，日本の英語科教師は，パラダイムシフトが必要である。

　そうでなければ，コミュニケーション能力の育成は「絵に描いた餅」のままである。たとえば，TOEICやTOEFLのリスニングテスト程度のスピードに，腰を抜かすことのないような高校生もある程度は育てていきたいものである。学習指導要領の趣旨が本当に生かされ，各教師，各学校が本気にならなければ，現状からの脱皮は困難なまま時が過ぎていくであろう。

　英語の授業は，「英語に関する情報を教師から受け取る場ではなく，学びながら，学んだこと，自分で準備したことを使う場，クラスメートと一緒に英語を使って意見交換や発表交換を行う場」になっていかなければならない。まさに，教師が「魚」を与えるのではなく，生徒たちに「魚の釣り方」を教える授業づくりを早急に始めなければならない。

　要するに，「受験指導をコミュニケーション能力育成につなげる」のではなく，コミュニケーション能力育成をめざした日々の授業の結果，受験にも効果を発揮したという形を築き上げていきたいということである。

5 コミュニケーション能力の育成を図る授業とは
① 中学校, 高等学校における基礎づくりの段階
1) 音声指導を徹底する。(教師がそばについて支援し, 生徒が自力で音読できる素地をつくる)
2) 発音記号を有効に活用する。
3) 辞書に親しませる方法を実地に教える。(教室で実際に辞書を使う機会を与えて, 自力で求める語や表現に近づく力を養う)
4) 短い英語の物語を繰り返し聞かせる。(英語独特の音声に馴染む)
5) 学んだ英語は必ず自分のことや意見を表現するために使わせる。(教室の学習を意味あるものと実感させる)
6) 自分で表現したいことを数行の英文でジャーナルを毎日書き溜めていく。(口頭で発表する前の資料をつくらせる)
7) 本物の英語にチャレンジさせる。(自然なスピードの音声, 新聞, 雑誌などの多読, 多聴)

残念な予測であるが, 中学校, 高校教師の多くは,「多忙」を理由に, 本来やっておくべき基礎づくりを全うできない場合も出るだろう。しかし, 生徒が自らの力で伸びようとする意欲に, 真剣に手を貸そうとする教師が一人でも多く増加することを期待したい。

上記1), 2), 3) に対しては, 理論的な立場や学校現場からも異論が出ることが予想はされるが, 生徒の将来を見据えたうえでの現状認識を行い, 各学校での積極的な実践を望みたい。

近年の英語科教育法の書物には, ディクテーションを中学生に求めるのは危険だとか, 発音記号は綴りの読めない生徒には二重負担だとか, 音読をさせるときにその英文の内容を理解しないうちに音読させてはだめだとか, 間違いをしたときには厳しくその誤りを明示的に注意してはいけないだとか, CDをいきなり聞かせるよりも日本人教師が噛み砕いて自分の声で英文を聞かせた方がよいとか, 筆記体は実用的な価値がないし負担になるから教える必要がないとかといった一見同意したくなるような忠告で満ちている。しかも, 科学的な実証を経ている研究成果だとでも言われれば, ほとんどの教師は「ぐうの音」も出ない傾向が続いている。昨今話題になっている「学力の低下」の原因は解明し難いが, 生徒たちから「よき学習習慣」が失われているのがその主因ではな

いのだろうか。現実を見据えない「理（想）論」に教師は振り回されてはならない。また、逆に、この30年ほどの間、余りにも学校が「歯ごたえのないお粥」のごとき教授法を取り入れすぎてしまったのではないかということも、立ち止まってよく考える必要がある。近隣の国々の学校英語教育にみられる「力づよさ」は、生徒の基礎を徹底させようとする教師と、それを身に付けようとする生徒の「ガッツ」であるように感じられる。

② 中学校、高等学校における発展の段階

一定の基礎的学習段階を終えれば、中学でも高校でも発展的、継続的に行う次のような学習サイクルを教室内で形成することが求められる。

1) 教科書の各課冒頭のワンパラグラフを黙読で精読する（辞書を徹底して使う。CDリスニングをさせて理解を助ける）。その後、ペアで「きちんと」音読し合う。

2) 時間を制限して、課全体（通常3～4ページ）の英文を黙読する（辞書の使用を3回以下に制限）。その後、その課の内容を各自、日本語（または英語）で要約し、4人のグループ内で1分間ずつ発表し合う。次に4人とも英語で要約を書き、回し読みする。

3) 1)と2)で扱われたトピックについて、それぞれ、インターネットや図書、新聞などで関連内容の短めの文章を一つずつ見つけて持ち寄り、4人のグループ内で読み、意味内容の確認や議論を日本語（可能なら英語）で行う。

4) 3)の活動後、グループの代表者が前に出て、どのような内容を読んだのか皆に英語で簡潔に報告する。

以上のように、生徒が「目的のあるリーディング、ライティング」に取り組み、英語で発表し、それを他の生徒が聞き、質疑応答するという場を教室に準備すれば、4技能が統合された言語活動・コミュニケーション活動が完成する。ここで行われる目的あるライティングと先述のジャーナルライティングを積み重ねていけば、大概の入試問題には対応できる素地が十分に築かれる。

6 望ましいテストの実施とテスト方法

リーディングテストの作成に関しては「入試問題」の出題形式を模して作ることが多い。リスニングテストに関しても、高校入試やセンター試験の出題形

式をなぞっているのが現状である。しかも残念ではあるが，いまだに中学でも高校でもリスニングテストを定期テストで実施せずに，ペーパーテストのみという学校もあるようだ。

ライティングテストと称して，穴埋め問題で単語を書き込んだり，選んだりするだけという場合が非常に多く，ある話題でまとまった英文を書かせる指導もテストも十分に行われているとは言い難い。中・高におけるスピーキングテストの実施率は非常に低い。なぜ，実施しないのかと問えば，「時間がない」，「生徒数が多い」という言い訳が先行する。センターテストにおけるリスニングテスト導入で，ようやく高等学校でもその準備に向けた指導が動きだしたのが現状である。

最後に，望ましいテストを実施するために，テスト作りに関する課題を整理しておきたい。

1) リーディングの力を測るテスト作りをさらに工夫する必要がある。選択式問題ばかりの出題では不十分である。生徒に「考えさせる設問」，そして「自分の言葉で語らせる（書かせる）問題」が必要である。
2) 教師はリスニングの力を測るテスト作りの技術を学ぶ必要がある。
3) ライティングの力を測るテストには，短文の暗記確認テストの他，あるテーマについて記述，論述するテストが導入されねばならない。
4) スピーキングの力を測るテスト方法を教師は身につける必要がある。

教師側の本音を探ると「多様な方法で，できるだけ的確に力を測定できるようなテスト作成の技術を持ち合わせていない」ということである。望ましいテスト作りの第一歩は，テスト問題の調査研究である。一人の教師が独力ですべてのテスト問題の形式の調査・分析を行うことは大変なので，互いに協力して，まずは高校入試や大学入試問題研究の他に，TOEFL (iBT)，IELTS，英検，TOEICなどのテスト問題の内容や形式などを調査し，生徒の「使える英語力」に役立つテスト問題作りを研究することが望まれる。　　　　　　（並松善秋）

[参考文献]
旺文社編（2010）『英検2級総合対策教本』東京：旺文社．
杉原充（2008）『はじめて受ける TOEFL TEST 攻略×アプローチ』静岡：Z会．
編集部（2011）『2012年度版センター試験過去問研究英語』大阪：教学社．
パク・ドゥグ（2012）『新TOEICテストスコア別攻略本シリーズ 三訂版』東京：旺文社．

10章

より良いテストと評価の在り方

　評価とはどのようなもので、なぜ必要なのであろうか。誰が、いつ、何のために、どのような手段を用いて、何を評価するのか。その本質に立ち返り、評価のあるべき姿、そして何より学習者にとっても教授者にとっても役立ち、意味がある評価とはどのようなものかを考えてみたい。

　さて、テストと評価は異なる。テストは測定の一つの手段であり、到達度テスト、英語能力テスト、診断テスト、適性テストなどがある。また、評価には、大きく分けて、絶対評価と相対評価があり、目標準拠評価、集団準拠評価などにも分けられる。また、総括的評価と形成的評価の両方が大切である。

　2011年度から全面実施された小学校外国語活動は、「児童のよい点や進歩の状況などを積極的に評価するとともに、指導の過程や成果を評価し、指導の改善を行い学習意欲の向上に生かすようにする」とある。この文言からもわかるように、小学校外国語活動と同様、中・高においても指導と評価は一体であり、評価は指導の改善のための資料ともなる。また児童・生徒を励まし、学習意欲を高める評価であるべきである。指導目標を立て、授業を計画すると同時に評価計画も立てること、また、学習者にも評価の観点を示し、自己評価や相互評価により、自分のパフォーマンスや到達レベルを測定したり振り返ることができるようにすることが望ましい。評価をする際に、信頼性、妥当性、実用性、真正性なども考慮しながら、より良い評価を行い、その結果を学習者や指導者にフィードバックをすることで、波及効果を与えたい。それは、学習者には個人の学習方法などを振り返らせ、次の目標を示し、指導者には授業の在り方を見直し、授業改善を行う機会ともなる。また、自己評価やポートフォリオなどを活用することで、自律した学習者を育てることに役立てたい。

　本章では、観点別評価と評価方法、中学校、高等学校の評価例をあげながら、より良いテストと評価の在り方について考えるが、その際、重要な概念となる三つの用語—評価の観点、評価規準、評価基準について簡単に説明しておきたい。評価の観点とは、学習指導要領の目標が達成できているかどうかを観点別

に評価するために設定されるものであり，小学校外国語活動では3観点，中・高等学校英語科では4観点が設定されている。また，評価規準は，評価の観点をどのような手段・方法で到達度をみるかというもので，評価基準は，評価規準毎に例えば3段階に分けて具体的な内容を列挙するなど，達成度を測る指標である。評価を実施する際には，評価の観点に沿って評価規準を設定し，具体的に評価基準を記し，教師間で共有するのみならず，学習者にも伝えておくことが望ましい。

(泉惠美子)

1節　観点別評価と評価の方法

　外国語を指導する際に必要になるのは学習指導要領の目標である。その目標に則って授業で指導を行い，その目標が達成されたかどうかの成果を検証するのが評価である。英語の学力には，語彙や文法などの知識・理解と，4技能の習得と運用能力のみならず，表現力，論理的思考力，異文化理解，さらに学習やコミュニケーションへの関心・意欲・態度などといった情意や態度面も含む総合的な学力が含まれる。

1　小学校外国語活動

　小学校外国語活動の評価の観点については，『英語ノート指導資料』（平成24年度からは"Hi, friends!"であるが，評価規準はほぼ同じであろう）に示した「評価規準例」を参考にするとあり，国立教育政策研究所から，外国語活動の評価の観点と趣旨が表1のように示されている。

表1　小学校外国語活動の評価の観点と趣旨

観点	コミュニケーションへの関心・意欲・態度	外国語への慣れ親しみ	言語や文化に関する気付き
趣旨	コミュニケーションに関心をもち，積極的にコミュニケーションを図ろうとする。	活動で用いている外国語を聞いたり話したりしながら，外国語の音声や基本的な表現に慣れ親しんでいる。	外国語を用いた体験的なコミュニケーション活動を通して言葉の面白さや豊かさ，多様なものの見方や考え方があることなどに気付いている。

　例えば，コミュニケーションへの関心・意欲・態度であれば，「積極的にさまざまな挨拶を言おうとしていた」，「『買物』の活動に積極的に取り組んでいた」

など，自分の思いを相手に伝えようとしたり，相手の思いを理解しようとする態度を，活動を観察することで評価する。外国語への慣れ親しみでは，「道案内に必要な表現が正しく使えていた」，「英語での自己紹介が正確に聞き取れていた」など，外国語のリズムや音声に慣れ親しみ，学習した表現を状況に応じて正しく用いているか，相手のことを考えた受け答えをしているかなど，行動や発表を観察したり，コミュニケーションの中身を確認することで評価する。言語や文化に関する気づきでは，「ALTの母国や，中国，オーストラリアなど日本以外の国の小学校で，どのような教科が学習されているのかを興味をもって聞き，違いを理解していた」など，日本語との違いや多様なものの見方や考え方があることに気づいたり，外国の文化などに対する理解を深め，日本と外国との生活，習慣，行事などの違いを知っているかなど，振り返りシートなどで確認し評価を行う。

2　中学校英語科

小学校外国語活動では，「～ができる」といった表現の定着より，活動を通してのみとりを重視し，「～しようとしている」様子を評価するが，中学校英語科はそうではない。中学校英語科の評価の観点と趣旨は表2の通りである。

表2　中学校外国語科（英語）の評価の観点と趣旨

観点	コミュニケーションへの関心・意欲・態度	外国語表現の能力	外国語理解の能力	言語や文化についての知識・理解
趣旨	コミュニケーションに関心をもち，積極的に言語活動を行い，コミュニケーションを図ろうとする。	外国語で話したり書いたりして，自分の考えなどを表現している。	外国語を聞いたり読んだりして，話し手や書き手の意向などを理解している。	外国語の学習を通して，言語やその運用についての知識を身に付けているとともに，その背景にある文化などを理解している。

学習指導要領に示す各教科の目標に照らして，その実現状況を観点ごとに評価し，A，B，Cに区別して記入する。また評定は，その実現状況を総括的に評価し，5段階で区別して記入する。詳細は表3の通りである。

いずれも観点に応じて，評価規準と評価基準を設定し評価するのが，観点別評価で目標準拠評価（絶対評価）を行うことになる。主な内容をあげておく。
ア　コミュニケーションへの関心・意欲・態度：具体的な言語の使用場面を設

表3 観点別学習状況の評価と評定の関係

観点別学習状況の評価		評定	
A	十分満足できると判断されるもの	十分満足できると判断されるもののうち，程度が特に高いもの	5
		十分満足できると判断されるもの	4
B	おおむね満足できると判断されるもの	おおむね満足できると判断されるもの	3
C	努力を要すると判断されるもの	努力を要すると判断されるもの	2
		一層努力を要すると判断されるもの	1

定し，具体的なコミュニケーション活動を行わせ，積極的にコミュニケーションを図ろうとする生徒の活動の様子を評価する（例：相手の目や表情を見ながら聞く，聞き取れない時は聞き返す，など）。

イ　外国語表現の能力：「話すこと」では，リズムやイントネーションが正確であるか，声の大きさ，スピードなど適切か，など。「書くこと」では，語，連語，文構造・文法の正確さ，場面や目的に応じた表現の適切さ，などを評価する。

ウ　外国語理解の能力：「聞くこと」では，語句や文の意味などを聞いて理解したり，話し手や書き手の意向を適切に理解しているか，など。「読むこと」では，内容や書き手の意向などを正しく理解した読み方ができるか，などを評価する。

エ　言語や文化についての知識・理解：語句，文法，など言語に関する知識やその運用に関する知識と，異なるものの考え方や文化などを取り上げる。

　例えば，"My Treasure" をテーマにした Show & Tell 活動では，積極的に相手に伝えようとしているか（コミュニケーションへの関心・意欲・態度），一貫した内容で，英語は正確かつ流暢であるか（外国語表現の能力），スピーチ後の質問を理解して答えようとしているか（外国語理解の能力），既習の文法事項（過去時制や受動態など）を正しく使えているか（言語についての知識・理解）などを，パフォーマンス評価により評価する。自己評価や相互評価なども用いて振り返らせ，次の目標をもたせることも必要である。

3　高等学校外国語（英語）科

　高等学校外国語科の学習指導要領の目標は，「外国語を通じて，言語や文化

に対する理解を深め，積極的にコミュニケーションを図ろうとする態度の育成を図り，情報や考えなどを的確に理解したり適切に伝えたりするコミュニケーション能力を養うこと」となっており，現行の評価の観点及びその趣旨は以下の通りである。

表4　高等学校外国語科(英語)評価の観点と趣旨

観点	コミュニケーションへの関心・意欲・態度	外国語表現の能力	外国語理解の能力	言語や文化についての知識・理解
趣旨	コミュニケーションに関心をもち，積極的に言語活動を行い，コミュニケーションを図ろうとする。	外国語で話したり書いたりして，情報や考えなどを適切に伝えている。	外国語を聞いたり読んだりして，情報や考えなどを的確に理解している。	外国語の学習を通して，言語やその運用についての知識を身に付けているとともに，その背景にある文化などを理解している。

先述した中学校英語科と内容はほぼ同様であるが，高等学校では更に高度な内容が加わる。例えば，以下のようなものが考えられる。

ア　コミュニケーションへの関心・意欲・態度：メモをとりながら聞き取る，言いかえなどのコミュニケーションストラテジーを用いているか，などを評価する。

イ　外国語表現の能力：「話すこと」では，場面や目的に応じた適切な表現となっているか，話し合いのルールや発表の仕方が学習され，正確かつ適切に活用されているか，など。「書くこと」では，パラグラフの構成，論理の展開の仕方の正確さや適切さ，などを評価する。

ウ　外国語理解の能力：「聞くこと」では，情報や話し手の意向を正しく理解し，目的に応じて概要や要点を適切に把握しているか，など。「読むこと」では，情報や書き手の意向を正しく理解したり，概要や要点を把握するなど，読む目的に応じたふさわしい読み方ができるか，などを評価する。

エ　言語や文化についての知識・理解：語句，文法，表現の方法，文章の構成など言語に関する知識やその運用に関する知識と，言語の背景にあるものの考え方や文化などを理解しているかを評価する。

4　さまざまな評価方法

評価は，年間計画，単元計画，1時間の指導・評価計画が出来ているかを考

えるとともに，コミュニケーションを意識した授業や活動を実施する必要がある。また，評価がペーパーテストのみにならないよう，パフォーマンス評価を行い，意味あるコミュニケーション活動，課題解決タスク，プロジェクトなどを実際に行わせて評価することが重要である。また，複合的な技能（スキル）や能力を使う活動で，総合的・有機的活動になっているか検討したい。

具体的には，ペアでの対話，グループでのスキット，国際電話のロールプレイ，ALTにインタビュー，映画の一場面を聞かせて実際に演じる，英語でCM，新聞，HPを作らせる，メールで招待状を作らせたり，承諾や断りの返事を理由をつけて書かせる，読んだ文章や本の感想，詩・エッセイを書く，スピーチ，暗唱，ディベート，ディスカッション，プレゼンテーションを行ったり，ある課題を設定し，インターネットで情報を調べ，まとめて発表させてもよい。その際，自己評価や他己評価も導入し，内省力を高めたい。

5 テストの種類と望ましいテスト問題の作成に向けて

テストは大きく分けて，個別項目テスト，統合的テスト，コミュニカティブ・テストに分かれ，個別項目テストには，受容的テスト（真偽，多肢選択，組み合わせ，適語補充，短文，整序配列など）と，発表的テスト（穴埋め法，短文解答法，タスク形式テスト）がある。統合的テストは，クローズテスト（修正型クローズ・テスト，会話クローズ，Cテストなど），ディクテーション，口頭面接，作文などがある。また，タスクを与えて，実際の場面に即した言語運用能力をテストしようとするのが，コミュニカティブ・テストであり，言語形式よりも言語機能を重視することになる。

評価の留意点としては，各学校の教育目標と教育条件に照らして，目標，実践，評価の一貫性を考え，フィードバックを行うこと，各科目の有機的な関連付けと他教科との連携を行うこと，説明責任と客観的統一規準・基準が重要である。また，評価が変わることにより授業が変わる，指導が変わるという視点（授業改善）を大切にしたい。

最後に，テスト作成時のチェック項目をあげておきたい。
□学習目標・教授内容をテストに反映している（習ったことを出している）。
□楽しく面白い（interesting）テストになっている（取り組む意欲をわかせるものになっている）。

□妥当性がある（能力・技能などを誘出し，正しく測定するテストになっている）。
□信頼性，実用性が高い。
□生徒や授業への波及効果が期待できる。
□難易度をつけ，誰もができる問題から，チャレンジングなものまでグレードを考えている。
□オーセンティックな英語を用いつつ，素直で取り組みやすい問題である。
□言語の使用場面と働きを意識している（現実生活を意識している）。
□言語使用の運用力を測定している。
□思考力・判断力を問う問題である（単なる暗記テストでない）。
□自己を表現させる問題を取り入れている。
□時間配分を考え，余裕を持って取り組める。
□採点基準が明確で，ぶれずに採点しやすい。

（泉惠美子）

2節　中学校における評価の進め方

　評価は，授業での指導内容と密接に結びついており，生徒の学習意欲喚起のためにも重要な働きをする。学習指導要領の総則に示された学力の三つの要素—基礎的な知識・技能，これらを活用して課題を解決する思考力・判断力・表現力，主体的に学習に取り組む態度—を踏まえることや，前節で述べた4観点を意識した指導と評価が不可欠である。ここでは，4観点を考慮した中学校での評価を考えていく。

1　学習評価の目的

　多くの学校で，中間テスト，期末テストと呼ばれるいわゆる定期テストに平常点を加味した点数によって学習評価がなされており，一般的には，評価は学期ごとあるいは学年ごとの学習の結果として受け取られている。

　評価は，本来，生徒が自分の学習状況を把握し，今後の学習へと繋げていくためのものである。年度や学期の始めに，授業の目標と評価の観点をあらかじめ生徒に伝え，授業においてどのような活動をするのか，どのような点に注意してがんばればよいのかを明確にしておく必要がある。

　言いかえれば，評価を行うためには，年間の指導目標や授業での指導を反映

させた評価が不可欠だということになる。また教師は，評価を通じて自分の指導内容や指導方法を見つめ直す。そして生徒の理解度などを反映させながら，授業の内容を軌道修正していく。そのためにも評価は重要なのである。

2　活動過程における評価

　観点別評価が導入された直後は，授業中に教師が評価に気を取られすぎて，肝心の生徒理解の時間が取れないという皮肉な状況もあった。現在では，すべての単元，すべての授業で，4観点を均等に測る必要がない，と広く認識されている。

　評価によって，生徒を元気づけ，もう少しがんばろうという気持ちにさせるためには，「わかった」，「できた」，「自分もやれる」という達成感や自己肯定感を味わい，教師や友達から認められる体験が必要である。そのためには，練習の過程（プロセス）での評価が重要になってくる。例えば，ある言語活動を行うために練習を行う準備の時間を設定するとしよう。当然，求められる活動は「まだできない」状態である。この状態で，生徒の達成度を細かにチェックして成績として記録する必要はあるだろうか。途中経過として評価基準 A，B，C の「C」をつける必要はない。このような学びのプロセスの段階では，教師は生徒の学習の進行状況を把握し，よりスムーズに活動ができるようになるアドバイスや，次の段階では何をすればよいかの確認を行うなど，生徒の学習を成功に導くために適切なフィードバックを与える支援者の役割を果たすことが重要である。同時に，生徒の様子を観察することで，自分の指導の不十分な点に気づくこともあり，指導内容や方法の修正にも役立つ。いわゆる形成的評価が指導にも生きてくるのである。評価とは，充実した準備段階を経た最終段階で，生徒が学習のねらいを達成しているかどうかをみるものである。全員が目標を達成する指導が理想的なのは言うまでもない。目標を達成できない生徒には，授業中の机間指導や放課後などの個別指導を通して，小まめに達成状況を確認し，次のステップを示すことが必要になる。また，学級で教え合える環境を作れば，生徒が生徒をサポートし，刺激を与えあって相乗効果を生む場合もある。

　次に，4観点の一つ「コミュニケーションへの関心・意欲・態度」について考えてみよう。この「関心・意欲・態度」を測るために，授業中の生徒の様子を全て事細かに記録しなければならないというわけではない。「中央教育審議

会初等中等教育分科会教育課程部会報告　児童生徒の学習評価の在り方について」(2010) において、表面的な状況のみに着目するといったことにならないように留意するよう注意を喚起しているが、授業中の挙手や発言の回数といった状況のみに左右されるものではない。

　評価にあたっては、教師が無理なく生徒の学習状況を評価できるように評価規準を設定し、評価方法を選択することが大切である。

3　平常点とは

　中学校の場合、観点別評価を活かした絶対評価が定着しているため、定期テストの点数だけで評価するケースは少なく、プレゼンテーション、提出物、小テストなど、さまざまな要素を加えて評価することが多いようである。平常点には、定期テストで点数が取りにくい生徒にもやる気を出させるというねらいもある。しかし、指導のプロセスで、ノートやプリントにきちんと記入して提出でき、小テストでも点数を取れる指導がなされないと、テストで点数が取りにくい生徒ほど平常点が負担になる可能性があるので、注意が必要である。

　例えば、小テストの場合、「学習させる」ために行うのか、「評価する」ために行うのかにより、ねらいも効果も変わってくる。小テストは「途中経過」であるという見方でいくと、あくまでゴールに到達するまでの通過点に過ぎない。通過点の点数の合計に、大きな意味を持たせる必要があるだろうか。割り切って、「学習させる」ための小テスト、指導の一環としての小テストにしてはどうだろうか。点の取れなかった小テストが蓄積すると、生徒は挽回のチャンスが益々遠のいたという気持ちになるだろう。生徒の気持ちを後ろ向きにさせるのでなく、学習に前向きに取り組むきっかけになる小テストをめざしたい。そのためには、出題のポイントを示し、生徒が何を準備して臨めばよいかを明確にすることである。テストの準備をするプロセスで力をつけることが目的なので、場合によっては、出題範囲を限定する方法や、問題を予告して準備させるなどの方法も考えられる。授業をしっかり受け、指示されたポイントに従って復習すれば、全員が及第点を取れる小テストをめざしたいものである。

　定期テストでは、「読むこと」「書くこと」が中心になり、そこに「聞くこと」が加わる場合が多い。「話すこと」をみる機会を作るためには、インタビューやプレゼンテーションテストなどのパフォーマンステストが不可欠であり、必

ず実施したいものである。

4　指導と評価の一体化

　指導目標，指導計画，指導内容，評価規準は，完全に一貫し連動したもので，評価の結果を受けて更に指導内容を改善していくことを繰り返すことが大切である。ここでは，中学1年生の一つの単元を例にあげ，指導と評価について考えてみる。

　使用教科書：*ONE WORLD English Course 1*（平成24年版　教育出版）
　　　　　　Lesson 7　マンガ大好き

① 　単元の目標
　ア　クラスのみんなに，自分が決めた人物を紹介する。
　イ　友達が紹介する人物について，理解する。
　ウ　助動詞 can を用いた文の構造を理解する。
　エ　疑問詞 how を用いた文の構造を理解する。

② 　単元の評価規準
　ア　コミュニケーションへの関心・意欲・態度
　　① 協力してペアワークに取り組む。
　　② 間違うことを恐れずに，クラスメイトの前で発表している。
　イ　外国語表現の能力
　　① 自分の決めた人物のことを，口頭で紹介することができる。
　ウ　外国語理解の能力
　　① 友だちによる第三者の紹介を聞いて，要点を聞き取ることができる。
　エ　言語や文化についての知識・理解
　　① 助動詞 can を用いた文の構造を理解している。
　　② 疑問詞 how を用いた文の構造を理解している。

③ 　指導と評価の計画（6時間）

［第1時］
●ねらい・学習活動
　・本課の学習目標を理解し，学ぶ内容について知る。
　・第6時に自分が選んだ人物について紹介スピーチを行うことを知る。
　　※ Who is he/she? などのクイズの形式にすることもできる。

・助動詞 can を用いた文の構造（肯定文・否定文）を知る。
　　例）I can (can't) draw a picture well.
・教科書本文を通して，can の使い方を理解する。
　　〈教科書のスピーチ〉
　　　This is Astro Boy. He is a *manga* character. But I can't draw him very well. Sorry! His name is "Atom" in Japan. Astro Boy is very powerful and smart. He can fly fast. And he can speak sixty languages. I like him a lot.
● 単元の評価規準及び評価方法
　・エの①　／　後日，筆記テスト

[第2時]
● ねらい・学習活動
　・助動詞 can を用いた文の構造（疑問文とその答え方）を知る。
　　例）Can you draw a picture well? ― Yes, I can. / No, I can't.
● 単元の評価規準及び評価方法
　・アの①　／　ペアワークの観察，エの①　／　後日，筆記テスト

[第3時]
● ねらい・学習活動
　・疑問詞 how を用いた文の構造を知る。
　　例）How can I get to your house?
　・助動詞 can を用いた文の構造（許可，依頼の意味）を知る。
　　例）Can I see some of them? / Can you bring them to school?
● 単元の評価規準及び評価方法
　・エの①，②　／　後日，筆記テスト

[第4時]
● ねらい・学習活動
　・助動詞 can と疑問詞 how を用いた文を使えるように練習する。（復習）
　・教科書本文のボブのスピーチ（Astro Boy の紹介）に倣って，自分が選んだ人物について紹介スピーチを作成する。
　[スピーチ原稿作成シートの例]
　好きな人物を選んで紹介しよう。＿＿＿＿部分は，自由に変えよう。

This is （紹介する人物の名前）. He/She is a *manga* character. ＿＿＿＿＿＿ is very powerful and smart. He/She can fly fast. And he/she can speak sixty languages. I like him/her a lot.

●単元の評価規準及び評価方法
　・エの①，②　／　後日，筆記テスト
　・スピーチ作成時には，教師は活動のサポートを行い，評価は行わない。

[第５時]
●ねらい・学習活動
　・自分が選んだ人物について紹介スピーチ（Who is he/she? クイズ）を完成し，発表の準備をする。
●単元の評価規準及び評価方法
　・教師は活動のサポートを行い，評価は行わない。

[第６時]
●ねらい・学習活動
　・クラスの前でスピーチ発表を行う。
　・友達の発表を聞いて理解する。
●単元の評価規準及び評価方法
　・アの②，イの①　／　発表内容，ウの①　／　原稿作成シートのチェック
「スピーチ発表評価のポイント例」（このうち３〜４項目に絞ってもよい）
　声の明瞭さ／視線・表情／発音・イントネーション／内容／暗唱

　単元を通して生徒にどのような力をつけたいのかを最初に明らかにし，そのために必要な技能を身につけるための指導を行った後に，生徒が自分たちで考えて活動できるための準備時間と練習時間を取り，第６時では，全ての生徒が自分なりのペースで自信を持って発表できるようにしたい。そのためには，教師が生徒を適切に指導するのに無理のない範囲で，ポイントを絞ってじっくりと生徒を見て評価していくことが大切である。

（松永淳子）

（付記）学習指導要領の趣旨を反映した学習評価の基本的な考え方については，「評価規準の作成，評価方法等の工夫改善のための参考資料（中学校　外国語）」（国立教育政策研究所教育課程研究センター）に詳しく解説されている。

3節　高校における評価の具体例

1　はじめに

　評価とは，教育の効果を検証するためのものであり，生徒が授業や自主的な学習を通じてどのように伸びたのかを具体的な数値として把握し，検証するものである。しかし，単にペーパーテストの点数だけでは，生徒の持つ多面的な英語力を正確に測定することは不可能である。またこのような一面的な評価をいくら積み上げても，生徒が達成感を感じ，真の実践的なコミュニケーション能力を身につけることにはならない。

　生徒がさまざまな英語活動を通して達成感を感じ，「自律的な学習者」となっていくためには，単にペーパーテストの点数だけでなく，「関心・意欲・態度」あるいは「表現力」「理解力」「知識」など，さまざまな観点から多面的に生徒の英語力が評価されなければならない。ここでは，この評価の方法について，高等学校における具体例をあげながら説明をする。

2　授業ならびに評価シラバスの作成と提示

　年度当初に授業計画を作成する際には，生徒の全体的な英語力の把握を行い，4技能の中で特に問題となりそうな点があれば，授業計画の中にその問題点の解決に有効だと思われる策を盛り込む必要がある。例えば，ライティングの面で伸び悩む生徒が多い場合には，年間を通じて生徒に英語で書かせる機会を増やすという方針を立て，エッセイライティングを月に1回以上定期的に生徒に課すなど，より具体的な計画を作成する必要がある。

　その際に忘れてはならないのは，この授業計画の中に必ず評価に関する項目も組み入れ，当該科目の目標や評価の観点と評価方法を生徒に明確に示すということである。できれば趣旨を徹底するための説明を，学期の初めだけでなく各授業や各活動毎に行ったり，生徒にわかりやすいように工夫を凝らしたりする必要がある。目標や評価規準そして評価方法を明確に知ることによって，生徒はより積極的に，そして的確に授業に取り組むことができるのである。

　次頁に立命館宇治高校普通科，英語Ⅱの授業・評価シラバスの例を示す。

授業・評価シラバス例

中・高	コース等	学年	単位数	教科	科目
高	普通・一貫	2	4	外国語	英語Ⅱ

到達目標	1 70%が英検2級合格，全員がTOEFL400点以上。 2 Reading：①英文をかたまりごとに分け，前から順に意味を理解することができる。 ②構造・意味が複雑でない文は日本語にせずとも直接英語で理解することができる。 ③知らない語句の意味を文脈から推測することができる。 ④速読・精読を使い分けることができる。		
評価の観点	1 関心・意欲・態度		2 表現力
	①積極的に発言し，授業に参加しようとする姿勢。 ②家庭での予習・復習を行った上で授業に出ているかどうか。 ③まずは人に頼らず，自分で理解しようとする姿勢。		①正確な発音とイントネーションで音読・暗唱ができるか。 ②自分の伝えたいことを150語程度の英語で書くことができるか。 ③学習した内容について適切な英語を用いて発表ができるか。
評価の方法	1 定期考査・実力試験を通して一定期間の学習の成果を測る。 2 毎時間語彙テスト，毎週文法の予習・復習テストを行い家庭での復習・予習の成果を見る。		

期間		時間数	学習内容（単元・項目）	学習項目
前期	中間	1	オリエンテーション	科目の到達目標，評価法などの説明
		1	英語の勉強法	英語を勉強する意味。単語の学習法
		6	*Vivid* Lesson 1 A Third Gold Medal as a Mother	柔道の谷亮子選手の挑戦について読む
		6	*Vivid* Lesson 2 1000 Winds and 1000 Cellos	阪神淡路大震災復興支援チャリティー「1000人のチェロ・コンサート」について読む
		6	文法・ライティング	①句と節　②分詞構文　③比較　④分詞(2)
		5	リーディングスキル	Phrase Reading
	期末	6	*Vivid* Lesson 3 Saving Native Tongues	消滅していく世界の言語について読む
		6	*Vivid* Lesson 4 Looking for New Adventures	海洋冒険家，堀江謙一の夢について読む
		6	文法・ライティング	①話法　②名詞と冠詞　③代名詞 ④前置詞　⑤さまざまな構文
		5	リーディングスキル	推測／予測

教科書	副教材
Vivid English Course II	*Reading Power*, コーパス, *Next Stage*, パスポート英作文

3 Speaking／Listening:①きれいな発音・イントネーションで教科書を正確に音読・暗唱できる。
②2年生で学習した語彙・文法等を用いて自分の意見を2分程度発表できる。
③他の生徒の発表や教師の指示・まとめなどを英語で正確に理解できる。
4 Writing／Grammar:①英語Iで学習した文法事項を使って150語程度のエッセイが書ける。
②教科書レベルの本文の内容を自分の言葉でまとめることができる。
5 Vocabulary:コーパスの英単語を50％書けて，70％意味を理解することができる。

3 理解力	4 知識
英文を読んだり聞いたりして大事な情報をいかに速く，正確に見つけたり，理解することができるか。	①語彙・文法をはじめとした言語としての英語に対する理解。 ②英語を通して異文化を知り，理解する。

3 音読や暗唱テスト，インタビューテストなどを定期的に行い音声面や語彙面での上達を見る。
4 発表・エッセイ課題により表現能力の上達を見る。

学習到達目標	評価方法
結果を表す不定詞の用法／倒置／付帯状況を表すwithの使い方／チャンクリーディング	定期考査 音読テスト 暗唱テスト インタビューテスト 文法確認テスト 単語テスト エッセイ課題
完了形の受け身／seem toの構文／It seems thatの構文／細部にとらわれずに全体の意味をとる読み方	
左記の文法事項を理解し使いこなせるようになる	
かたまりごとに意味をとれるようにする能力／文と文とのつながりを意識して読む	
言語の持つ力とその意味について考える／関係代名詞と前置詞	定期考査 文法確認テスト 月例単語テスト 各レッスンチェックテスト エッセイ課題 授業態度
関係代名詞の非制限用法／部分否定／話を自分の力でまとめる力	
左記の文法事項を理解し使いこなせるようになる	
文脈・背景知識・前後関係から文の意味・語句の意味を推測する	

後期	中間	6	*Vivid* Lesson 5 Ouch Stop	蚊がなぜ人の血を吸うのかについて読む
		6	*Vivid* Lesson 6 Selling a Product	広告が私たちの生活にどのような影響を与えているかについて読む
		6	*Vivid* Lesson 7 The Continents Move!	どのようにして現在の世界の大陸ができたのかについて読む
		8	文法・ライティング	これまでに学習した文法事項を使って英文を作るトレーニング
		6	リーディングスキル	パラグラフリーディング
	期末	7	*Vivid* Lesson 8 The Humanism of Kurosawa Akira	黒沢明の人生について読む
		7	*Vivid* Lesson 9 The Beginning of the Thirty Century	世界の水問題について読む
		7	文法・ライティング	日本語と英語の表現・発想の違いを理解して文を作る
		6	リーディングスキル	パラグラフリーディング

3 具体的な評価方法

　具体的な評価方法にはどのようなものがあるのだろうか。以下に基本的な評価方法と評価する際に注意すべき点について述べたい。

①実践的な英語力の評価に適したペーパーテストとは

　一般的に最も客観的な評価がしやすく，教育現場で広く用いられているのがペーパーテストであるが，英文和訳が多すぎるなど生徒の実践的な英語力を測定するものとは遠くかけ離れたものになりがちである。ここでは，客観的な評価が可能で，実践的な英語力の評価により適切だと思われる問題例をあげる。授業は訳読式ではなく，基本的に英語を用いて実施していることを想定している。

　［ペーパーテストにおいて適切だと思われる問題例］

　ア　本文空所補充（暗唱・音読の成果の確認）

　イ　和文英訳（本文の日本語訳を英語に直す：暗唱・音読の成果の確認）

　ウ　本文に関する英問英答（内容理解の確認）

　エ　内容一致問題（英語によるパラフレーズ文を用いて）

　オ　本文の英語サマリーの空所補充

生物的な内容について読む／関係副詞(非制限用法)／仮定法過去／助動詞 + have + 過去分詞	定期考査 音読テスト 暗唱テスト インタビューテスト 文法確認テスト 単語テスト エッセイ課題
心理学的な内容を読む／分詞構文／不定詞を使った熟語／文全体を修飾する副詞	
地学の内容の英文を読む／仮定法過去完了／as if 構文	
5文型を正しく使いこなす／修飾節・句を使って文を長くする	
パラグラフの構成を理解する／トピックセンテンスを見つける／パラグラフ同士のつながりを理解する	
to 以下を指す it を含む構文／if 節のない仮定法の文／have + O + 過去分詞の構文	定期考査 音読テスト 暗唱テスト インタビューテスト 文法確認テスト 単語テスト エッセイ課題
環境問題について読む／that 節を指す it を含む構文／be + to 不定詞の構文	
形式的な It の構文／無生物主語／否定表現／時の考え方／簡単な英語で言い換える	
論説文のスキミング／物語文のスキミング／要約作成／スキャニング	

　　カ　指示代名詞が指す内容の説明（英語で）
　　キ　エッセイライティング（本文に関するトピックについて：字数制限付き）
②スピーキングテスト（音読・暗唱・インタビューテスト）の評価
　　生徒の英語力の伸長を測るうえで欠かせないものがスピーキングテストである。スピーキングテストは実施に時間がかかるのと，評価が難しいことで実施されないことが多いが，スピーキングテストの評価で大切なことは次の5点である。
1) 生徒への評価規準の提示
　　スピーキングテストはポイントとなる具体的な評価規準をテスト前に必ず生徒に示し，生徒が目標も持ってテストに臨めるようにすることが大切である。
　　（評価規準の例：a～e は音読・暗唱用　a～i はインタビュー用規準）
　　　a. 発音・アクセント　b. イントネーション　c. 文節の区切り　d. 流暢さ
　　　e. 全体的な内容の伝達：パッセージの内容を正確に伝達しているか
　　　f. 語数　g. 内容　h. 文法的な正確さ　i. 語彙の難易度
2) 客観的な評価
　　スピーキングテストは，評価基準を一定に保つことが難しいので，ビデオで

録画し，テスト実施後にビデオを見て再評価することが可能になるように配慮することが大切である。また評価により客観性をもたせ，教師間の評価の不統一を避けるために，録画したテストを何組か抽出し，授業担当者全員で採点して評価基準について話し合った後，担当者が各自採点を行うようにすることも求められる。

3) ポートフォリオの活用による継続的な評価

撮影したビデオは，各担当者がポートフォリオ化し，年間を通しての生徒のスピーキング力の伸長を評価する材料として活用することも重要である。そうすることにより，単にテスト毎の評価にとどまらず，年間を通して生徒も自らの英語力の伸びを確認し，次のステップに向けた意欲を高める機会となる。

4) 生徒同士の評価 (Peer Evaluation)

音読やインタビューテストの本番前の練習において，生徒同士がペアになって互いに発表・評価し合うことも，テストにおけるパフォーマンスの質を高めるのに有効である。もちろん，この相互評価の前に明確な評価規準を生徒に提示しておくことが肝要である。

具体的には，事前に示された評価規準に従って，評価側の生徒がパートナーの発表に対して評価を行い，発音や文法上の誤り，内容に関することなど気づいた点をフィードバックとしてパートナーに伝える。こうすることで発音などの問題点の一部が解消され，話す内容もより広がったり深まったりするなど，実際のテストにおいてより高いパフォーマンスが期待できるであろう。

また，授業内でテストを行う場合は，生徒が評価シートを用いて発表者の評価を自ら行うことで，ただ聞いているだけの単調な時間にならず，授業に参加しているという意識をより高く持つことができる。評価シートは事前に生徒に提示した規準に従って作成し，教師の評価の参考としても活用することが望ましい。

音読評価表の例

氏名	発音	イントネーション	正確さ（文法等）	声の大きさ	計
1.山田太郎	1 2 ③ 4	1 2 ③ 4	1 2 3 ④	1 2 ③	1 3
2.	1 2 3 4	1 2 3 4	1 2 3 4	1 2 3	

5) 自己評価 (Self-evaluation)

テストがやりっぱなしで終わらず，次へのステップとなるためには，それぞれの生徒がテストを受けた後に，自己評価を行うことも大切である。可能なら

ば，教師側の評価と生徒自らの評価を比較する機会を設け，生徒の教員の評価に対する信頼を高め，英語力を高めるフィードバックを得る好機とすることも必要と考える。また，学期ごとに can-do リストにしたがって，自らの到達度を評価・確認するプロセスも生徒の英語学習に対する動機を高め，さらなる英語力アップにつながる機会となるだろう。

③ライティングテスト（エッセイ）の評価

スピーキングとライティングの項目は同じであるので，両者の内容が異なる 1），5) について示す。

1) 生徒への評価規準の提示

（評価規準の例）

　ア　内容・語数（求められている語数で，かつまとまりと内容のある文章かなど）

　イ　文法的な正確さ（語順・単複の区別，動詞の時制などが適切か）

　ウ　語彙・表現（適切な単語・熟語が使われているか。綴りは正しいかなど）

　エ　構成（パラグラフで書かれているか。起承転結はあるかなど）

2)〜4) はスピーキングテストと同じ

5) 自己評価（Self-evaluation）

書いた作品の語数などをグラフ化し，自らの伸びを目に見える形にすることもさらなる生徒の積極的な取り組みを引き出すことにつながる。

4　おわりに

学習意欲を高め自ら学ぶ意志を持ったいわゆる「自律した学習者」になることが，生徒がより英語力を高めることにつながると考えられる。この意味からも，生徒の知識や技能の評価だけでなく，関心や意欲，達成感といった生徒の情意面の変化も定期的に調査・評価し，より生徒の学習意欲を高める方法を模索する機会とすることが大切である。同時に，教師も自らの指導法やその成果について客観的な数値を用いて定期的に評価・検証することも大切である。

（東谷保裕）

［参考文献］
国立教育政策研究所（2011）「評価規準の作成，評価方法等の工夫改善のための参考資料」.
「中央教育審議会初等中等教育分科会教育課程部会報告　児童生徒の学習評価の在り方について」（2010）.

11 章

教師の内省を深め，自律を促すクラスルームリサーチ

　外国語教育を成功させるために考えなければならないことは何であろうか。カリキュラム，目標やねらい，教授法や指導法，教材・教具，指導者の資質，学習者要因，環境，評価など，あげればきりがない。その中でも，昨今，教師教育の分野において多くの研究がなされ，職能教育や教師の自律，教師の信念などが取り上げられることが多い。生徒は教師を選べない。「教師が変われば授業が変わり，授業が変われば生徒が変わる」と言われる。プロの教師として，絶えず授業を振り返り，より良い授業の在り方を考え，そのために努力し，常に自己を磨き，研鑽に努める必要がある。Larsen-Freeman（2000）は，教師は常に授業の中で思考（thought-in-actions）し，さまざまな方法（methods）を用いたり，試したりしながらも，目の前の学習者と共に学び続け，成長し続けることが大切であると述べている。教師の自律と生徒の自律は密接に関係しており，最終的には生徒の自律を促し，自律した学習者を育てることが，教師の大切な使命でもある。授業は教材を通して，教師と生徒をつなぐ大切な学習，いやさまざまな学びの場であるといえる。

　それでは，日々の授業を向上させるためにはどのようにすればよいのだろう。まず互いに授業を参観しあったり，個人で授業を記録したり，振り返ることが大切である。しかし，授業を振り返る際にもさまざまな方法がある。代表的な授業分析方法として，評定システム，記号システム，カテゴリーシステムがあるとされている（米山・佐野，1983）。その中でもよく用いられているのは，授業観察評価シートなどを用いて，「教師の英語が明確でわかりやすい」，「生徒同士のインターラクションがある」などの項目を3段階や5段階などで評定していく。さらにコメントなども特記し，観察者から授業者にフィードバックを与える方法である。また，どのような指導法がよいかなど，実験を行い検証する方法もあり，量的分析と質的分析が用いられる。本稿では，教師の内省（reflection）を深め，自律を促し実際に授業改善につながるクラスルームリサーチについて，高等学校の実践を例にあげ，考えてみたい。

（泉惠美子）

1節　教師の内省を深めるクラスルームリサーチの方法と内省の重要性

　教師は最初からプロの教師（professional teacher）であるというよりは，日々の授業を振り返りより良いものにしていく過程を通して，自律した教師（autonomous teacher），内省的実践家（reflective practitioner）となる。また，職能（professional development）を高めるさまざまな教員研修も行われている。その中でも，特に，メタ認知意識を高め，実践と内省を繰り返しつつ，省察力を高めかつ深めることが重要である。また，教師にとって必要な資質とはどのようなものであろうか。Freeman（1989）は，KASAすなわち，知識（knowledge），気づき（awareness），技能（skill），態度（attitude）をあげているが，その中でも最も重要なのは気づきである。教師が自己の成長を目的として，ジャーナルを中心に授業を深く分析し，自分自身を探求し，学習者のための戦略トレーニングを行い，学習者に役立つより効率的な教授を行うことが必要である。特に，多様な社会的・文化的背景を持つ授業を通して，教師がその場の状況に応じて適切に対応できる力を培うことが求められる。

1　クラスルームリサーチとは

　アクションリサーチをはじめとするクラスルームリサーチは，教育現場を研究対象とし，授業や教育環境での問題点を洗い出し実践する研究で，教育実践から理論を生み出すことができ，現場対応の量的，質的研究の折衷型とされ，「外国語教育がいかに行われているか」を明確にできる。また，各教師の現状から研究を開始することができるので，いつでも，だれでも取り組みやすい。そして，最終的には教師自身の授業観・生徒観・授業スタイルに変化をもたらし，内省的実践者として自己啓発型の教師を育成することが可能となる。佐野（2000）は，アクションリサーチは教師が授業を進めながら，生徒や同僚の力も借りて，自分の授業への省察とそれに基づく実践を繰り返すことにより，授業を改善してゆく授業研究の方法だとしている。またNunan（1992）は，以下のように定義している。"Action research is a systematic process of inquiry consisting of three elements or components: (1) a question, problem or hypothesis, (2) data, and (3) analysis and interpretation."

266   11章　教師の内省を深め，自律を促すクラスルームリサーチ

```
         自己評価              課題設定
        (self-evaluation)        (plan)
  実践                                      実践
 (action)                                 (action)

 総括的評価        分析        形成的評価/省察        観察
(overall-evaluation)  (analysis)   (reflection)      (observation)

                        協働的ピアサポート
                     (collaborative peer journal)
```

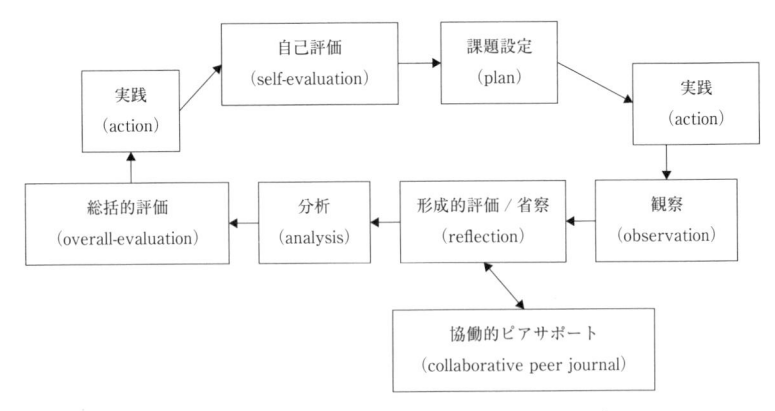

図1　経験的実践（Experiential Practice）

　図1で示したように，アクションリサーチを行う際には，自己評価（self-evaluation）を行い，ある授業の課題を分析し，何らかの仮説・計画を立て，目標を設定し（plan），実践し（action），観察（observation），省察（reflection）を行い，分析し（analysis），評価（overall-evaluation）を行い，まとめ，更に実践する（action）過程を繰り返し行うことが必要である（Richards and Lockhart, 1994 他）。

2　データ収集の方法

　アクションリサーチでは，問題点，課題に関するデータ収集と分析が必要であるが，一般的には，ジャーナル記述法，観察記録法，ビデオ再生法と分析法（書き起こし，誘導想起，思考表出プロトコール，分類，座席表による観察記録等），生徒からのフィードバック，ポートフォリオなど三つ以上を組み合わせて準備し，分析を行う。特に，仮説を含んだ指導案や，指導案をもとに行った授業を撮影したビデオ，ジャーナルライティングなどによる教師の振り返りが重要であり，生徒へのアンケートやインタビュー，助言者（mentor）との面談，カンファレンスなども用いられる。ちなみに，筆者が長年中・高の教師と定期的に行っているアクションリサーチの取り組みでは，次のような指導案を用いている。

指導案例

Date:
Class:　　　　　　　Number of students: Boys:　Girls:　Total:
Textbook:　　　　　　　　　　Lesson:
Aim of this lesson:
Allotted class periods for this lesson:
This class is ……period of the allotted periods.

Objectives as teacher:
(What are your personal objectives as teacher in this class?)
Objectives for students:
(What do you want students to be able to do at the end of this class?)
Teaching Points:
(What teaching points are you going to focus on in this class?)

Procedures: (T activity, Ss activity, teaching material, teaching aids, etc.)	Time (How much time to spend for each activity)	Assumptions (Why do you decide to do what you are going to do?)	In-class observation (Write down whatever you noticed during the class.)

Journal after the lesson (Take 10 to 15 minutes and write down how you feel after the lesson. Were you able to do what you intended to do? What do you think went well and what didn't?)

3　具体的取り組み

　実際に行っている例では，研究テーマを決定し，それらを仲間とシェアリングする。特に，協働的取り組み，同僚性が大切で，一人で行うより互いに意見を交わし合い，ともに支え合う関係性が重要である。次に，アクションリサーチを担当する授業を選定し，毎時間「今日の私のテーマ」を決める。そして，指導案を書き，毎回仮説（assumption）を含める。またその際，テーマに関する二つの視点として，生徒の変化と，自分（教授者）の変化を必ず含めるようにする。指導案に沿って実践を行い，授業後にジャーナルを書く。そして同僚や助言者とジャーナルを交換する。何より継続が大切で，ノートにメモを書き続ける。テーマは毎回異なっても，何度か続けてもかまわない。テーマはどのようなことでも可能である。例えば，「生徒とのインタラクションを増やす」，「生徒のつぶやきに耳を傾ける」，「ペア活動をできるだけ取り入れる」，「効果的な音読指導を行う」，「教師発話（teacher talk）の質を上げる」など，日ごろの授業を振り返り，自分がめざす授業の在り方，新しい指導法の導入，生徒との関係性や問題点の解決に向けた試みなど，まずは生徒の声を聞きながら，

理想とする授業や自己に向かって (ideal L2-self)，課題に取り組みたい。

4 内省の重要性

　教師は長年培った経験ややり方を簡単に変えることは難しい。まして自分の授業ビデオを見たり，ジャーナルを書くことを通して冷静に自己を見つめ，内面に迫り，問題を特定したり，客観的に分析したりすることは時に苦痛を伴う辛い作業ともなる。また，指導法や教授スタイルなどを変えることも勇気がいる。生徒の戸惑いも考えなければならない。しかし，クラスルームリサーチを通して，授業が変わるとともに，教師自身の考え方や生き方 (quality of life) が変化することを体験するものも多い。つまり，内省が深くあればあるほど，気づきや変容も大きいといえる。一人で無理な場合は，何でも気軽に話せたり，授業を観察して意見を言い合える同僚や先輩教師，研究者などに助言者をお願いして，授業を見てもらうとよい。自分が気づかない点や，見えていなかった点などを指摘してもらえるかもしれない。他教科の教師の授業を見ることも役立つ。プロの教師として成長し続けることができる研修として，クラスルームリサーチは欠かせないものである。

（泉惠美子）

2節　授業改善をめざしたクラスルームリサーチの実践

1　リフレクティブ・プラクティス（Reflective Practice）の取り組み

　近年，教育の多様化という時代の要求に応えるために教師一人ひとりの仕事量が増える一方，学校においても数値目標とその成果を示すよう求められるようになってきた。そこで教師は，知識と技能を少しでも速く着実に生徒たちに身につけさせようと効率のよさを追い求めることになった。さらに，授業以外のさまざまな校務に追われるうえに，ゆとり教育の反動で，教師の日常はますます多忙になってきた。筆者の場合も残念ながら日々の雑多な仕事に対処するのに精一杯であった。授業はなんとか進んでいるものの「私の授業はこれでいいのだろうか。学校という学びの場で，生徒の成長に貢献しているのだろうか。時間に値する豊かな時を生徒に提供しているのだろうか」と不安がふくらんでいた。授業改善のための工夫をしたいのだが，限られた時間の中では小手先の取り組みに過ぎず，マンネリに陥っていた。何とかしなければと研究会などで

学んだタスクを授業に取り入れると，教室は一時的には活発になるが，根本的な不安が解消されたわけではなかった。授業を行うのに基盤となる理念がほしいと模索していたときに出会ったリフレクティブ・プラクティスは，授業を見つめ直し，自ら問題を発見し，改善を進めていくための手がかりを筆者に与えてくれた。

① リフレクションの流れと留意点

授業改善を進めるのに基盤となるリフレクションの四つの段階（図2のリフレクティブ・サイクル参照）に沿って，自分の授業を見つめ分析してみよう。

第1段階は，計画した1時間の授業の目的や流れにそって授業を行う経験（experience）である。教室で起こったことや感じたことはどんな小さなことでも授業改善の源となる。教師は計画に従って授業を進めながらも，できるだけ生徒の反応，態度，表情に注目し，同時に，授業者である自分自身の発話，態度，心情の変化も心に留めておきたい。

第2段階は，記述（description）である。記憶が薄れてしまわないうちに，授業内に起こったことを振り返ってみよう。うまくいったこと，困ったことなど，教室内で起こったことを取り出して，生徒の態度，周囲の反応，自分の気持ちなど視点を広げながら記述していく。例えば，「学習目標が生徒たちの中でどれほど達成できたか，それはどこからわかるか」など自分に問いかけたり，

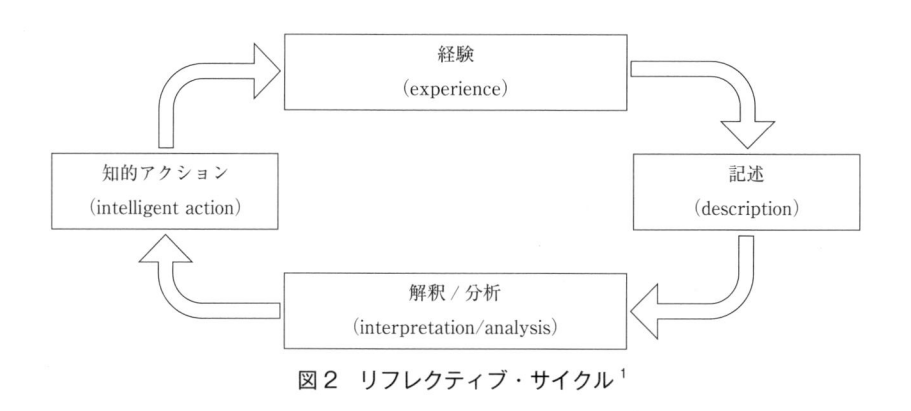

図2 リフレクティブ・サイクル[1]

---

1 図2は，吉田，玉井他（2009）が紹介している Jack Millet et al. の「リフレクティブ・サイクルにおけるリフレクションの循環的プロセス」に基づいているが，デザイン等を若干変更している。

気になる生徒がいれば，個人の様子を描写したりしてもよい。描写することを通して，これまで視野に入っていなかったことが見えてきて，新たな記述が始まることもある。

　第3段階は，解釈／分析（interpretation / analysis）である。ここでは，先ほど記述したことについて，なぜそういう現象になったのかと多角的に分析していく中で理解を深め，意味を取り出す段階である。例えば，ある生徒が授業中に隣の生徒に話しかけていたとする。室温が30度を超えていて学習に集中できなくなったのが原因かもしれないし，教師の指示が長くて十分な理解ができなかったからかもしれない。また，一応理解はできたが，初めての活動なので戸惑って隣の生徒に確認していたのかもしれない。クラスの生徒がほぼ同じ箇所でつまずいているのか，どの生徒がどこまで理解できたのか，当該の生徒にどのように声をかければよかったのか，振り返ってそのときの様子を思い出しながらなぜだろうと自問する。その生徒の学習背景や学習意欲，能力，取り巻く環境などを考慮すれば，生徒理解が深まるはずである。そうすると生徒にかける言葉は，「おしゃべりせずにしっかり聞きなさい」が適切な場合もあれば，生徒の反応をしっかり見ながら例を示して，「わからないところがあったら言ってみて」がふさわしいかもしれない。また，仮に教師がその時点で問題の的確な改善方法を見つけることができなくても，理解が深まることによって，立ち位置が以前とは違ってくるだろう。

　最後の**第4段階**は，知的アクション（intelligent action）である。前回の問題点を少しでも解消し目標に合う授業を行うために，さらに工夫をして授業を行う。

　このリフレクティブ・サイクルを繰り返すことで，教師の視野が広がり，問題の認識が深くなる。生徒理解，教師理解，教室理解などが進むと，教師の授業への姿勢が変わってくる。生徒の学びの過程やつまずきをもっと知り理解したいと思い，生徒の反応に敏感になる。すなわち，教師は生徒の学びに寄り添いたいという思いで，生徒の学びの質を高める工夫を重ね，生徒とのインタラクションを大切にして，授業改善の確かな一歩を踏み出すことになるだろう。

② リフレクションの方法と特徴

　リフレクティブ・プラクティスの方法として，ここではジャーナル・ライティング，ビデオ分析，生徒のリフレクションへのフィードバックの3点について，

その方法と特徴を述べていきたい。

1) ジャーナル・ライティング

教師はノートを用意し，1回分の授業に対して次の①から④の項目について見開きのページを使って書くと便利である。授業前に書くのは，① learning objectives（学習目標：生徒に学んでほしいと思う項目），② teaching objectives（指導目標：教師が授業改善・自己改革のためにめざそうとしている項目），そして③ teaching procedure（授業の流れ）である。授業後は④ post-class reflection（振り返り）を書く。記録には，少なくても授業前10分，授業後15分程度の時間が必要である。そこで自分が教えているすべての授業について書くとすると多大な時間がかかり続かなくなるので，担当する科目の中で自分が改善したいと思う1科目の1クラスを対象として選び，始めてみよう。1週間に2〜3回書くことになる。

筆者の経験を述べると，ジャーナルを書き始めた当初は，指導目標に何を書くべきか判断ができず，「時間配分を守る」，「生徒に指示を注意深く聞かせる」，「生徒に自分の意見を言わせる」などを書いていた。この時点では，「なぜ時間配分が大切なのか」，「生徒にどのように指示を伝えるのか」まで自分の中で理解が深まっていなかった。助言者（mentor）との対話でその問題点に気づかせてもらい，授業の目的を深く考えるようになった。リフレクティブ・プラクティスを行うことによって，「教師の役割は生徒に教えることである」という視点から，「教師の役割は生徒が自律的に学ぶのを支援することである」に変わった。それに付随して，指導目標も「教師が〜することで，生徒が〜に気づく」などの表記に変わっていった。また，以前は，授業後のリフレクションにおいて，うまくいかなかった点ばかり気になり，「ここで教師は〜すべきだったが，できなかった」と主観的反省に逃げてしまい，次のアクションへ向かうエネルギーになるどころか，振り返ることがだんだん辛くなっていた。だから「終わったことを振り返っても詮無きこと」と，リフレクションの大切さに背を向けていた。しかしジャーナルを書くことで，理解を深める時間が持てたことで気持ちにゆとりができ，客観的に授業改善に取り組むことが少しずつ楽しくなっていった。

2) ビデオ分析

授業中に教室の様子を撮影する場合，始業前に生徒に撮影をする旨許可を得

て，教室の後ろに三脚を立てビデオカメラを備え付ける。授業後に巻き戻してビデオを見ながらリフレクションを書くが，同じ科目を担当している同僚の教師と一緒に見ながら意見交換ができれば，その場で意見を聞くことができるし，自分と異なった見解に触れることもでき，発見が広がる。

　ビデオがジャーナルと根本的に違うのは，教師の見えていないもの，聞こえていないことを映像が教えてくれる点にある。教卓の前にいる限り生徒の反応や表情は前からしか見ることができない。ビデオは生徒から見える教師の姿，教室全体の様子を写してくれる。普段は見ることのできない自分のしぐさや声に接したり，見過ごしがちな教室後方の生徒の反応やつぶやきに接して，授業中に生起している事実を知ることになる。ビデオは繰り返し見ることができるし，一旦停止やコマ送りも可能なので，気になる点を丁寧に考察することもできる。

3）　生徒のリフレクション

　教師にとって，ジャーナルを書き続けることが重荷になったり，ビデオを見てショックを受けることもある。しかし生徒のリフレクションはおおむね生徒理解を深めるのに役立ち教師を励ましてくれる。また，生徒のリフレクションに返事を書くことがきっかけとなって，生徒とのインタラクションを進めることもできる。

　生徒にとっても，自分自身の学びを振り返る機会としてリフレクションは大切である。ユニットの最初に自分で決めた「マイゴール」（7章5節②参照）をどの程度達成できたかを振り返り，感想を文章表記する。そして，ユニットを通じて「学んだこと」，「難しかったこと」，「次への課題」を書く。教師は生徒の記述から個々の生徒が授業から何を学び，何を感じ，どこでつまずいているのかを知る。生徒によるリフレクションを始めてから，それまで生徒の表情からだけではうかがい知れなかった学習への取り組みや悩みや努力に気づいたり，生徒の気持ちの変化を知ることができるようになった。教師側は，生徒のリフレクションに対して返事を書くことで，生徒の戸惑いや頑張りを認め，励ましたり，安心感を与えたりして，生徒に次のステップへの一歩を踏み出すように後押しができる。以前より授業内外で生徒との関わりが増えたので，生徒自身も気軽に質問をしたり，相談に来るようになった。

2 リフレクションの成果
① 教師の変容

　リフレクティブ・プラクティスを行う過程で変わったことは，言語化することと客観化することが身について，視野が広がったことである。高等学校での授業実践と一口に言っても，生徒の背景や学ぶ環境は大きく異なっている。同じ教室に集う生徒でさえ，学習への興味・関心や知識・理解は違っている。生徒の反応や態度や取り巻く環境を観察し描写していくうちに，教室内で起こったことの整理ができる。「なぜそうなったのだろう」と自分に問いかけながら話したり書いたりするので，「こういう原因も考えられないか」，「こんな側面も影響しているのではないだろうか」とできごとの意味を取り出し，客観的に分析することで，生徒理解を深めることができるようになってきた。柔軟で受容的な考えを持つことで視野が広がり，生徒一人ひとりの学びや弱点に目が届くようになり，生徒が何をどのように学ぶかを考えるようになった。また，謙虚に自分自身の改善点を認めることができるようになり，授業は少しずつ変わってきた。

　次に，目標の意識化である。教師は，授業の目標を心に留めて授業を計画し，行おうとする。しかし，授業内ではタスクを手順どおり行うことや，生徒への指示を明確にすることに注意が偏ってしまい，生徒の活動が目標に添っているのか，どのように軌道修正するかにまで気づく余裕がないことも多い。「どのような方法でどのようなスキルを身につけさせるのか。どのような知識を定着させるのか。どこで，どのリーディング・ストラテジーの必要性に気づかせるのか」のように，生徒がどの場面で何を学ぶのかを心に留めて授業を行うよう気をつけるようになった。

　さらにリフレクティブ・プラクティスを導入することで，生徒とのインタラクションを大切にする姿勢が育ってきた。英語科の目標とする実践的なコミュニケーション能力を育成するには，教室内で生徒と教師，生徒同士の双方向の意味のあるやり取りが欠かせない。意見を出し合い，質問のできる授業は，活発で内容の濃い授業であり，教師と生徒の信頼も高まり，教師は使命感を持って生徒の学びを支援していくのである。

② リフレクティブな教師集団の成長

　同じ学校で教える教師は経験の差こそあれ，生徒の成長に責任を持つ教師集

団の一員であり，協力して学びの質の向上に努めていきたい。同じ科目を担当する教師は率直に話し合いを重ね，授業の目標や評価をともに考え，指導案やハンドアウトを一緒に作成する中で互いに学ぶことができる。また，授業でうまくいかなかった点や悩みを話し合ったり，授業を撮影したビデオを一緒に見たり，他の教師が書いた生徒の振り返りに対するフィードバックを読むことで，生徒とインタラクションをとる姿勢を学ぶこともできる。異なった経験を持つ教師が，計画・授業・内省の中で，互いに葛藤しながら成長する。そうすると自分が受け持っている生徒だけではなく，学年全体の生徒の学習に，全員が責任を持って取り組む姿勢が生まれる。さらに，他教科との連携を進めていくことができれば，教科の特殊性を越えて，教師が互いに参考にできる部分も多くあるし，学校全体で生徒を育てているという意識が強まる。協力して学び合う自律した教師の集団が生徒の学びに寄り添うのである。

(茶本卓子)

[参考文献]
佐野正之 (2000) 『アクション・リサーチのすすめ―新しい英語授業研究』東京：大修館書店.
吉田達弘・玉井健・横溝紳一郎・今井裕之・柳瀬陽介 (編) (2009) 『リフレクティブな英語教育をめざして：教師の語りが拓く授業研究』東京：ひつじ書房.
米山朝二・佐野正之 (編) (1983) 『新しい英語科教育法』東京：大修館書店.
Allwright, D. (2003) *Exploratory practice: Rethinking practitioner research in language teaching. Language Teaching Research 7* (2), pp.113-141.
Freeman, D. (1989) *Teacher training, development, and decision making: A model of teaching and related strategies for language teacher education. TESOL Quarterly,* 23 (1), pp.27-45.
Larsen-Freeman, D. (2000) *Techniques and principles in language teaching.* (2nd edition.). Oxford: Oxford University Press.
Nunan, D. (1992) *Collaborative language learning and teaching.* Cambridge: Cambridge University Press.
Richards, J. C. & Lockhart, C. (1994) *Reflective teaching in second language classrooms.* Cambridge : Cambridge University Press.
Schon, D. (1983) *The reflective practitioner: How professionals think in action.* Basic Books.

12章

研修のススメ—優れた英語教師をめざして

1 優れた英語教師とは

「優れた学校英語教師」を一言で定義することは難しい。経験的に言えることは，以下に示すような教師は優れていると言ってよいだろう。

① 「私たちのこの先生」は英語を生き生きと教えてくれている。（英語の教員であることを楽しんでいることが，生徒に伝わっている）
② 先生の次の英語の授業が待ち遠しい。
③ ALTと自由に会話ができるし，ALTとも一緒に授業で楽しく教えてくれる。
④ 授業中に適度な緊張感があり，時々楽しい経験談を話してくれる。（日常生活，旅行，読書，映画，演劇，音楽，スポーツ‥‥）
⑤ この先生の指導についていくと，自分でももっと勉強がしたくなる。（聞く，読む，書く）
⑥ 習った英語が使いたくなる。（話す，書く）
⑦ テストの成績（主に入試に向けたペーパーテスト）が伸び，英検やGTECなどの試験に合格したり，スコアが伸びる。
⑧ 成績があまりよくない「私」にも，いつも声をかけて励ましてくれる。
⑨ 授業の進め方に計画性と柔軟性があり，評価も多面的である。
⑩ 先生自身が，自分の勉強を継続・実行している。

ある特定の教師について，優れた教師か否かを短期間には即断できない。生徒の教師に対する好悪の感情にも揺れがある。それでも上記の10項目は教師の力量判断の大きな根拠となる。

2 英語教師の英語運用能力

教師の要件としては，英語の運用能力以外にも多くの知識，経験，指導力が必要なのは言うまでもない。これは動かし得ない真理である。しかし，「外国語能力の向上に関する検討会」（委員はすべて大学教授，財界幹部などで引退したテニス選手は入っているが学校教員は一人も入っていない）が答申した「国

際共通語としての英語力向上のための5つの提言と具体的施策」(2011) のなかで，提言4の具体策の一つとして，国は，英語教員に求められる英語力についてその達成状況を把握・公表を提言し，英語教員に少なくとも求められる英語力：英検準1級，TOEFL (iBT) 80点，TOEIC730点程度以上と示している。

同提言4には「これらの資格・スコアを取得している公立中学校英語教員は全体の約24％，公立高等学校英語教員は全体の約49％と英語教員の英語力は必ずしも十分ではない」という記述があり，さらに，「教員養成課程においては，英語教員の英語力だけでなく，授業を設計するといった指導力を育成するよう改善・充実を図っていくべきである」という文言が並ぶ。現在教職に在る人，これから教員になる人は，「あれやこれや」と言い訳をせずに，この程度の要請には応える必要があろう。

これらの試験の解答方法がほとんど選択肢のマークシートによるものであるため，TOEICのスコアが900点を超えている人でも，自由にディスカッションをしたり，英語で意見を書いたりといったことが困難な場合がある。その点では聞く，読む，話す，書くのすべてを網羅しているTOEFL (iBT) のスコアが，最も英語の運用能力をよく反映していると現段階では言えるだろう。いずれにしてもいかなるテストにも限界は伴うのであるから，簡便な自己の英語力測定の目安として利用するのが望ましい。

3　運用能力の向上をめざす研修・研鑽

研修・研鑽というものは，元来，他から言われて行うものではないが，外的な根拠としては，教育公務員特例法に研修に関して以下のような規定がある。

（研修）第21条　教育公務員は，その職責を遂行するために，<u>絶えず研究と修養に努めなければならない</u>。2　教育公務員の任命権者は，教育公務員の研修について，それに要する施設，研修を奨励するための方途その他研修に関する計画を樹立し，その実施に努めなければならない。（下線筆者）

同法によって，初任者研修，10年経験者研修，指導改善研修などについても規定がある。法的な規定とは別に，教師の当然の責務として，自主的に研修することは重要である。「不易と流行」ということばがあるように，過去から積み上げられてきた教育方法の知恵を学び，実践経験を重ねていくことが基本である。それに加えて，新しい学問の知見や機器，技術などを取り入れること

が必要である。ただし，英語科の指導に関しては，世間一般の人々の関心や期待が大きい。それゆえに，大学の教育研究者によって海外のTESOLの理論や方法がさも優れた指導方法であるかのように紹介されると，日ごろの困難な教育状況を脱したいと願う中学や高校の教員たちが生半可に教室で実践しようとする。その結果，今までの「不易」の部分をも排斥してしまうという傾向がなかったとはいえない。「流行」に目を向けることは大切である。これは確かなことである。しかし，重要なことは，「不易」の部分を打ち棄ててしまって「流行」に乗ってはならないということである。

　研修を企画・実施する側にある人たちも，研修を受ける教員たちも，「何のために」という明確な目的を共有する必要がある。いま，わが国の教員に最も必要度の高い研修は「英語の音声を重視した指導法の基礎」と「英語使用を教室に充満させる指導法の基礎」の二つである。

4　外からの研修と内からの研修

　教育委員会などが行う研修は学校設置者としての義務によるものである。これらを一部の教員は「官製研修」という呼び方で，どちらかといえば否定的に見る考え方があった。しかし，参加して何かを学ぶという姿勢が大切である。ただ，教育委員会の担当指導主事も多種多様の職務で多忙であり，その多忙さにかまけて義務的に研修を企画・実施することも少なくはない。極端な場合には，大学の教員を講師に招いてお任せということもある。講師に好き勝手なことを話されると，研修受講者は，混乱を強いられてしまうということになる。

　学校運営や学級運営や生徒指導などについては，教育委員会の一定の指導方針に沿う研修が行われてもよい。しかし教科指導に関する研修については，さまざまな日ごろからの情報や教員の希望などを把握し，教師が真に必要とする内容の研修にしていくことが大切である。

　教員にとって最も危険なのは，「この有名な大学教授のセミナーや講演会に参加すれば，明日からでも授業の達人になれる」と思い込んでしまうことである。よく考えずともわかることだが，そのような講師の方々のほとんどは教育実践歴数十年という人なのである。優れた実践家から知恵やヒントをいただくのはよい。月に何度も土曜，日曜にその先生の「追っかけ」をして二番煎じの達人になろうとする情熱には頭が下がるが，時間とお金の無駄であろう。それ

よりも，先達の少しのヒントを刺激に，同僚と協力しながら目の前の生徒を見つめて，自分の職場で新しい効果のある「自前」の指導法を導き出していくことが「教師としての自分を磨く」道である。若い教師は早くこのことに気づき，自己の英語運用能力を磨くなかで，how to teach our own students を実践的に研究することが肝要である。

5 なぜ研修に参加しないのか

「『英語が使える日本人』の育成のための行動計画」に基づき，2003年から2007年にかけて悉皆研修が行われた。研修実施4年目，5年目になると，しぶしぶ受講する教員の数も多かった。理由は「校務が忙しい」「部活の試合と重なる」などが主たる理由である。強制を伴った研修に参加して，「役に立たない」と断じる参加者もいるが，多くは「予想より，楽しかった。来てよかった」という声を発した人も多かったのである。

コミュニケーション能力を伸ばすための授業はどのように設計し，展開し，どのような指導技術を活用していくのかについては，教師独自の指導法獲得と同時に，他の同僚教師といかに協働して学校教育を展開するかについての議論と実践の継続が求められる。

教師が個人技に埋没している限りは，研修の必要性は感じても，優先順位が後回しになってしまいがちだ。校長の先覚性や教科内の同僚意識の高まりがあれば，校内研修も盛り上がり，協同研修や個人研修にも力が入る。

6 どこで，何を研修するのか

「青い鳥」は身近にいる。現在の勤務校での授業改善の努力が，「成長を期す教師」の礎であることを強く認識しておきたい。

① 自分の勤務校をベースにして

- 教科の教員たちで「学習指導要領の解説」をもとに「学校教育計画」を見直し3年間のカリキュラムを考える。
- 教科書の語彙・文法の定着および教科書の内容の発展的活用を考える。
- 少人数クラス授業の効果的展開を考える。（40人のときと同じ授業形式で行ってはいないか？）
- ALTとのティーム・ティーチングの効果的指導を考える。（いまだに，ALT

にお任せや，通訳業に専念する日本人教師が多く見られるのは残念なことである）
- 生徒の英語による発話や発表を増やす活動を考える。
- 評価方法を見直す。テスト問題を改善する。小テストを工夫する。
- スピーキングの効果的なテスト・評価法を創り出す。
- 「ジャーナルライティング」など，定期的に書くことを継続させる。
- 音声機器や教具を簡便に常時活用する方法について情報を交換し，実践する。（中国の中学校ではネイティブ・スピーカーの音声を常時積極的に活用している）
- 生徒が学んだ英語を実地に活用できる場の設定と内容の企画を行う。（国際交流プログラム，英語劇，プレゼンテーション，ポスターセッション……）

② 自分の勤務校のある地域もベースとして
- 効果的な指導法の情報交換を行う。
- 効果的な研究・実践発表会などを数校が協力して計画・実行する。
- 小学校，中学校，高校の教員が相互に連携し合う。
- 話題提供の講師を囲み，日ごろの独自の実践を検証する。
- 個別技術の勉強会（発音，文法，作文，異文化理解，文学・映画など）を行う。

③ 都道府県・市単位の研修会

　教育センターや研修センターで行われる研修は，都道府県の政策や予算措置の動向に左右されるが，他の地域の教員の教育実践や学校の様子を見聞きしたり，専門家の講演や講義などを聞いたりすることによって，大きな視野で英語教育を考える機会として重要視し，積極的に参加したい。受講者にとっては，個別の指導技術を受身的に入手しようという姿勢で参加すると，勤務校の生徒たちの実態と必ずしも合致しないことがある。

　研修を企画するにあたって留意しておきたい点は，「授業改革」が一朝一夕にできることはあり得ないということである。従来からの教師たちの地道な試行錯誤を重ねた実践を正当に「評価」し，そのうえに「こうすればもう少しよくなるのではないか」という改善への糸口を示すような研修の企画が求められる。仮に，「教科書なんか使っていては生徒の英語力は身につきませんよ」と中学校教員に対してアドバイスするような講師がいるとすれば，若手教員対象

の講師としては無責任な人物である。教科書を徹底的に活用することを教師に激励する研修がほしい。

④ 国内の大学,学会の研修やセミナー

　民間の研究団体や大学が実施する学会やセミナー,研修会は各種実施されている。研修出張については,かつては教育委員会や校長の判断で公費補助があったが,近年は職務免除のみで,費用はすべて自己負担という場合が多い。だが,「自己の研究と修養」のためには,身銭を切ってしかるべきという考え方もある。

　(研修の機会)第22条　教育公務員には,研修を受ける機会が与えられなければならない。2 教員は,授業に支障のない限り,本属長の承認を受けて,勤務場所を離れて研修を行うことができる。3 教育公務員は,任免権者の定めるところにより,現職のままで,長期にわたる研修を受けることができる。

　この規定が,教員の研修を支える根拠である。冒頭の文言は教育委員会などが所管の教員に対して必要な研修を行うことを義務づけている。第2の規定は,教員は授業や生徒の指導に支障のない限りにおいて,教員研修を個人的に希望して校長の許可を得れば,自由にさまざまな研修に参加できるというものである。第3の規定は,府県の教育委員会の定めによって,教員が長期研修,例えば,大学院や海外研修などに参加を認め,帰国後には現職に復帰させるシステムである。

　この法律は,公立学校に勤務する教員を対象としているため,私立の学校教員の場合には適用されない。また上記のような民間や学会の主催する研修会などに参加を認める校長のもとで働いている場合はよいのだが,入試対策や補習,部活動指導のため,長期休業中でも,自費であってもほとんど研修に出かけられないケースもよく耳にする。

⑤ 教員免許更新講習

　「教員免許更新制度」が平成21年度から導入されており,英語科教員対象の講座が全国の大学で実施されている。指導者の関係で,理論と並んで身近な実践技術を講じる内容のものが多いようだが,現在の中学,高校教員の大方の実態からみて,免許更新講習において,最も求められる研修メニューは「音声指導法」と「コミュニケーションを支えるものとしての文法の指導法」の2点である。この2点を教員の基礎要件として押さえない限り,日本の学校英語教育の改善に多くを期待できないように思われる。

⑥　海外研修
　国の施策での「若手教員」対象の海外研修プログラムは今後さらに強化される必要がある。夏季休業中も教員の職務は多岐にわたっており，公立学校教員の場合，自費でも短期海外研修に出かける時間的な余裕が与えられないことが多いらしい。しかし，英語を教える人が，その言葉が使われている国に全く足を踏み込まずにいるというのは，この時代においては，不自然と言わざるをえない。教員は，限られた海外研修のチャンスを獲得するためにさまざまな情報を得るためのネットワークを日ごろから張り巡らせておきたい。求める人には少ないチャンスが巡ってくることも稀ではない。だからこそ，日々，教員としての責務に専念すると同時に，自己の英語力，指導力をできる限り磨いておきたい。

7　何を研修するのか
　「明日の授業をどう進めるか」のみに限定した教材研究や研修は，初任の教員にはやむをえない面がある。しかし，英語の「先生」としての研修は，自律的，計画的でなければならない。
① 新聞を読む。近年，本を読まないばかりか新聞を毎日読まない教員も多いと聞くが本当なのだろうか。世の中の動きに無関心の教師が生徒に「コミュニケーション」の教育はできない。
② 「不易」の教育理念や技術を学ぶ。古典といわれてきた教育関係書を読んだり，勤務校における今までの優れた教育実践を確認する。
③ 担当する生徒にとって必要な新しい教育方法について知る。新刊書に目を通したり，教育月刊雑誌などを読む。民間講習会，学会，研究会へ参加する。インターネットの教育技術サイトを見る。NHKのラジオ，テレビの英語学習番組等を見て指導法に関するヒントを得る。
④ 自己の経験と他者の経験を提示し合い，共通の問題と個別の問題を協議し，解決方法を探る。校内研修，学区内研修会，民間講習会，学会や研究会へ参加して，指導力やコミュニケーション能力を磨く。
⑤ 教師としての視野を広げる。そのために，他教科の教師と触れ合う。他の学校の教員と触れ合う。保護者と話し合う。ボランティア活動に参加する。
⑥ 自分の身を「教える立場」から「学ぶ立場」に置き換えることにより，知る喜び，学ぶ楽しさと共に，生徒の立場に自分を置き新たな視野を開く。地域

の文化サークルに参加したり，大学院で学ぶ。海外留学や海外旅行で実際の体験を増やす。

8　研修・研鑽の行方

「人のアドバイスは拒まず，しかし，それを鵜呑みにせず」ということを肝に銘じておきたい。教師のなかには，自分の英語指導に関して自信をもっていない人が少なからずいる。現状を脱する意思を見せないで「研修など私には不要。生徒との触れ合いが大切。辞書など引かなくてもよい」などと言い放つ教師に比べれば，よほど進歩の余地が多いが，自己の英語教師としての信念（支柱）がないため，「根無し草」のように周りの尊敬すべき先生方の言葉を鵜呑みにしてしまう傾向がある。教えてもらった指導技術をそのまま実行しようとしてもうまく生徒たちを動かせず，自分を惨めな状況に追い込んでいく。他の方々の実践やアイディアを少し参考にして，生徒の実態をよく見つめながら，自分の授業に慎重に取り入れていくことが成功の鍵である。

自立・自律した学習者の育成をめざすと言う前に，教師自身が自己の実践を省察する中で，不足を補い改善をめざすということこそが，教員研修の真髄である。教師が，はつらつと何かに取り組み，着実に続けて，その過程や成果を他者から批評してもらう。これこそが「教職」の醍醐味である。

9　教歴と共に成長を遂げていく教師に共通する研修・研鑽の姿勢

真にはつらつとした教師は，自己の生き方を大切にして，生徒の成長を願って，自らの専門性に磨きをかけている。英語教師に共通する要件として次の5点を再度確認しておきたい。
① 音声指導の基礎を身につけて，自らが英語を話せる人になれ。
② 英語が自由に書ける人になれ。
③ 英語を使って何をすべきなのかを生徒に教えられる人になれ。
④ わかることばと方法で，生徒に「わかる」ように教える人になれ。
⑤ 自ら，楽しそうに英語を教える人になれ。

英語教師に求められるのは，"Think globally, act locally." の姿勢である。

（並松善秋）

執筆者一覧

＊1は1章，3-2は3章2節，7-5(1)は7章5節1を示す。

樋口忠彦	前・近畿大学教授	はしがき，1， 2-はじめに・1・2・3， 3-はじめに・3，5-はじめに， 7-はじめに
並松善秋	関西外国語大学教授	3-2，6-はじめに，9，12
泉惠美子	京都教育大学教授	2-3，4-はじめに・1， 10-はじめに・1， 11-はじめに・1
加賀田哲也	大阪教育大学教授	2-1・3，8-はじめに・1
稲岡章代	姫路市立豊富中学校教諭 2000年度パーマー賞受賞	3-3，4-3(1)，5-1，7-3
加藤京子	三木市立緑が丘中学校教諭 1994年度パーマー賞受賞	3-3，4-4(1)，5-2，8-2
國方太司	大阪成蹊大学教授	3-3
竹下厚志	神戸大学附属中等教育学校教諭 元 神戸市立葺合高等学校教諭 2007年度ELEC賞受賞	4-2，6-2
田中昭充	神戸市立本庄中学校教諭	7-5(2)
茶本卓子	神戸市立葺合高等学校教諭	4-3(2)・4(2)，7-5(3)，11-2
東谷保裕	立命館宇治中学校・高等学校 国際教育担当教頭 元 大阪府立長野高等学校教諭	3-1，6-1，10-3
平尾一成	大阪府立寝屋川高等学校教諭	3-3，7-1
平田健治	奈良女子大学附属中等教育学校教諭	7-5(1)
松下信之	大阪府立高津高等学校教諭 元 大阪府立勝山高等学校教諭	7-4，8-3
松永淳子	大阪府教育センター指導主事	10-2
和田憲明	近大姫路大学准教授 元 神戸大学附属中等教育学校教諭	7-2

編著者紹介

樋口忠彦（ひぐち　ただひこ）

大阪教育大学教育学部助教授，近畿大学語学教育部教授等を歴任。日本児童英語教育学会元会長，現在，特別顧問。英語授業研究学会元会長，現在，理事。

著書に，『個性・創造性を引き出す英語授業』（編著，研究社），『授業づくりのアイディア』（編者代表，教育出版），『すぐれた英語授業実践』（編者代表，大修館書店），『小学校英語教育の展開』（編者代表，研究社），『小学校英語活動 アイディアバンク』正・続編（編者代表，教育出版），『Mother Goose World』全12巻（監修，中央出版）他多数。

並松善秋（なみまつ　よしあき）

大阪府教育センター教科教育部長兼カリキュラム研究室長，大阪府立高等学校校長等を経て，現在，関西外国語大学外国語学部教授。英語授業研究学会前会長，現在，理事。

著書に，"The Gateway to Discussion in English for English teacher candidates and English teachers"（単著，関西外国語大学教職英語教育センター），『すぐれた英語授業実践』（共著，大修館書店），『高校生のライティング実践』（共著，教育出版）など。

泉惠美子（いずみ　えみこ）

兵庫県立教育研修所指導主事等を経て，現在，京都教育大学教育学部教授。学術博士。英語授業研究学会理事。関西英語教育学会理事など。

著書に，『続 小学校英語活動アイディアバンク』（共編著，教育出版），『これからの英語学力評価のあり方』（共著，教育出版），『小学校英語教育の展開』（共著，研究社），『英語リーディング指導ハンドブック』（共著，大修館書店），『すぐれた英語授業実践』（共著，大修館書店）など。

英語授業改善への提言
「使える英語」力を育成する授業実践

2012年11月10日　初版第1刷発行

編著者	樋口　忠彦（代表）
	並松　善秋・泉　惠美子
発行者	小林　一光
発行所	教育出版株式会社
	〒101-0051　東京都千代田区神田神保町2-10
	電話 (03) 3238-6965　　FAX (03) 3238-6999

ⒸT. Higuchi, Y. Namimatsu, E. Izumi, 2012
Printed in Japan　　　　　　　　　　　印刷　藤原印刷
落丁本・乱丁本はお取替えいたします。　製本　上島製本
　　　　　　JASRAC(出) 1213177-201
　　　　　　ISBN 978-4-316-80379-1 C3037